CARLOS ALBERTO ORGE PINHEIRO

Matemática Financeira Sem Uso de Calculadoras Financeiras

3ª Edição

Revisada e Ampliada

EDITORA CIÊNCIA MODERNA

Matemática Financeira sem Uso de Calculadoras Financeiras – 3ª Edição Revisada e Ampliada

Editor: Paulo André P. Marques
Produção Editorial: Dilene Sandes Pessanha
Capa: Cristina Satchko Hodge
Diagramação: Giane Caputo
Copidesque: Kelly Cristina

FICHA CATALOGRÁFICA

PINHEIRO, Carlos Alberto Orge.

Matemática Financeira sem Uso de Calculadoras Financeiras – 3ª Edição Revisada e Ampliada

Rio de Janeiro: Editora Ciência Moderna Ltda., 2017.

1. Matemática Financeira
I — Título

ISBN: 978-85-399-0860-8 CDD 513.93

Editora Ciência Moderna Ltda.
R. Alice Figueiredo, 46 – Riachuelo
Rio de Janeiro, RJ – Brasil CEP: 20.950-150
Tel: (21) 2201-6662/ Fax: (21) 2201-6896
E-MAIL: LCM@LCM.COM.BR
WWW.LCM.COM.BR **01/17**

Carlos Alberto Orge Pinheiro

Matemática Financeira Sem Uso de Calculadoras Financeiras

3ª Edição
Revisada e Ampliada

Meu Pai,

Quase sempre quis desafiar seus conselhos. No entanto, nunca me faltaram compreensão e conforto quando colecionei derrotas, e sempre vi teu rosto de satisfação com minhas conquistas.
Você me ensinou a te amar e a te compreender, e vejo hoje, em mim, seus conselhos e suas atitudes, muitas vezes não seguidos, no passado.
Tenho aprendido, a cada dia, que é duro tentar ser um pai como você é.
Mas, graças a Deus, tua presença é tudo que eu poderia querer, e estará sempre em mim.

Obrigado por estar ao meu lado.

Prefácio

Os conteúdos que envolvem matemática nem sempre são de fácil entendimento, entretanto, a compreensão desses é mandatória para os que atuam, ou pretendem atuar, na área de gestão. Muitas vezes à rejeição à matemática não tem sua origem na falta de identificação com os conteúdos, mas sim nas formas de sua transmissão.

A presente obra traz uma significativa contribuição para discentes e profissionais que tenham um particular interesse em desenvolver ou consolidar o seu aprendizado no mercado financeiro, pois aborda, de forma objetiva, problemas de matemática que vão desde os princípios da matemática financeira até o retorno nos mercados de renda fixa e variável, em uma abordagem que expõe uma sequência lógica e evolutiva dos conteúdos.

O autor preocupou-se, nessa terceira edição, em construir, além de um livro, um instrumento relevante de aprendizagem. Sua estrutura foi pensada para oportunizar, ao leitor, um aprendizado que, de forma simples, prática e rápida, vá contribuindo para a consolidação do conhecimento necessário aos profissionais que se interessam pela temática.

A estruturação dessa obra é resultado da dedicação e empenho do autor. O professor Carlos Orge, é, indiscutivelmente, um profissional dedicado ao ensino e à pesquisa. Em sua trajetória acadêmica, buscou aplicar-se ao desenvolvimento de obras que instrumentalizam discentes, docentes e profissionais diversos para a atuação prática e sólida. O seu empenho não se revela na construção do conhecimento, mas sim na viabilização do entendimento e aplicação da matemática financeira.

Enfim, esta obra reflete o esforço do autor em tornar agradável o processo de aproximação com a matemática financeira para a apreensão dos seus conteúdos, viabilizando o conhecimento necessário e desconstruindo posicionamentos refratários à aprendizagem nesse campo.

As dúvidas e sugestões são bem-vindas para as próximas edições.

Tânia Moura Benevides

Professora Adjunta da Escola de Administração da Universidade Federal da Bahia e da Universidade do Estado da Bahia.

SUMÁRIO

CAPÍTULO 1

CAPÍTULO 2

CAPÍTULO 3

CAPÍTULO 4

CAPÍTULO 5

CAPÍTULO 6

CAPÍTULO 7

CAPÍTULO 8

CAPÍTULO 9

CAPÍTULO 10

CAPÍTULO 1

Conceitos Básicos sobre Taxa de Juros

1.1 Conceito de Taxa de Juros

As operações financeiras são estabelecidas mediante a remuneração do capital inicial P, utilizado durante certo período de tempo n, a uma dada taxa de juros i. Desta forma, sobre o capital inicial P da operação, incide um determinado valor percentual, definindo os juros j pela sua utilização.

1.2 Apresentação das Taxas de Juros

O mercado financeiro opera com diversas taxas de juros. Os investimentos, as aplicações, os financiamentos e os empréstimos são definidos por taxas percentuais. As calculadoras financeiras também fazem uso desta forma de apresentação. Por outro lado, as operações financeiras, quando realizadas através das expressões algébricas, fazem uso da forma unitária. As taxas, então, são apresentadas sob duas formas distintas: a forma unitária e a forma percentual.

- A taxa de juros unitária é aquela capaz de representar a remuneração de uma unidade do capital. Por exemplo, para cada \$1,00 (uma unidade monetária), a taxa de juros unitária representa \$0,10 de juros.

- A taxa de juros percentual é aquela capaz de representar a remuneração de cem unidades do capital. No exemplo anterior, para cada $100,00 (cem unidades monetárias), a taxa de juros percentual representa $ 10,00 de juros.

Neste sentido, para uma determinada taxa de juros unitária com representação igual a 0,30, dizemos que a taxa de juros é igual a 30% e, ao contrário, para uma taxa de 30%, a taxa de juros unitária tem representação igual a 0,30. Uma maneira prática de transformar a taxa percentual em unitária é dividí-la por 100, obtendo-se a forma unitária. Vale reforçar que o mercado financeiro comunica-se e fecha suas operações com base na forma percentual.

Forma Percentual	Forma Unitária
1%	0,01
10%	0,10
100%	1
1.000%	10
5%	0,05
50%	0,50
500%	5

Se durante um intervalo de tempo *n*, o capital inicial *P* for colocado a uma taxa de juros *i*, irá produzir o capital final *S*. Dizemos, assim, que os juros *j* da operação são representados pela diferença entre o capital inicial *P* e o capital final *S*, conforme:

$$j = S - P$$

Digamos que uma aplicação num título de dívida tenha proporcionado a duplicação do valor investido. Nestas condições, é possível definir a taxa da operação, sabendo que:

$$j = 2 - 1 = 1$$

Ou seja, o valor da taxa é de 100%, relativamente ao prazo da negociação.

É possível definir o capital final S, num intervalo de tempo n, através da multiplicação do capital inicial P pela taxa unitária acrescida do número 1. Conceitualmente este coeficiente $(1+i)$ é formado pelo acréscimo da unidade à taxa unitária, definida, a partir de agora, por i. Assim, temos que:

$$S = P(1+i)$$

Nessas condições, podemos acrescentar 20% em \$5.000,00 num intervalo de tempo igual ao da taxa, conforme:

$$S = 5.000,00(1,20) = 6.000,00$$

Em algumas situações, é comum que os capitais sofram incorporações percentuais sucessivas ao longo do intervalo de tempo, conforme a tabela. Esse procedimento representa a remuneração de juros sobre juros, próprio do regime de juros compostos.

Período	Taxa i	Coeficiente $(1+i)$	Capital Inicial P	Capital Final S
1	10%	1,10	1.000	1.100
2	20%	1,20	1.100	1.320
3	5%	1,05	1.320	1.386

Quando existe a necessidade de incorporar valores percentuais, sucessivamente, num intervalo de tempo, podemos usar o conceito de coeficiente para incorporar esses valores ao capital inicial. Assim:

$$S = P(1+i_1)(1+i_2)...(1+i_n)$$

Aplicando o conceito aos valores fornecidos na tabela acima, teremos que:

$$S = 1.000(1,10)(1,20)(1,05) = 1.368,00$$

Alternativamente, se multiplicarmos o capital inicial P pelo coeficiente 1,3860, obteremos o valor de 1.386,00.

1.3 Observações sobre o Coeficiente

É possível associar que o coeficiente, nas relações percentuais, sempre seja expresso pelo número um, a exemplo de 1,10; 1,35; 1,80. Existem algumas situações especiais em que o número um não está visível no coeficiente, porém faz parte do mesmo.

Iremos aplicar o conceito do coeficiente para algumas situações da taxa unitária: taxa maior que zero e menor que 1 $(1 > i > 0)$; taxa menor que zero e maior que 1 negativo $(0 > i > -1)$; e taxa maior que 1 $(i > 1)$. Assim:

Primeira Situação
Taxa unitária maior que zero e menor que 1 $(1 > i > 0)$, por exemplo, 50%.
Aplicando a regra de coeficiente, temos que:

$$(1+0,50)=1,50$$

Segunda Situação
Taxa unitária menor que zero e maior que 1 negativo $(0 > i > -1)$, por exemplo, -20%.
Aplicando a regra de coeficiente, temos que:

$$(1-0,20)=0,80$$

Terceira Situação
Taxa unitária maior que 1 $(i > 1)$, por exemplo, 250%.
Aplicando a regra de coeficiente, temos que:

$$(1+2,50)=3,50$$

Na teoria, a situação pessimista é a perda total do capital inicial P. Assim, a taxa i seria igual a -1, ou -100%, em relação ao prazo da operação.

Em algumas situações, o período composto *m* formado de períodos unitários *n-2, n-1, n* poderá será representado por:

$$(1+i_m)=(1+i_{n-2})(1+i_{n-1})(1+i_n)$$

Para exemplificar a incorporação de valores percentuais distintos, tomemos o caso de um contrato que deve ser reajustado em 0,20% no primeiro mês, 0,87% no segundo e 1,15% no último mês. Assim, o reajuste total será dado por:

$$S=P(1+i_1)(1+i_2)(1+i_3)$$

$$S=1(1{,}0020)(1{,}0087)(1{,}0115)$$

$$S=1{,}0223$$

Logo, o capital será reajustado em 2,23%. Lembre-se de que todo coeficiente é formado pela soma da unidade com a taxa unitária. Desta maneira, para que o coeficiente transforme-se em taxa, devemos subtraí-lo de 1 e multiplicar o resultado por 100, com o objetivo de obter a taxa na forma percentual.

Outro exemplo serve para ilustrar uma situação em que, a partir do capital final *S* e do capital inicial *P*, define-se o valor percentual de um período. Para isso, tomemos um contrato que foi reajustado no primeiro trimestre no ano.

Seu valor inicial *P* era de $1.000,00. Findo o trimestre, o capital final *S* era igual à $1.250,00. Considerando que os meses de janeiro e fevereiro apresentam taxas de 10% e 8%, respectivamente, o valor da taxa em março será definido por:

$$S=P(1+i_1)(1+i_2)(1+i_3)$$

$$1.250{,}00=1.000{,}00(1{,}10)(1{,}08)(1+i_3)$$

$$(1,10)(1,08)(1+i_3)=1,25$$

$$(1,1880)(1+i_3)=1,25$$

$$(1+i_3)=\frac{1,2500}{1,1880}$$

$$(1+i_3)=1,0522$$

$$i_3=0,0522=5,22\%$$

1.4 Caderneta de Poupança: Taxa sobre Taxa

No Brasil, a caderneta de poupança paga rendimentos de 0,50% ao mês, mais a taxa de referência – TR. É uma expressão usual de mercado, uma vez que esses valores percentuais não podem ser somados. A remuneração mensal da caderneta pode ser dada por:

$$(1+i_{cp})=(1+i_{tr})(1+i_g)$$

de forma que i_{cp} representa a taxa da caderneta de poupança, i_{tr} a taxa mensal de referência e i_g a taxa mensal definida pelo governo.

Na necessidade de definir os rendimentos da caderneta de poupança para mais de um mês, podemos aplicar:

$$(1+i_{cp})=(1+i_{tr1})(1+i_{tr2})...(1+i_{trn})(1+g)^n$$

Digamos que o comportamento da taxa de referência para os meses de julho e agosto de 2002 sejam os definidos na tabela a seguir. Para calcular o rendimento da caderneta de poupança, será necessário incorporar à taxa mensal os valores da correspondente TR. Os cálculos seguem abaixo, para os dois meses:

Período Mês	Taxa de Referência	Caderneta de Poupança
Jul/02	0,2656%	0,7669%
Ago/02	0,2481%	0,7493%

Para o mês de julho:

$$\left(1+i_{cp}\right)=\left(1+i_{tr}\right)\left(1+i_{g}\right)$$

$$\left(1+i_{cp}\right)=\left(1{,}002656\right)\left(1{,}005000\right)$$

$$\left(1+i_{cp}\right)=1{,}007669$$

O valor de 1,007669 representa o coeficiente capaz de incorporar os rendimentos mensais de 0,50% e 0,2656%, da TR. Para transformá-lo em percentual, será necessário extrair a unidade e multiplicar por 100, uma vez que as taxas, nas expressões algébricas, são utilizadas em sua forma unitária. Assim, temos:

$$\left(1{,}007669\text{-}1\right)\times 100=0{,}7669\%$$

que corresponde ao rendimento da poupança no mês de julho de 2002.

Para o mês de agosto:

$$\left(1+i_{cp}\right)=\left(1+i_{tr}\right)\left(1+i_{g}\right)$$

$$\left(1+i_{cp}\right)=\left(1{,}002481\right)\left(1{,}005000\right)$$

$$\left(1+i_{cp}\right)=1{,}007493$$

O valor de 1,007493 representa o coeficiente de incorporação dos rendimentos mensais de 0,50% e de 0,2481% da TR. Para transformá-lo em percentual, será necessário extrair a unidade e multiplicar por 100, uma vez que as taxas, nas expressões algébricas, são utilizadas em sua forma unitária. Assim, temos:

$$(1{,}007493\text{-}1)\times 100=0{,}7493\%$$

que corresponde ao rendimento percentual da poupança no mês de agosto de 2002.

A remuneração paga pela caderneta de poupança a um investidor que aplicou durante os meses de julho a agosto de 2002, sem realizar saques, requer a incorporação de rendimentos dos dois períodos. Para isso, devemos utilizar:

$$(1+i_{cp})=(1{,}002656)(1{,}002481)(1{,}005000)^2$$

$$(1+i)=(1{,}005144)(1{,}010025)$$

$$(1+i)=1{,}015221$$

O resultado advém da multiplicação dos coeficientes mensais da caderneta de poupança. Para transformá-lo em percentual, será necessário extrair a unidade e multiplicar por 100, uma vez que as taxas nas expressões algébricas, são utilizadas em sua forma unitária. Assim, temos:

$$(1{,}015221)\text{-}1\times 100=1{,}5221\%$$

que correspondente ao rendimento percentual da caderneta de poupança no período de agosto a setembro de 2002.

Ilustraremos outra situação da caderneta de poupança. Assim, na hipótese de uma aplicação no valor de $1.560,00, realizada em 6 meses, definir um valor final S igual a $1.651,07, concluímos que o rendimento total da caderneta de poupança é de 5,84%. Desta maneira, o valor da TR acumulada nos seis meses, em percentual, será dado por:

$$\left(1+i_{cp}\right)=\left(1+i_{tr1}\right)\left(1+i_{tr2}\right)...\left(1+i_{trn}\right)\left(1+g\right)^{n}$$

$$\left(1+i_{tr1}\right)\left(1+i_{tr2}\right)\left(1+i_{tr3}\right)\left(1+i_{tr4}\right)\left(1+i_{tr5}\right)\left(1+i_{tr6}\right)\left(1+i_{g}\right)^{6}=\frac{1.651,07}{1.560,00}$$

$$\left(1+i_{tr1}\right)\left(1+i_{tr2}\right)\left(1+i_{tr3}\right)\left(1+i_{tr4}\right)\left(1+i_{tr5}\right)\left(1+i_{tr6}\right)\left(1+i_{g}\right)^{6}=1,0584$$

Se o objetivo é calcular apenas o valor das TRs, deve-se utilizar:

$$1,058378=\left(1+i_{tr1}\right)\left(1+i_{tr2}\right)\left(1+i_{tr3}\right)\left(1+i_{tr4}\right)\left(1+i_{tr5}\right)\left(1+i_{tr6}\right)\left(1,0050\right)^{6}$$

$$1,0584=\left(1+i_{tr1}\right)\left(1+i_{tr2}\right)\left(1+i_{tr3}\right)\left(1+i_{tr4}\right)\left(1+i_{tr5}\right)\left(1+i_{tr6}\right)\left(1,0304\right)$$

$$\left(1+i_{tr1}\right)\left(1+i_{tr2}\right)\left(1+i_{tr3}\right)\left(1+i_{tr4}\right)\left(1+i_{tr5}\right)\left(1+i_{tr6}\right)=\frac{1,058378}{1,030378}$$

$$\left(1+i_{tr1}\right)\left(1+i_{tr2}\right)\left(1+i_{tr3}\right)\left(1+i_{tr4}\right)\left(1+i_{tr5}\right)\left(1+i_{tr6}\right)=1,027174$$

Desta forma, o valor da TR no período semestral é de 2,72%.

Definição do Percentual Total da Poupança com Base na TR de mais de um Período

Sabendo que a caderneta de poupança remunera as aplicações a 0,50% ao mês, mais TR, determinamos a rentabilidade total, sabendo que a TR para os três períodos foi, respectivamente, de 0,38%; 0,70% e 0,13%, da seguinte forma:

$$\left(1+i_{cp}\right)=\left(1+i_{tr1}\right)\left(1+i_{tr2}\right)...\left(1+i_{trn}\right)\left(1+i_{g}\right)^{n}$$

$$\left(1+i_{cp}\right)=\left(1,0038\right)\left(1,0070\right)\left(1,0013\right)\left(1,0050\right)^{3}$$

$$\left(1+i_{cp}\right)=(1,012141)(1,015075)$$

$$\left(1+i_{cp}\right)=1,027399$$

O resultado advém da multiplicação dos coeficientes mensais da caderneta de poupança. Para transformá-lo em percentual, será necessário extrair a unidade e multiplicar por 100, uma vez que as taxas, nas expressões algébricas, são utilizadas em sua forma unitária. Assim, temos:

$$\left(1,027399\right)\text{-}1\times 100=2,74\%$$

O valor da poupança para os três períodos é de 2,74%, ao extrairmos a unidade e multiplicarmos o resultado por 100 do coeficiente.

Definição do Percentual Total da TR com Base no Percentual Total da Poupança

Sabendo que a caderneta de poupança remunera as aplicações a 0,50% ao mês, mais TR do mês, determinamos a TR, sabendo que o rendimento total foi de 1,967% durante dois meses, da seguinte forma:

$$\left(1+i_{cp}\right)=\left(1+i_{tr1}\right)\left(1+i_{tr2}\right)...\left(1+i_{trn}\right)\left(1+i_{g}\right)^{n}$$

$$1,0197=\left(1+i_{tr1}\right)\left(1+i_{tr2}\right)\left(1,0050\right)^{2}$$

$$1,0197=\left(1+i_{tr1}\right)\left(1+i_{tr2}\right)1,0100$$

$$\left(1+i_{tr1}\right)\left(1+i_{tr2}\right)=\frac{1,0197}{1,0100}=1,0096$$

Por tratar-se de um coeficiente, chegamos à conclusão de que o valor da TR para os dois períodos é de 0,96%.

1.5 Regime de Capitalização

Existem dois regimes básicos de capitalização: o regime contínuo e o regime descontínuo. Com relação ao regime de juros descontínuo, temos os juros simples e os juros compostos.

1.6 Período de Capitalização

Um dos aspectos mais importantes para capitalização das taxas de juros é compreender o significado do período de capitalização, que exerce influência nas transformações necessárias para o cálculo financeiro. No mercado financeiro, opera-se com taxa e prazo expressos num determinado intervalo de tempo.

Em alguns casos, convenciona-se o prazo anual quando a taxa omite este intervalo de tempo. Por exemplo, uma taxa expressa em 12% significa que seu intervalo de tempo é anual. Assim, 12% ou 12% a.a têm o mesmo significado.

Quanto à taxa de juros:
O período de capitalização da taxa de juros é a unidade de tempo em que a mesma se expressa, e deve ser utilizado na conversão da taxa de um prazo para o outro. Assim, uma taxa de juros semestral pode ser convertida para mensal, uma vez que o semestre apresenta-se sob a forma de seis meses. O contrário também é válido.

Quanto ao prazo:
O período de capitalização do prazo da operação é a unidade de tempo em que o prazo definido para o pagamento de juros se expressa, e deve ser utilizado na conversão do prazo da taxa de juros para o prazo em que os juros são devidos.

Existem três possibilidades bem distintas, que podem facilitar a identificação desta problemática.

- **A primeira delas é quando o período de capitalização do prazo é igual ao período da taxa.**

Uma aplicação com taxa de 5% ao mês, para o prazo mensal, necessita de um período do prazo da taxa na definição dos juros devidos. Se combinarmos a quantidade de períodos com o prazo expresso pela taxa, determina-se o prazo definido para operação.

- **A segunda delas é quando o período de capitalização do prazo é maior do que o período da taxa.**

Uma aplicação com taxa de 5% ao mês, para o prazo trimestral, necessita de três períodos do prazo da taxa na definição dos juros devidos. Se combinarmos a quantidade de períodos com o prazo expresso pela taxa, determina-se o prazo definido para operação.

- **A terceira delas é quando o período de capitalização do prazo é menor do que o período da taxa.**

Uma aplicação com taxa de 5% ao mês, para o prazo quinzenal, necessita de meio período do prazo da taxa na definição dos juros devidos. Se combinarmos a quantidade de períodos com o prazo expresso pela taxa, determina-se o prazo definido para operação.

Exercícios

1. Um contrato, cujo valor inicial era de $3.000,00, foi reajustado durante 6 meses, alcançando o valor final de $5.850,00. Sabe-se que o primeiro reajuste mensal corresponde a 15%, o segundo a 10% e o terceiro a 5%. Com base nas informações, qual o valor dos reajustes nos últimos três meses?
   Resposta: 46,8097%

2. Sabendo que um valor deve ser reajustado em 0,20% no primeiro mês, 0,69% no segundo e 1,13% no último mês, determine o coeficiente que pode representar esse reajuste.
   Resposta: 1,0203

3. Sabendo que a caderneta de poupança remunera as aplicações a 0,50% ao mês, mais TR do mês, determine a rentabilidade total da caderneta de poupança, sabendo que a TR para o trimestre foi, respectivamente, de 0,48%; 0,75% e 0,30%.
   Resposta: 3,0680%

4. Uma operação é realizada com taxa de 2% ao mês, para o prazo de 3 meses. Determine quantos períodos para a taxa são necessários para realizar a operação.
   Resposta: 3 períodos

5. Uma operação é realizada no prazo de 6 meses com taxa de 12% a.a. Determine quantos períodos para a taxa são necessários na realização da operação.
   Resposta: 0,50 período

6. Uma operação é realizada com taxa de 45% ao mês e prazo quinzenal. Determine quantos períodos para a taxa são necessários na realização da operação.
   Resposta: 0,50 período

7. Uma operação é realizada com taxa de 34% ao semestre e prazo de 45 dias. Determine quantos períodos para a taxa são necessários na realização da operação.
   Resposta: 0,25 período

8. Uma operação é realizada com taxa de 25% ao mês e prazo de 20 dias. Determine quantos períodos para a taxa são necessários na realização da operação.
   Resposta: 20/30 períodos

9. Uma operação é realizada com taxa de 3% ao mês e prazo diário. Determine quantos períodos para a taxa são necessários na realização da operação.
   Resposta: 1/30 período

10. Uma operação foi realizada com taxa de 25% ao semestre e prazo de 2 anos. Determine quantos períodos para a taxa são necessários na operação.
    Resposta: 4 períodos

11. Sabendo que um valor deve ser reajustado em 0,20% no primeiro mês, 0,69% no segundo e 1,13% no último mês, que coeficiente pode representar esse reajuste?
    Resposta: 1,0203

12. Sabendo que a caderneta de poupança remunera as aplicações a 0,50% ao mês, mais TR do mês, determine a rentabilidade total, sabendo que a TR para os três períodos foi, respectivamente, de 0,48%, 0,75% e 0,30%.
    Resposta: 3,0680%

13. Um contrato foi reajustado, durante os meses de abril a setembro, em 5%. Se os três primeiros meses juntos correspondem a 2,8%, determine qual o valor para o último mês, sabendo que os três últimos meses apresentam os mesmos valores.
    Resposta: 0,7083%

14. Um contrato, no valor de $2.500,00, foi reajustado, em 12 meses, para $2.864,50. Determine o valor percentual dos últimos seis meses, se os primeiros meses correspondem a um reajuste 23,50%.
Resposta: -7,2230%

15. Sabendo que a caderneta de poupança remunera as aplicações a 0,50% ao mês, mais TR do mês, determine a TR do mês, sabendo que o rendimento total foi de 0,9669%.
Resposta: 0,4646%

16. Sabendo que um valor deve ser reajustado em 25% no primeiro mês, 60% no segundo e 113% no último mês, determine o coeficiente que pode representar esse reajuste.
Resposta: 4,2400

17. Um valor foi reajustado em 2% no primeiro mês, 9% no segundo e 13% no último mês. Determine o valor percentual deste reajuste.
Resposta: 25,6334%

18. Um contrato foi reajustado em 20% no primeiro mês e 70% no segundo mês. Determine o reajuste para o terceiro e último mês, sabendo que o reajuste total corresponde a 42,80%.
Resposta: -30%

19. Sabendo que um valor deve ser reajustado em 0,02% no primeiro mês, 0,06% no segundo e 0,03% no último mês, determine o coeficiente que pode representar esse reajuste.
Resposta: 1,0011

20. Sabendo que a caderneta de poupança remunera as aplicações a 0,50% ao mês, mais TR do mês, determine a TR para três meses, sabendo que o rendimento total corresponde a 2,967%.
Resposta: 1,4378%

CAPÍTULO 2

O Regime de Juros Simples

2.1 Regime de Capitalização e os Juros

De modo geral, entende-se por período de capitalização a formação e a maneira da incorporação de juros j ao capital inicial P. Neste contexto, distinguimos dois regimes de capitalização: o contínuo e o descontínuo. As operações tradicionais do mercado financeiro fazem uso do regime descontínuo, que conforme os juros formados, rendem ou não juros sobre juros.

2.2 Juros Simples

A principal característica do regime de juros simples é que os juros de cada período são definidos sempre sobre o capital inicial P da operação. Neste regime, não é considerada a formação de juros sobre juros, uma vez que os juros formados no período anterior não servem de base para o cálculo da definição do capital final S. Qual a consequência imediata deste regime? Como os juros j apresentam crescimento apenas sobre o capital inicial P, em relação ao tempo da operação n, sua taxa i

poderá ser convertida facilmente através das operações de multiplicação e divisão.

Os juros simples, no mercado, apresentam aplicações limitadas. Podem ser realizadas no curto prazo e têm base para o cálculo de desconto de duplicatas, juros do cartão de crédito, atraso no pagamento de relações de consumo além do imposto financeiro sobre operações de empréstimos. Para melhor compreender este regime, analisaremos a tabela abaixo.

Período	Capital Inicial	Taxa Unitária	Juros	Capital Final
1	100,00	0,04	4,00	104,00
2	100,00	0,04	4,00	108,00
3	100,00	0,04	4,00	112,00
4	100,00	0,04	4,00	116,00
5	100,00	0,04	4,00	120,00

Pela definição, juros simples são aqueles que incidem unicamente sobre o capital inicial da operação. Desta forma, teremos:

$$j = Pi$$

Neste caso, como são vários períodos, observamos que, ao final dos mesmos, o valor acumulado será expresso por:

$$j = Pi_1 + Pi_2 ... + Pi_n$$

ou

$$J = Pin$$

Como o valor acumulado ao final do período é a soma do principal mais os juros devidos, temos que:

$$S = P + J$$

Podemos concluir que:

$$S = P + Pin$$

ou

$$S = P(1 + in)$$

Se quisermos calcular os juros devidos j a um capital inicial P de \$ 100,00, a uma taxa de juros i de 4% ao mês, pelo prazo n de 5 meses, teremos:

$$j = 100,00 \times 0,04 \times 5 = 20,00$$

Em algumas situações do mercado, o período de investimento pode ser uma fração do período expresso pela taxa de juros. Nesse caso, em que a unidade de tempo da taxa e do prazo são diferentes, é preciso ajustá-los. Assim, é necessário entender quantos períodos combinados com o prazo da taxa determinam a operação desejada (Qualquer dúvida sobre o assunto, reveja "Período de Capitalização", no Capítulo 1).

Alguns exemplos são úteis para compreender essa conversão:

1. Tem-se a taxa de juros anual e se quer a operação diária;

$$n = \frac{1}{360}$$

2. Tem-se a taxa de juros anual e se quer a operação mensal;

$$n = \frac{1}{12}$$

3. Tem-se a taxa de juros diária e se quer a operação anual;

$$n = \frac{360}{1}$$

4. Tem-se a taxa de juros mensal e ser quer a operação anual;

$$n = \frac{12}{1}$$

Assim, para uma aplicação realizada com capital inicial P de \$10.000,00, prazo de 2 meses e taxa de juros de 42% a.a, definimos o capital final S da operação conforme:

$$S = P(1 + in)$$

$$S = 10.000,00(1 + 0,42 \times \frac{2}{12}) = 10.700,00$$

Foram necessários 2/12 do período, uma vez que 2/12 de 12 meses estabelecem os 2 meses da operação.

Com base na fórmula do capital final S, podemos concluir outras relações em juros simples:

$$P = S/(1 + in)$$

$$P = \frac{J}{in}$$

$$i = \frac{J}{Pn}$$

$$n = \frac{J}{Pi}$$

$$i = \frac{\frac{S}{P} - 1}{n}$$

Um capital de $100,00 é aplicado durante o período de 14 dias. Sabendo que a taxa de juros é de 6% ao mês, determina-se o capital final S desta operação da seguinte forma:

$$S = P(1 + in)$$

$$S = 100,00 \times \left(1 + 0,06 \times \frac{14}{30}\right) = 102,80$$

2.3 Juros Exatos e Juros Comerciais

As operações em juros simples são definidas para o curto prazo, ocorrendo normalmente em dias. É muito comum que as taxas sejam expressas no período anual. Desta forma, o cálculo dos juros pode obedecer a dois critérios: juros exatos e juros comerciais.

2.3.1 Considerando o ano civil de 365 dias

$$J - P\frac{i}{365}n$$

2.3.2 Considerando o ano comercial de 360 dias

$$J = P\frac{i}{360}n$$

Para esclarecer as operações de juros com base nos critérios ano comercial e exato, toma-se uma aplicação que envolve capital inicial P de $100.000,00, com taxa de juros de 72% ao ano, durante o período de 24 dias. Com essas informações, é possível determinar os juros da operação adotando-se os juros exatos e os juros comerciais.

Considerando o ano civil de 365 dias:

$$J = 100.000,00 \times \frac{0,72}{365} \times 24 = 4.734,25$$

Considerando o ano comercial de 360 dias:

$$J = 100.000,00 \times \frac{0,72}{360} \times 24 = 4.800,00$$

Outro exemplo serve para ilustrar a operação com base nos juros comerciais. Assim, um capital inicial P de \$4.500,00 é aplicado com base no regime de juros simples, considerando o ano comercial. Sabendo que a taxa corresponde a 280% ao ano, determinamos os juros desta operação, com base em 17 dias, da seguinte forma:

$$J = P \frac{i}{360} n$$

$$J = 4.500,00 \times \frac{2,80}{360} \times 17 = 595,00$$

Alternativamente, podemos conhecer o valor dos juros e necessitarmos do prazo da operação. Por exemplo, para um capital inicial P, o total dos juros corresponde a \$360,00. Sabendo que a taxa de juros é de 180% ao ano e que o capital inicial corresponde a \$3.000,00, o prazo da operação, considerando o ano comercial, será dado por:

$$J = P \frac{i}{360} n$$

$$360,00 = 3.000,00 \times \frac{1,80}{360} \times n$$

$$360,00 = 15n$$

$$n = \frac{360}{15} = 24$$

O prazo e a taxa devem estar na mesma unidade. Sendo assim, como a taxa da operação foi dividida por 360 dias, o resultado do período é compatível com a unidade diária da taxa *i*. Assim, temos o prazo *n*, em dias.

Quando as operações são realizadas em juros simples, a convenção é que seja utilizado como base o ano comercial.

As operações realizadas no curto prazo, disponíveis nas faturas de cartão de crédito, fazem uso dos juros simples para cobrança dos juros, uma vez que, nas operações de curto prazo, é mais rentável operar no regime de juros simples do que no regime de juros compostos.

Tomemos como exemplo uma taxa de juros igual a 12,90% ao mês, e saldo financiado dc $275,30. O valor dos cncargos financciros cobrados na fatura corresponde a $1,18. Com as informações, deduzimos que o prazo de atraso pode ser definido como:

$$J = P \times i \times n$$

$$1,18 = 275,30 \times 0,1290 \times n$$

$$35,5137n = 1,18$$

$$n = \frac{1,18}{35,5137} = 0,0332$$

Como a taxa está expressa em meses, o prazo tem relação com a taxa. Assim, 0,0332 do mês representam 1 dia, obtido desta forma:

$$0,03332 \times 30 = 1$$

2.4 O Fluxo de Caixa em Juros Simples

O fluxo de caixa é responsável por representar as transações realizadas num determinado período de tempo *n*. Através dele, é possível perceber o comportamento do dinheiro na linha do tempo.

Fica visível como o capital, no regime de juros simples, pode ser capitalizado ou descapitalizado. O capital ganha valor sendo multiplicado pela taxa e prazo ou perde valor sendo dividido por esta mesma relação. Para todo desembolso, um sinal negativo, e para todo embolso, um sinal positivo.

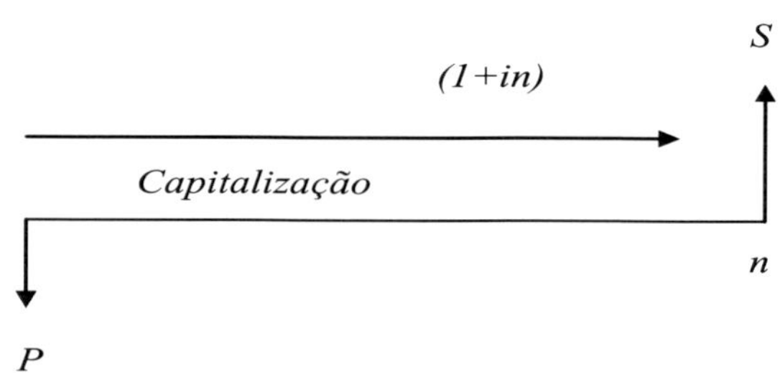

As operações financeiras geram, num determinado intervalo de tempo *n* e a uma dada taxa de juros *i*, um capital final *S*.

Por outro lado, esse capital final *S*, quando descapitalizado à mesma taxa de juros *i* durante o mesmo intervalo de tempo *n*, gera o capital inicial da operação *P*.

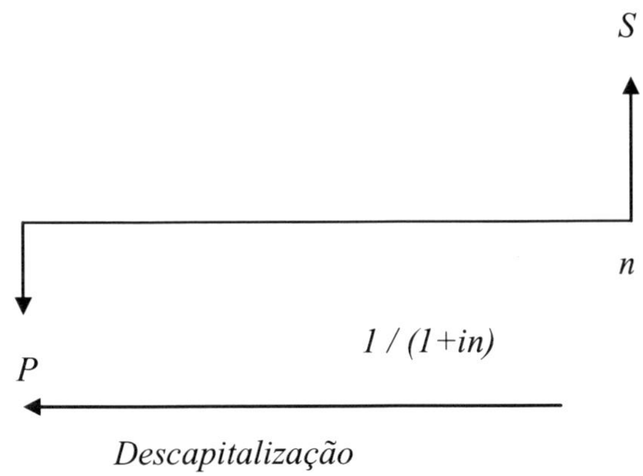

2.5 Valor Nominal N e Valor Atual V

Considera-se valor nominal N o valor de um título de crédito no seu vencimento. O valor atual V corresponde ao valor do título de crédito em uma data qualquer, antes do seu vencimento.

De outro modo, quando o capital final S ou nominal N é descontado pelo mesmo prazo n e à mesma taxa periódica i, obtemos o capital inicial P ou, alternativamente, o valor atual V. Ou seja, capital inicial P e valor atual V são sinônimos, como também o são o capital final S e o valor nominal N.

No regime de juros simples, valor nominal N e valor atual V são representados por:

$$N = V(1 + in)$$

$$V = \frac{N}{(1 + in)}$$

Para exemplificar, digamos que um investidor aplique a quantia de \$20.000,00, durante 2 anos, a uma taxa de juros de 20% ao ano. Três meses antes do vencimento, este mesmo investidor decide transferir sua aplicação. No entanto, o mercado, na ocasião da transferência, opera com taxas de 28% ao ano. Determinamos o valor que deve ser pago, conforme os cálculos abaixo.

A definição do fluxo de caixa serve para definir melhor a situação.

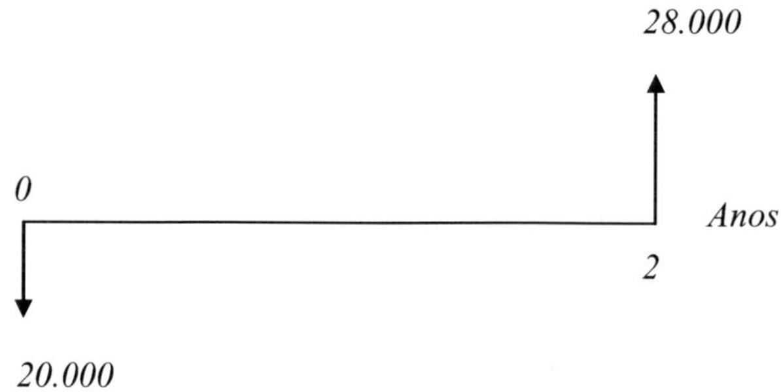

$$N = V(1 + in)$$

$$N = 20.000(1 + 0,20 \times 2)$$

$$N = 28.000,00$$

Observamos que foram aplicados \$20.000,00, a uma taxa de 20% ao ano, durante 2 anos. O resultado final de \$28.000,00 corresponde ao valor nominal *N*. Antes de completar a operação, o investidor decide transferir esta aplicação *N*. Na ocasião, a taxa de juros é de 28% ao ano.

Temos, então, que descontar o valor nominal *N* (valor de face) da aplicação três meses antes do seu vencimento. Assim:

$$N = V(1 + in)$$

$$28.000,00 = V\left(1 + \frac{0,28}{12} \times 3\right)$$

$$28.000,00 = V(1,07)$$

$$V(1,07) = 28.000,00$$

$$V = \frac{28.000,00}{1,07} = 26.168,22$$

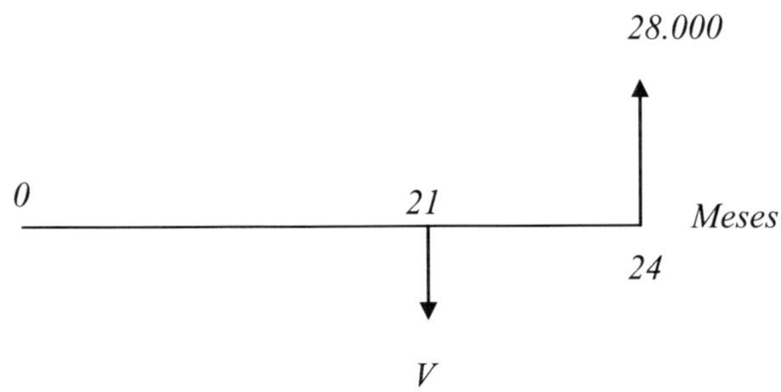

O fluxo de caixa acima explica adequadamente a situação.

2.6 O Fracionamento do Prazo nos Juros Simples

No cálculo dos juros simples, a formação do capital final S da operação está associada à definição da taxa i e do prazo da operação n. Acontece que, em juros simples, há incidência da taxa i apenas sobre o capital inicial P, de forma que não podemos fracionar o prazo n, uma vez que estaríamos permitindo a incidência de juros sobre juros.

Para exemplificar melhor, tomemos a possibilidade de um empréstimo hoje, no valor de $200.000,00, a ser pago após 8 meses, acrescido de juros simples à taxa de 300% ao ano.

$$S = P(1 + in)$$

$$S = 200.000,00 \times \left(1 + 3,00 \times \frac{8}{12}\right)$$

$$S = 600.000,00$$

Agora, o titular deste título deve negociar com um terceiro à mesma taxa, no sexto mês. Qual deve ser o valor pago por este terceiro?

$$P = \frac{S}{(1+in)}$$

$$P = \frac{600.000,00}{\left(1+3,00\times\frac{2}{12}\right)}$$

$$P = 400.000,00$$

Assim, através do fluxo de caixa, temos:

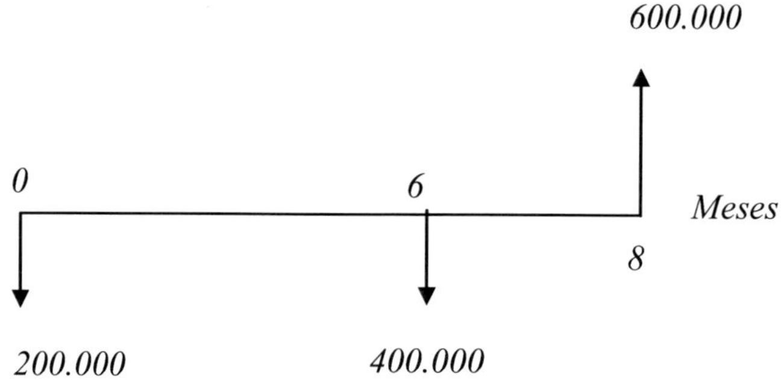

Verificaremos a igualdade existente nas operações, partindo das seguintes observações: o capital da transferência é $400.000,00, o prazo da transferência se dá no sexto mês e a taxa da operação é de 300% ao ano. Assim, podemos calcular o valor do empréstimo inicial desta última operação, que deveria ser igual a $200.000,00. Desta forma:

$$P = \frac{S}{(1+i\times n)}$$

$$P = \frac{400.000,00}{(1+3,00\times\frac{6}{12})}$$

$$S = 160.000,00$$

A diferença obtida surge porque no regime de juros simples a formação do capital final S e, como consequência, a definição do capital inicial P, não ocorrem em processos divisíveis. Assim, considerando um prazo composto m, formado por n_1; n_2 , teremos que:

$$P(1+im) \neq P(1+in_1)\times(1+in_2)$$

Quando o capital inicial P é aplicado à taxa de juros i , num prazo m, o valor final S obtido será diferente do aplicado à mesma taxa e prazo fracionado n_1 e n_2, uma vez que estariam sendo incorporados juros sobre juros.

2.7 Taxa de Juros Postecipada e Antecipada

As taxa de juros, no regime de juros simples, podem ser definidas de forma antecipada ou postecipada. Dado um capital inicial P, num determinado prazo n, à taxa periódica i, dizemos que a taxa é postecipada quando a

cobrança dos juros é realizada ao final do prazo da operação. Digamos que um capital inicial P de $100.000,00 seja emprestado por 30 dias, com base numa taxa de juros de 120% ao ano. Os juros da operação serão definidos ao final dos 30 dias, de modo que:

$$i_p = \frac{S}{P} - 1$$

$$i_p = \frac{100.000,00 \times \left(1 + 1,20 \times \frac{30}{360}\right)}{100.000,00} - 1$$

$$i_p = \frac{110.000,00}{100.000,00} - 1$$

$$i_p = 0,10$$

Agora, dado o capital inicial P, num determinado prazo n, à taxa periódica i, dizemos que a taxa é antecipada quando a cobrança dos juros é realizada no inicio da operação. Por exemplo, para o mesmo capital inicial P de \$ 100.000,00, com prazo de 30 dias, a operação deve representar ganhos de 120% ao ano. Para isso, a taxa antecipada será definida, de modo que:

$$i_a = 1 - \frac{\frac{P}{(1 + i.n)}}{P}$$

$$i_a = 1 - \frac{\frac{100.000,00}{(1,10)}}{100.000,00}$$

$$i_a = 1 - \frac{90.909,09}{100.000,00} = 0,09091$$

Assim, uma taxa antecipada de 9,091% ao mês, no regime de juros simples, produz o mesmo resultado de uma taxa postecipada de 120% ao ano, também em juros simples.

2.8 A Substituição de Compromissos

A substituição dos compromissos refere-se à equivalência de capitais. A questão é definida em torno dos prazos da operação.

Pela definição de equivalência de capitais, dois ou mais conjuntos de capitais são equivalentes, com relação a uma determinada taxa de juros, se, definida uma data para análise, as somas dos valores desses conjuntos forem iguais em qualquer data.

Pelas características do regime de juros simples, a equivalência de capitais fica restrita e dependente de uma data capaz de garantir a igualdade entre os conjuntos.

Considerando que a operação de empréstimo foi realizada com base numa taxa de juros de 120% ao ano, temos:

Conjunto A
Na data zero, que é assinatura do contrato, apresenta valor de 4.000,00.

Conjunto B
Formado por 2 parcelas, para 6 e 12 meses, nos valores de 1.600,00 e 6.600,00, respectivamente.

Promovendo a igualdade para a data zero, temos, para o conjunto B:

$$P_1 = \frac{1.600,00}{\left(1 + 1,2 \times \frac{6}{12}\right)} + \frac{6.600,00}{\left(1 + 1,2 \times \frac{12}{12}\right)}$$

$$P_1 = 1.000,00 + 3.000,00$$

O conjunto B apresenta o mesmo valor na data da assinatura do contrato, sendo equivalentes nesta data. O fluxo de caixa abaixo representa melhor essa operação.

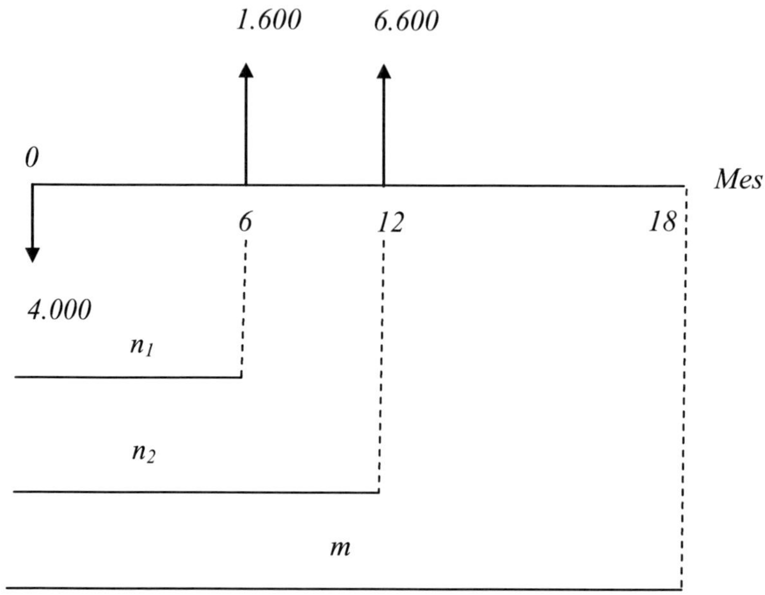

Digamos que, após a assinatura do contrato, o devedor, percebendo que não pode honrar seus compromissos, decida mudar o prazo de pagamento para uma única parcela no décimo oitavo mês, contado a partir da assinatura do empréstimo. Qual deve ser o valor pago?
Do ponto de vista do Banco
Empréstimo de $4.000,00
Prazo de 18 mêses
Taxa de 120% ao ano

Capitalizando o valor do empréstimo para a nova data proposta, temos:

$$S = P(1+in)$$

$$4.000,00 \times \left(1 + 1,20 \times \frac{18}{12}\right) = 11.200,00$$

Do ponto de vista do Devedor
Parcelas de \$1.600,00 e \$6.600,00
Prazo de 18 meses
Taxa de 120% ao ano

Capitalizando as parcelas para a nova data proposta, temos:

$$P(1+in)+P(1+in)=S$$

$$1.600\times\left(1+1,20\times\frac{12}{12}\right)+6.600\times\left(1+1,20\times\frac{6}{12}\right)$$

$$=3.520,00+10.560,00$$

$$=14.080,00$$

Os conjuntos não mais apresentam o mesmo valor, não sendo, portanto, equivalentes. Essa incoerência está associada ao fato de que, no regime de juros simples, a formação do capital final e a efetiva determinação do capital inicial, para conjuntos de valores, não é divisível. O que estamos dizendo é que, no regime de juros simples, ocorre a seguinte situação:

$$P_1=\frac{S_2}{\left(1+i\times n_2\right)}+\frac{S_3}{\left(1+i\times n_3\right)}$$

No entanto, considerando um prazo composto *m*, formado por n_1 e n_2, temos:

$$P_1\left(1+i\times m\right)\neq P_2\left(1+i\times\left(m-n_2\right)\right)+P_3\left(1+i\times\left(m-n_3\right)\right)$$

O conjunto B apresentou um maior valor, uma vez que, ao fracionarmos o pagamento em prazos diferentes, foram considerados juros devidos a juros, e não só juros devidos ao capital que gerou o empréstimo na data zero (data de assinatura do contrato).

2.9 Situações Particulares para Juros Simples

Em juros simples, os capitais podem ser empregados em algumas situações que serão citadas a seguir.

2.9.1 Juros Simples de Diversos Capitais Iniciais

Quando vários capitais iniciais P forem colocados sob o regime de juros simples, em diferentes prazos n, todos à mesma taxa de juros i, o total dos juros produzidos será dado por:

$$J = P_1 n_1 i + P_2 n_2 i + \ldots + P_n n_n i$$

ou, alternativamente, colocando a taxa i em evidência na expressão:

$$J = i(P_1 n_1 + P_2 n_2 + \ldots + P_n n_n)$$

Para exemplificar, tomemos os capitais de \$3.000,00 para 15 dias, \$10.000,00 para 10 dias e \$4.800,00 para 25 dias, colocados para render juros simples com base numa taxa de 20% ao ano. O valor dos juros será determinado por:

$$J = i(P_1 n_1 + P_2 n_2 + \ldots + P_n n_n)$$

$$J = 0,20\left(3.000,00 \times \frac{15}{360} + 10.000,00 \frac{10}{360} + 4.800,00 \frac{25}{360}\right)$$

$$J = 0,20(125,00 + 277,78 + 333,33) = 147,23$$

Pode-se calcular os juros desta operação de forma individualizada e, a seguir, o valor total. Assim:

$$J_1 = 0,20\left(3.000,00 \times \frac{15}{360}\right) = 25,00$$

$$J_2 = 0,20\left(10.000,00\frac{10}{360}\right) = 55,56$$

$$J_3 = 0,20\left(4.800,00\frac{25}{360}\right) = 66,67$$

$$J_t = 25,00 + 55,56 + 66,67 = 147,23$$

2.9.2 Taxa Média de Diversos Capitais em Diferentes Prazos

Quando vários capitais P forem colocados sob o regime de juros simples, em diferentes prazos n, todos com taxas diferenciadas i, a taxa média da operação será dada por:

$$i = \frac{P_1 n_1 i_1 + P_2 n_2 i_2 + ... + P_n n_2 i_n}{P_1 n_1 + P_2 n_2 + ... P_n n_n}$$

Para ilustrar, digamos que uma empresa apresenta um conjunto de duplicatas a pagar. Os títulos são: $5.000,00 com atraso de 15 dias, $9.000,00 com atraso de 20 dias e $15.000,00 com atraso de 25 dias. Determina-se a taxa média desta operação, considerando que, em juros simples, elas são de 25% ao mês, para a primeira duplicata, 15% ao mês para a segunda e 10% ao mês para a última duplicata, da seguinte forma:

$$i = \frac{P_1 n_1 i_1 + P_2 n_2 i_2 + ... + P_n n_2 i_n}{P_1 n_1 + P_2 n_2 + ... P_n n_n}$$

$$i = \frac{5.000,00 \times \frac{15}{30} \times 0,25 + 9.000,00 \times \frac{20}{30} \times 0,15 + 15.000,00 \times \frac{25}{30} \times 0,10}{5.000,00 \times \frac{15}{30} + 9.000,00 \times \frac{20}{30} + 15.000,00 \times \frac{25}{30}}$$

$$i = \frac{625,00 + 900,00 + 1.250}{2.500 + 6.000 + 12.500}$$

$$i = \frac{625,00 + 900,00 + 1.250}{2.500 + 6.000 + 12.500} = 0,132143$$

Ou seja, a taxa media é de 13,2143% ao mês.

Para verificar o valor desta taxa, poderemos aplicar inicialmente os juros obtidos para cada duplicata, como segue abaixo:

$$J_1 = 5.000,00 \times \frac{15}{30} \times 0,25 = 625,00$$

$$J_2 = 9.000,00 \times \frac{20}{30} \times 0,15 = 900,00$$

$$J_3 = 15.000,00 \times \frac{25}{30} \times 0,10 = 1.250,00$$

$$J_t = 625,00 + 900 + 1.250,00 = 2.775,00$$

Desta forma, o valor total dos juros é de $2.775,00. Alternativamente, se usarmos para a mesma operação a taxa média de 13,2143% ao mês, teremos o mesmo resultado. Senão, vejamos:

$$J_1 = 5.000,00 \times \frac{15}{30} \times 0,132143 = 330,36$$

$$J_2 = 9.000,00 \times \frac{20}{30} \times 0,132143 = 792,86$$

$$J_3 = 15.000,00 \times \frac{25}{30} \times 0,132143 = 1.651,78$$

$$J_t = 330,36 + 792,86 + 1.651,78 = 2.775,00$$

2.9.3 Prazo Médio de Diversos Capitais Iniciais

Quando vários capitais P forem colocados sob o regime de juros simples, em diferentes prazos n, todos à mesma taxa de juros i, o prazo da operação será dado por:

$$n = \frac{P_1 n_1 + P_2 n_2 + ... + P_n n_n}{P_1 + P_2 + ... P_n}$$

Suponha que uma empresa apresenta um conjunto de duplicatas a serem descontadas no banco. As duplicatas são: \$5.000,00 para 15 dias, \$9.000,00 para 20 dias e \$15.000,00 para 25 dias. Determina-se o prazo médio desta operação, considerando uma taxa de juros de 10% ao mês, da seguinte forma:

$$n = \frac{5000,00 \times 15 + 9.000,00 \times 20 + 15.000,00 \times 25}{39.000,00}$$

$$n = \frac{75.000 + 180.000 + 375.0000}{39.000} = 16,15385$$

2.10 Conta Corrente com Base nos Juros Simples

Algumas instituições financeiras utilizam-se do regime de juros simples na cobrança de juros, conforme o período da operação não exceda o período expresso pela taxa. O método é conhecido como hamburguês. Vejamos a seguinte situação, com base num extrato bancário de uma empresa.

Data	Histórico	Débito	Crédito	Saldo
01/05/03	Saldo			500,00
02/05/03	Cheque	600,00		(100,00)
08/05/03	Depósito		1.500,00	1.400,00
15/05/03	Cheque	800,00		600,00
20/05/03	Cheque	1.000,00		(400,00)
25/05/03	Cheque	500,00		(900,00)
30/05/03	Cheque	200,00		(1.100,00)

Para este exemplo, a instituição trabalha com taxa de 12% ao mês.

A cobrança de juros simples é realizada ao final do mês. No entanto, a definição é feita desta forma:

$$J = P \times i \times n$$

O saldo devedor será considerado como valor principal para realização do cálculo dos juros devidos.

Para o primeiro saldo devedor:

$$J_1 = 100 \times \frac{0,12}{30} \times 6$$

$$J = 2,40$$

Para o segundo saldo devedor:

$$J_2 = 300 \times \frac{0,12}{30} \times 5$$

$$J = 6,00$$

Para o terceiro saldo devedor:

$$J_3 = 800 \times \frac{0,12}{30} \times 5$$

$$J = 16,00$$

Para o quarto saldo devedor:

$$J_4 = 1.000 \times \frac{0,12}{30} \times 2$$

$$J = 8,00$$

Agora, basta somar os juros dos saldos devedores para obter os juros totais cobrados no mês em função da utilização do limite disponível em conta-corrente.

$$J_t = J_1 + J_2 + J_3 + J_4$$

$$= 2,40 + 6,00 + 16,00 + 8,00$$

$$J_t = 32,40$$

Exercícios

1. Um capital inicial P de $500,00 foi aplicado à taxa de 10% ao mês, durante o prazo de 24 dias. Determine o capital final desta operação em juros simples.
   Resposta: $540,00

2. Um capital de \$10.500,00 é aplicado no regime de juros simples. Sabendo que a taxa de juros é de 300% ao ano, determine os juros, considerando o ano comercial, se a operação foi realizada em 187 dias.
Resposta: \$16.362,50

3. Um capital final *S* de \$14.000,00 foi obtido com base numa taxa de 180% ao ano. Considerando que o capital inicial *P* é \$ 9.000,00, determine em quantos dias a operação foi realizada. Considere, para isso, o ano comercial.
Resposta: 111,11 dias

4. Determine a remuneração obtida para um capital inicial *P* de \$15.000,00, durante 540 dias, e com taxa de juros de 120% ao ano. Considere, para isso, o ano civil.
Resposta: \$ 26.630,14

5. Determine o número de meses necessários para se transformar um capital inicial *P* de \$60.000,00 em um capital final *S* de \$84.000,00, sabendo que a taxa de juros anual é de 120%. Considere o ano comercial.
Resposta: 4 meses

6. Calcular o rendimento, para um capital inicial *P* de \$1.800,00, aplicado durante 6 meses à taxa de juros de 48% ao ano. As operações devem levar em consideração o ano comercial e o ano exato.
Resposta: \$432,00 e \$426,08

7. Calcular a taxa anual, no regime de juros simples, sabendo que, durante 6 meses, o capital inicial *P* de \$20.000,00 produziu \$10.800,00 de juros, no ano comercial.
Resposta: 108% ao ano

8. Um título de crédito tem valor atual de $9.000,00. A taxa de juros é de 30% ao ano e os juros correspondem a $1.575,00. Determine o número de dias em que ocorreu a aplicação, considerando o ano comercial.
   Resposta: 210 dias

9. Um investidor aplicou um capital numa conta–corrente, com base numa taxa de 36% ao ano. Decorrido o prazo de 5 anos, resgatou metade dos juros e aplicou em outro banco à taxa de 48% ao ano, durante 2 anos, obtendo um rendimento de $8.640. Determine o valor do capital inicial *P* da operação, considerando o ano comercial.
   Resposta: $10.000,00

10. Um devedor deve quitar seus empréstimos de $1.000,00 daqui a três meses, e de $ 8.000,00 daqui a oito meses. A operação foi acordada com base numa taxa de 20% ao mês, no regime de juros simples. Caso mude de idéia quanto ao pagamento das duas parcelas e decida quitar o empréstimo numa única parcela no sétimo mês, determine quanto deve desembolsar (considere como data o sétimo mês).
    Resposta: $ 8.466,67

11. Uma empresa tomou um empréstimo a juros de 12% ao ano. Após 20 dias, pagou a dívida e contraiu um novo empréstimo três vezes maior que o primeiro, pelo prazo de 15 dias, a juros de 8% ao ano. Sabendo que pagou, nas duas operações, juros totais de $41.666,67, determine o valor de cada empréstimo.
    Resposta: $2.499,500,00 e $7.498.500,00

12. Um especulador deseja ganhar, numa operação, sobre o valor do empréstimo, 56,8438%. Sabendo que a taxa de juros é de 7% ao mês, determine o prazo, em dias, da operação, considerando o ano civil.
    Resposta: 247 dias

13. Uma loja de confecções comercializa um produto à vista pelo valor de $5.000,00. Se for adquirido a prazo, será dada uma entrada de $1.500,00 e uma parcela de $6.650,00 ao final de um ano e meio. Determine a taxa de juros mensal da operação, levando-se em consideração o regime de juros simples e o ano comercial.
Resposta: 5% ao mês

14. Um produto custa, à vista, $ 160.000,00. Caso a operação ocorra a prazo, 20% desse valor serão dados como entrada e mais dois pagamentos, de $64.000,00 e $90.000,00, ao final do segundo e terceiro meses, serão realizados. Caso a taxa de juros da operação seja de 6% ao bimestre, determine a melhor opção.
Resposta: Comprar à vista, pois a prazo o valor corresponde a $174.946,16.

15. Uma empresa tem dívidas de $4.500,00 e $3.500,00 para 210 e 270 dias, respectivamente. Determine o valor original da dívida, considerando taxa de 10% ao mês, no regime de juros simples.
Resposta: $4.489,16

16. O capital inicial *P* de $1.620,00 foi aplicado a juros simples, durante 560 dias. Determine o capital final *S*, com base numa taxa de 120% ao ano, no ano civil.
Resposta: $4.602,58

17. O capital de $2.086,00 foi aplicado durante 4 meses, rendendo o valor de $ 382,28. Calcule a taxa mensal da operação, considerando o regime de juros simples.
Resposta: 4,58% ao mês

18. No sexto mês, um capital apresenta valor de $10.000,00. Com base no processo de descapitalização e capitalização, determine os valores para o terceiro e para o nono mês, sabendo que a taxa de

juros é de 10% ao mês.
Resposta: $7.692,31 e $13.000,00

19. Determine a taxa de juros mensal necessária para um capital obter como rendimento metade do valor investido, se o prazo for de 12 meses, no regime de juros simples.
Resposta: 4,17% ao mês

20. Determine a taxa de juros anual necessária para um capital obter como rendimento 1/4 do valor investido, se o prazo for de 12 meses, no regime de juros simples.
Resposta: 25% ao ano

CAPÍTULO 3

O Regime de Juros Compostos

3.1 Regime de Capitalização e os Juros Compostos

A característica do regime dos juros compostos é que os resultados obtidos em cada período são incorporados ao capital nas próximas operações de capitalização. Nesse regime, os juros formados no período anterior são incorporados na definição dos valores no próximo período.

Os juros j apresentam incidência sobre o capital inicial P e sobre os valores dos juros do período anterior. Para isso, tomemos um capital inicial P de \$100,00, prazo n de cinco meses e taxa i de 4% ao mês. Assim:

Para o primeiro mês

$$100,00 \times (1,04) = 104,00$$

Para o segundo mês

$$104,00 \times (1,04) = 108,16$$

Para o terceiro mês

$$108,16 \times (1,04) = 112,49$$

Para o quarto mês

$$112,49 \times (1,04) = 116,98$$

Para o quinto mês

$116,98 \times (1,04) = 121,67$

Chegamos à conclusão de que, para o regime de juros compostos, o capital final S da operação é definido por:

$$S = P(1+i)(1+i)(1+i)$$

Adequando melhor a expressão:

$$S = P(1+i)^n$$

Independente do regime adotado, o capital final S da operação é sempre definido como os juros j acrescidos ao capital inicial P.

$$S = P + j$$

Substituindo na expressão acima:

$$P(1+i)^n = P + j$$

$$j = P(1+i)^n - P$$

$$j = P\left[(1+i)^n - 1\right]$$

Outras relações podem surgir da expressão $S = P(1+i)^n$; são elas:

$$P = \frac{S}{(1+i)^n}$$

$$i = \left(\frac{S}{P}\right)^{1/n} - 1$$

$$n = \frac{\ln\left(\frac{S}{P}\right)}{\ln(1+i)}$$

Conhecendo *P*, *n* e *i*, definir *S*

Um capital de $3.000,00 foi aplicado a juros de 2% ao mês, durante 4 meses. Determina-se o capital final da operação da seguinte forma:

$$S = P(1+i)^n$$

$$S = 3.000,00(1,02)^4$$

$$S = 3.000,00 \times 1,08243 = 3.247,29$$

Conhecendo *P*, *n* e *i*, definir *j*

Um capital de $6.500,00 foi aplicado a juros de 20% ao mês, durante 5 meses, no regime de juros compostos. Determina-se o valor dos juros da operação da seguinte forma:

$$j = P\left[(1+i)^n - 1\right]$$

$$j = 6.500,00\left[(1,20)^5 - 1\right]$$

$$j = 6.500,00[2,48832 - 1]$$

$$j = 6.500,00[1,48832] = 9.674,08$$

Conhecendo *S*, *n* e *i*, definir *P*

Determina-se o capital inicial *P*, que no período de 2 meses, à taxa de juros de 4% por quinzena, gere o capital final *S* de $1.169,86, da seguinte forma:

$$P = S\frac{1}{(1+i)^n}$$

$$P = 1.169,85 \times \frac{1}{(1+0,04)^4}$$

$$P = \frac{1.169,85}{1,16986} = 1.000,00$$

Observe que na exponenciação foram utilizados 4 períodos. Isso ocorre porque a combinação de quatro períodos quinzenais determina a operação para 2 meses.

Conhecendo *P*, *S*, e *i*, definir *n*

Determina-se o prazo para que o capital inicial *P* de $2.500,00, à taxa de juros de 4% ao mês, gere o capital final *S* em $2.757,55, da seguinte forma:

$$P = S\frac{1}{(1+i)^n}$$

$$P = 2.775,57 \times \frac{1}{(1+i)^n}$$

$$2.500,00 \times (1,04)^n = 2.757,55$$

$$(1,04)^n = \frac{2757,55}{2.500,00}$$

$$(1,04)^n = 1,10302$$

Devemos resolver essa equação aplicando as propriedades de logaritmo[1]. Desta forma, se calcularmos os logaritmos das expressões, a igualdade não será alterada.

$$\log(1,04)^n = \log 1,10302$$

Aplicando a propriedade de exponenciação de logaritmos, temos:

$$n \times \log(1,04) = \log 1,10302$$

$$n = \frac{\log 1,10302}{\log 1,04}$$

$$n = \frac{0,04258}{0,01703} = 2,50$$

Como a taxa está expressa em meses, deduzimos que são 2 meses e meio, ou 75 dias.

Conhecendo *P*, *n* e *S*, definir *i*

Determina-se a taxa de juros que consegue transformar o capital inicial P de \$15.000,00 em capital final *S* em \$39.900,30, durante o período de 7 meses, da seguinte forma:

$$S = P(1+i)^n$$

$$39.900,30 = 15.000,00(1+i)^7$$

$$(1+i)^7 = \frac{39.900,30}{15.000,00}$$

1 Lembre-se de que $\log_2^8 = 3$, logo $2^3 = 8$, então $\log_2^{8^2} = 2.\log_2^8$

$$(1+i)^7 = 2,660020$$

Isto ocorre porque a combinação de 7 períodos, pelo prazo da taxa, fecha a operação para 7 meses.

Aplicando as propriedades da exponenciação[2], podemos:

$$\sqrt[7]{(1+i)^7} = \sqrt[7]{2,660020}$$

Desta maneira, temos:

$$(1+i) = 2,660020^{\frac{1}{7}}$$

$$(1+i) = 1,15$$

$$i = 1,15 - 1$$

Uma vez que i é igual a 0,15, podemos dizer que também é igual a 15%, ao período mensal. Portanto, uma taxa expressa no intervalo de tempo mensal.

Conhecendo *j*, *n* e *i*, definir *P*

Ilustramos esta situação considerando que um comprador deseja adquirir um veículo. Ele sabe que tem 12 meses, sabe que o mercado opera com juros de 12% ao ano no regime composto e sabe, também, que o valor do automóvel é de $30.000,00. Determina-se de quanto deve ele dispor para comprar o automóvel com os juros da operação, da seguinte forma:

$$j = P\left[(1+i)^n - 1\right]$$

$$30.000,00 = P\left[(1+0,12)^1 - 1\right]$$

2 Lembre-se que $b^x = a$ ou $b = a^{\frac{1}{x}}$, então $b = \sqrt[x]{a}$

$$30.000,00 = 0,12P$$

$$P = \frac{30.000,00}{0,12}$$

$$P = 250.000,00$$

Se o comprador investir \$250.000,00, durante um 1 ano, a uma taxa de 12% ao ano, irá ter o capital final de \$280.000,00. Logo, terá \$30.000,00 de juros, conforme solicitado.

3.2 Fluxo de Caixa em Juros Compostos

O diagrama do fluxo de caixa é responsável por definir as transações realizadas num determinado período de tempo n. Através dele, é possível perceber o comportamento do dinheiro no tempo, em relação ao capital inicial P e ao capital final S.

As operações financeiras geram, num determinado intervalo de tempo n e a uma taxa de juros i, um capital final S. Por outro lado, esse valor, quando descapitalizado à mesma taxa i durante o mesmo prazo n da operação, gera o capital inicial P.

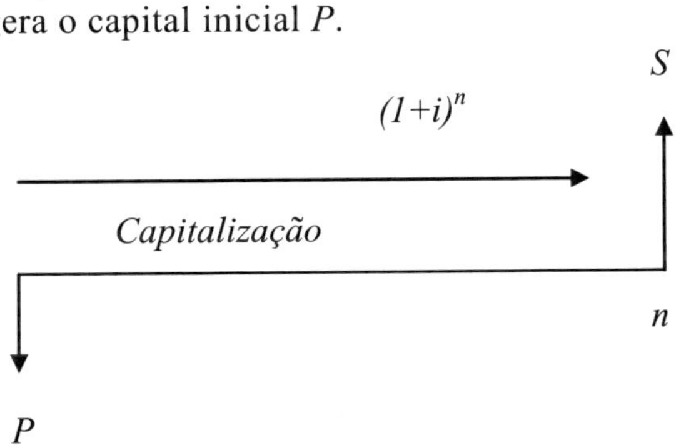

Alternativamente,

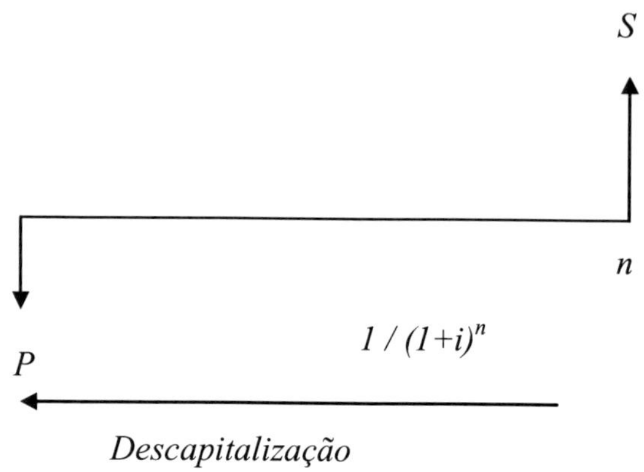

3.3 Valor Nominal *N* e Valor Atual *V*

Considera-se valor nominal N o valor de um título de crédito no seu vencimento. O valor atual V corresponde ao valor do título de crédito em uma data qualquer, antes do seu vencimento.

Quando o capital final S ou nominal N for descapitalizado no mesmo prazo n, e à mesma taxa periódica i, o resultado da operação acaba representando o capital principal P ou, alternativamente, o valor atual V. Ou seja, valor principal P e valor atual V são sinônimos, como também o são o capital final S e o valor nominal N.

No regime de juros compostos, valor nominal N e valor atual V são representados por:

$$N = V(1+i)^n$$

$$V = \frac{N}{(1+i)^n}$$

Conhecendo *N*, *n* e *i*, definir *V*

Um título de dívida, cujo valor nominal N é de \$ 250.000,00, pode ser descontado 60 dias, à taxa de 15% ao mês. Com base nessas informações, determina-se o valor Atual V da seguinte forma:

$$V = \frac{N}{(1+i)^n}$$

$$V = \frac{250.000,00}{(1,15)^2} = 189.035,92$$

Conhecendo *V*, *n* e i, definir *N*

Um título de crédito, cujo valor atual V é de \$ 150.000,00, foi descontado no prazo de 60 dias, à taxa de 15% ao mês. Com base nessas informações, determina-se o valor Nominal N da seguinte forma:

$$N = V(1+i)^n$$

$$N = 150.000,00(1,15)^2 = 198.375,00$$

3.4 Juros Compostos e Período Fracionado

Nas relações financeiras, tanto a juros compostos como a juros simples, o período de capitalização da taxa tem quer ser homogeneizado com o prazo. Em alguns casos, podemos encontrar situações em que o prazo de aplicação não é um número inteiro. Desta forma, existem duas formas de cálculo: a linear e a exponencial.

3.4.1 Convenção Linear

O capital final S é calculado levando-se em consideração, para a parte inteira de períodos, a lógica dos juros compostos, ou seja, através da exponenciação da taxa i pela quantidade de períodos inteiros n; para a parte fracionada, admite-se a formação linear de juros, através do uso dos juros simples. Daí o nome de convenção linear.

Aplicando a fórmula, temos:

$$S = P(1+i)^n \times \left[1 + i \times \frac{p}{q}\right]$$

Nessa fórmula considera-se n a parte inteira da operação, p a fracionada, e o prazo da taxa da operação é representado por q.

Essa convenção justificava-se quando, em outras épocas, não era possível contar com o auxílio das calculadoras financeiras. Assim, as relações comerciais eram realizadas através das tabelas financeiras, e estas eram definidas apenas para prazos inteiros. Era comum, nas operações de prazos fracionados, usar-se a tabela para os cálculos da parte inteira e aplicar, a seguir, juros simples para a parte fracionada. Daí as duas convenções.

Digamos que um capital P de $30.000,00 seja aplicado em 88 dias a juros de 5% ao mês. O valor da aplicação, utilizando a convenção linear, será definido conforme expressão abaixo:

$$S = P(1+i)^n \times \left[1 + i \times \frac{p}{q}\right]$$

$$S = 30.000,00(1+0,05)^2 \times \left[1 + 0,05 \times \frac{28}{30}\right]$$

$$S = 33.075,00 \times [1,046667] = 34.618,50$$

Em outra situação, digamos que um capital de $38.000,00 seja aplicado em 135 dias, a juros de 15% ao bimestre. O valor da aplicação, utilizando a convenção linear, será igual a:

$$S = P(1+i)^n \times \left[1 + i \times \frac{p}{q}\right]$$

$$S = 38.000,00\left(1+0,15\right)^2 \times \left[1+0,15\times\frac{15}{60}\right]$$

$$S = 50.255,00\times\left[1,0375\right] = 52.139,56$$

3.4.2 Convenção Exponencial

O capital final S é calculado levando-se em consideração, para a parte inteira e fracionada de períodos os juros compostos, ou seja, através da exponenciação da taxa pela quantidade de períodos.

Aplicando a fórmula, temos:

$$S = P\left(1+i\right)^{n+\frac{p}{q}}$$

Nesta fórmula, considera-se n a parte inteira da operação, p a fracionada, e o prazo da taxa da operação é representado por q. Acontece que tanto a parte inteira como a fracionada são exponenciadas.

Digamos que um capital de \$18.000,00 seja aplicado a juros de 6% ao mês, no prazo de 77 dias. O capital final da operação será dado por:

$$S = P\left(1+i\right)^{n+\frac{p}{q}}$$

$$S = 18.000,00\left(1+0,06\right)^{77/30} = 20.903,75$$

Observe que na exponenciação foram utilizados 77/30 períodos. Isso ocorre porque a combinação de 77/30 períodos pelo prazo da taxa i define a operação para 77 dias. Alternativamente se combinarmos 2 + 17/30 como expoente da equação acima teremos o mesmo resultado.

Um capital de \$50.000,00 é aplicado durante 52 dias, a uma taxa de 10% ao mês. O valor final *S,* levando em consideração a convenção exponencial, da seguinte forma:

$$S = P(1+i)^{n+\frac{p}{q}}$$

$$S = 50.000(1+0,10)^{52/30}$$

$$S = 50.000,00 \times [1,179634] = 58.981,71$$

Observe que na exponenciação foram utilizados 52/30 períodos. Isso ocorre porque a combinação de 52/30 período pelo prazo da taxa *i* define a operação para 52 dias.

3.5 O Fracionamento do Prazo nos Juros Compostos

Em juros compostos, há incidência da taxa sobre o capital inicial *P* e os juros dos períodos anteriores; assim, podemos fracionar o prazo *n,* uma vez que estaríamos permitindo a incidência de juros sobre juros.

Para exemplificar melhor, tomemos a possibilidade de um empréstimo, no valor de \$ 300.000,00, a ser pago após 7 meses, acrescido de juros à taxa de 200% ao ano.

$$S = P(1+i)^n$$

$$S = 300.000,00 \times (1+2)^{\frac{7}{12}}$$

Digamos, agora, que o titular deste empréstimo negocie com um terceiro à mesma taxa, no quinto mês. Qual deve ser o valor pago por este terceiro?

$$P = \frac{S}{(1+i)^n}$$

$$P = \frac{569.432,16}{(1+2)^{\frac{2}{12}}} = 474.156,57$$

Graficamente:

Iremos verificar a igualdade existente nas operações partindo das seguintes observações: se o capital final *S* é \$ 474.156,57, o prazo da transferência do título se dá no quinto mês e a taxa da operação é de 200% ao ano, podemos calcular o valor do empréstimo inicial, que deveria ser igual a \$ 300.000,00. Desta forma:

$$P = \frac{S}{(1+i)^n}$$

$$P = \frac{474.156,57}{(1+2)^{\frac{5}{12}}}$$

$$S = 300.000,00$$

A igualdade obtida surge porque no regime de juros compostos (diferentemente do regime de juros simples) a formação do capital final *S* e, como consequência, a definição do seu valor inicial, ocorrem em processos divisíveis. Assim:

$$P(1+i)^m = P(1+i)^{n_1} \times (1+i)^{n_2}$$

Quando o capital inicial *P* é capitalizado à taxa de juros compostos *i* num prazo composto *m*, o capital final *S* obtido será igual ao capitalizado à mesma taxa e prazo fracionado n_1 e n_2, uma vez que estariam sendo incorporados juros sobre juros.

3.6 A Substituição de Compromissos ou Equivalência de Capitais

A substituição de compromissos refere-se à equivalência de capitais. A questão refere-se à definição dos prazos de pagamento. As propriedades da exponenciação garantem que a equivalência de capitais no regime de juros compostos seja permanente em qualquer data. Ou seja, se um conjunto de capitais é equivalente em uma dada data, será equivalente em qualquer outra. Para melhor entendimento das propriedades da equivalência de capitais, consideraremos S_1, S_2 e seu conjunto como valores de capitais na linha do tempo.

Podemos dizer que se o conjunto de capitais S_1 e S_2 é equivalente ao conjunto de capitais S_3 e S_4, em uma determinada data qualquer (por exemplo, data 5), eles apresentam, portanto, valores iguais em outras datas. Assim, quando avaliados em outra data qualquer, o novo valor a ser definido para um conjunto de capitais manterá nova igualdade em relação ao outro conjunto. Vale lembrar que isso só ocorre no regime de juros compostos. Isto é, podemos, em juros compostos, raciocinar em partes, fracionando o período de aplicação sem alteração do resultado final obtido.

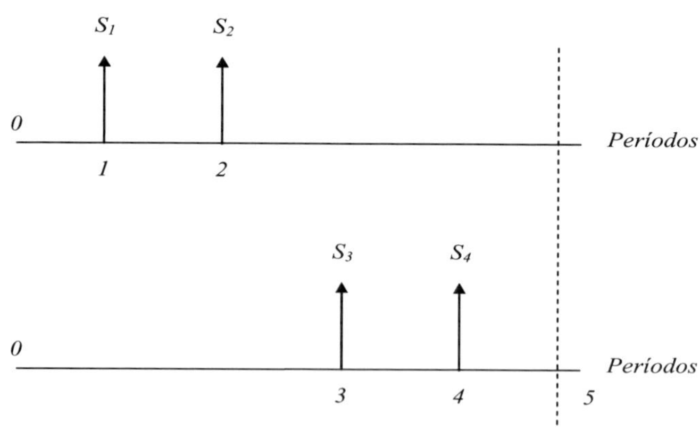

Em relação ao fluxo de caixa acima, temos a seguinte expressão, considerando que o quinto mês é ponto de observação:

$$S_1(1+i)^{5-1} + S_2(1+i)^{5-2}$$

Do outro lado, devemos apresentar a seguinte expressão:

$$S_3(1+i)^{5-3} + S_4(1+i)^{5-4}$$

Podemos, então, definir a igualdade:

$$S_1(1+i)^{5-1} + S_2(1+i)^{5-2}$$

$$= S_4(1+i)^{5-3} + S_4(1+i)^{5-4}$$

Digamos que um empréstimo de \$5.000,00 possa ser quitado em dois pagamentos. O primeiro pagamento está definido para ser feito em 45 dias e o segundo pagamento, no valor de \$3.900,00, no terceiro mês da assinatura do contrato. Se a operação atende ao principio da equivalência de capitais e foi realizada com base numa taxa de 10% ao mês, determina-se o valor do pagamento desconhecido da seguinte forma:

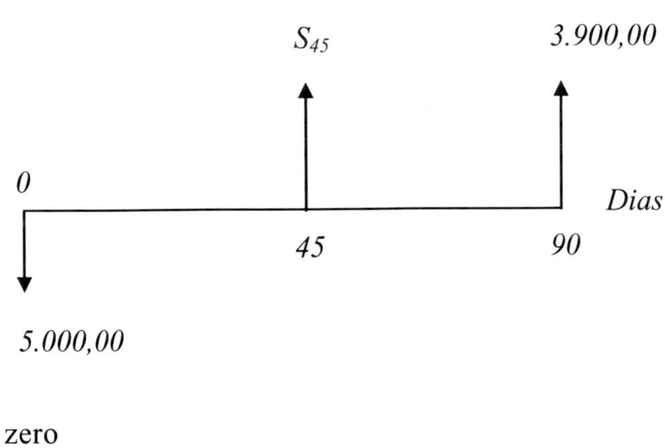

Data focal zero

$$5.000,00 = \frac{S}{(1,10)^{1,5}} + \frac{3.900,00}{(1,10)^{3}}$$

Por que os números foram divididos? As grandezas podem ser multiplicadas ou divididas, conforme a necessidade de “avançar” ou “voltar” com o dinheiro no tempo[3]. Neste caso, a necessidade é de descapitalizar valores, portanto, uma divisão. A base da descapitalização é o período mensal. Assim:

$$5.000,00 = \frac{S}{(1,10)^{1,5}} + \frac{3.900,00}{(1,10)^{3}}$$

$$5.000,00 = 0,866784S + 2.930,13$$

$$0,866784S = 2.069,87$$

De forma que S assume o valor de \$2.387,98.

Então, um empréstimo de \$5.000,00 deve ser pago em duas parcelas, uma no valor de \$2.387,98, vencendo em 45 dias, e outra de \$3.900,00, vencendo no terceiro mês.

Outro exemplo ilustra a situação de um empréstimo que será pago em 2 parcelas. A primeira parcela tem valor de \$2.000,00 e a última parcela, de \$3.500,00. Sabe-se que a instituição financeira oferece uma carência de 25 dias para pagamento da primeira parcela e opera com taxa de 10% ao mês. Determina-se o valor do empréstimo da seguinte forma:

---

3 Os valores apresentam os efeitos da taxa em relação à data que representam. Portanto, não podemos somar valores em datas diferentes.

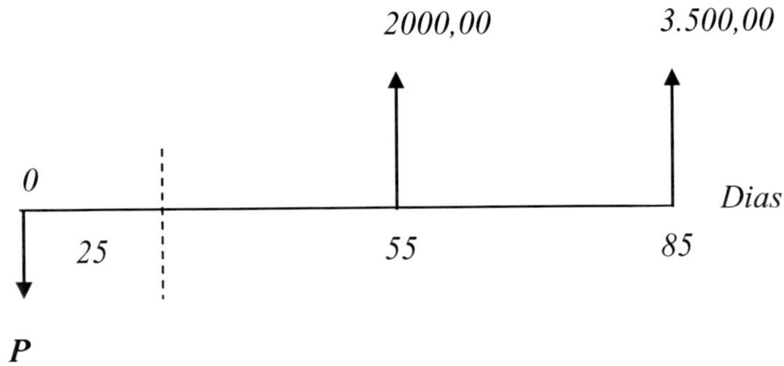

Assim, temos: $S_{25} = \dfrac{2.000,00}{(1,10)^1} + \dfrac{3.500,00}{(1,10)^2}$

$S_{25} = 1.818,18 + 2.892,62$

$$S_{25} = 4.710,74$$

Observe que este valor é dado em 25 dias. Como o empréstimo foi realizado no tempo zero (início da operação) devemos descapitalizar esse valor.

$$P = \frac{4.710,74}{(1,10)^{25/30}} = 4.351,06$$

A descapitalização teve como base 25/30 período de uma taxa mensal. Desta forma, um período mensal corresponde a um mês; 2,5 períodos mensais correspondem a 75 dias. Portanto, 25/30 período de uma taxa mensal representam 25 dias. E são justamente 25 os dias necessários para descapitalizar \$4.710,74. O empréstimo (na assinatura do contrato) é de \$4.351,06.

3.7 Situações Particulares para Juros Compostos

Em juros compostos, os capitais podem ser empregados em algumas situações que devem ser citadas.

3.7.1 Taxa Média de Diversos Capitais no mesmo Prazo

Quando vários capitais iniciais P forem colocados sob o regime de juros compostos, no mesmo prazo n, todos com taxas diferenciadas i, a taxa média da operação será dada por:

$$i = \sqrt[n]{\left(\frac{\sum_{k=1}^{m} P_k (1+i)^n}{\sum_{k=1}^{m} P} \right)} - 1$$

com m igual ao número de capitais disponíveis para a operação.

Para ilustrar, digamos que uma empresa apresenta um conjunto de aplicações de \$5.000,00, \$ 9000,00, e \$15.000,00, todas para 60 dias. Determina-se a taxa média desta operação, considerando que, em juros compostos, elas são de 25% ao mês, para a primeira operação, 15% ao mês para a segunda e 10% para a última operação, da seguinte forma:

Aplicação Um	Aplicação Dois	Aplicação Três
5.000,00	9.000,00	15.000,00
25%	15%	10%
60 dias	60 dias	60 dias

Com base nas informações, determina-se o capital final S de cada operação, de forma que:

Aplicação Um	Aplicação Dois	Aplicação Três
$S = 5.000,00(1,25)^2$	$S = 9.000,00(1,15)^2$	$S = 15.000,00(1,10)^2$
7.812,50	11.902,50	18.150,00

Assim, o capital final será igual a $37.865,00.

Aplicando a fórmula, temos que:

$$i = \sqrt[n]{\left(\frac{\sum_{k=1}^{m} P_k (1+i)^n}{\sum_{k=1}^{m} P} \right)} - 1$$

$$i = \sqrt[2]{\left(\frac{37.865,00}{29.000,00} \right)} - 1$$

$$i = \sqrt[2]{1,30569} - 1$$

$$i = 0,14267 = 14,267\%$$

Ou seja, a taxa média mensal das operações é de 14,267%. Alternativamente, se aplicarmos todas as operações com base nesta taxa, teremos o capital final de $37.865,00.

3.7.2 Prazo Médio de Diversos Capitais com a mesma Taxa

Quando vários capitais *P* forem colocados sob o regime de juros compostos, à mesma taxa *i*, todos com prazos diferenciados *n*, o prazo médio da operação será dado por:

$$\text{n} = \frac{\log \left(\frac{\sum_{k=1}^{m} P_k (1+i)^n}{\sum_{k=1}^{m} P_k} \right)}{\log^{(1+i)}}$$

Para ilustrar, digamos que uma empresa apresenta um conjunto de aplicações de \$10.000,00, \$29.000,00 e \$40.000,00, todas com base numa taxa de 10% ao mês. Determina-se o prazo médio desta operação, considerando que, em juros compostos, os prazos são de 30 dias, para a primeira operação, 60 dias para a segunda e 90 dias para a última, da seguinte forma:

Aplicação Um	Aplicação Dois	Aplicação Três
10.000,00	29.000,00	40.000,00
10%	10%	10%
30 dias	60 dias	90 dias

Com base nas informações, determina-se o capital final de cada operação, de forma que:

Aplicação Um	Aplicação Dois	Aplicação Três
$S = 10.000,00(1,10)^1$	$S = 29.000,00(1,10)^2$	$S = 40.000,00(1,10)^3$
11.000,00	35.090,00	53.240,00

Assim, o capital final será igual a \$99.330,00.

Aplicando a fórmula, temos que:

$$\text{n} = \frac{\log\left(\dfrac{\sum_{k=1}^{m} P_k (1+i)^n}{\sum_{k=1}^{m} P_k}\right)}{\log^{(1+i)}}$$

$$n = \frac{\log^{\left(\frac{99.330,00}{79.000,00}\right)}}{\log^{(1,10)}}$$

$$n = \frac{\log\left(\frac{99.330,00}{79.000,00}\right)}{\log(1,10)} = 2,40268$$

Ou seja, o prazo médio mensal das operações é de 2,40268 ou 72,08038 dias. Alternativamente, se aplicarmos todas as operações neste prazo à taxa de 10% ao mês, teremos o capital final de $99.330,00.

3.7.3 Taxa Média e Prazo Médio de Diversos Capitais

Quando vários capitais *P* forem colocados sob o regime de juros compostos, em diferentes prazos *n*, e a diferentes taxas *i*, teremos que definir o prazo médio mediante a ponderação dos prazos. Em seguida, converter as taxas de juros em função do prazo médio. Depois, ponderar a taxa de juros convertida pelo prazo médio e, finalmente, definir o prazo médio da operação com base nos valores finais e iniciais.

Para exemplificar, digamos que uma empresa apresenta um conjunto de capitais cujos valores iniciais são de $10.000,00, $20.000,00 e $30.000,00, com base nas taxas de 10%, 30% e 50% ao mês, respectivamente.

Os prazos são de 30 dias para a primeira operação, 60 dias para a segunda e 90 dias para a última. Assim, temos:

Aplicação Um	Aplicação Dois	Aplicação Três
10.000,00	20.000,00	30.000,00
10%	30%	50%
30 dias	60 dias	90 dias
$S = 10.000,00(1,10)^1$	$S = 20.000,00(1,30)^2$	$S = 30.000,00(1,50)^3$
11.000,00	33.800,00	101.250,00

Na tabela, temos, em ordem, capital inicial, taxa de juros, prazo e capital final. A soma dos capitais iniciais e finais são de \$60.000,00 e \$146.050,00, respectivamente.

Primeiro Passo

Definição do prazo, mediante a ponderação dos prazos das operações e seus valores iniciais, dados por:

$$n = \frac{P_1 n_1 + P_2 n_2 + ... + P_n n_n}{P_1 + P_2 + ...P_n}$$

$$n = \frac{10.000,00 \times 30 + 20.000,00 \times 60 + 30.000,00 \times 90}{60.000,00} = 70$$

O prazo médio ponderado é de 70 dias. Com base nesta informação, iremos converter a taxa de cada operação.

Segundo Passo

A conversão da taxa de cada operação, em função do prazo médio obtido anteriormente, é dada por:

$$i_2 = (1 + i_1)^{1/k} - 1$$

$$i_2 = (1,10)^{70/30} - 1 = 24,90589\%$$

$$i_2 = (1,30)^{70/30} - 1 = 84,44540\%$$

$$i_2 = (1,50)^{70/30} - 1 = 157,56070\%$$

As taxas médias das aplicações são definidas como 24,91% para a primeira operação, 84,45% para a segunda e 157,56% para a terceira.

Terceiro Passo

A definição da taxa de juros média, mediante a ponderação das taxas convertidas para o prazo médio é dada por:

$$i = \frac{i_1 P_1 n_1 + i_2 P_2 n_2 + \ldots + i_n P_n n_n}{n_1 \times P_1 + n_2 \times P_2 + \ldots n_n \times P_n}$$

$$i = \frac{24{,}9059 \times 10.000{,}00 \times 30 + 84{,}4454 \times 20.000{,}00 \times 60 + 157{,}5607 \times 30.000{,}00 \times 90}{10.000{,}00 \times 30 + 20.000{,}00 \times 60 + 30.000{,}00 \times 90}$$

$$i = \frac{534.220.140{,}00}{4.200.000{,}00} = 127{,}19527$$

Quarto Passo

A definição do prazo médio, com base na divisão do somatório do capital final pelo somatório do capital inicial, com relação à taxa média, é dada por:

$$\text{n} = \frac{\log\left(\frac{\sum_{k=1}^{m} P_k (1+i)^n}{\sum_{k=1}^{m} P_k}\right)}{\log^{(1+i)}}$$

$$n = \frac{\log^{\left(\frac{146.050{,}00}{60.000}\right)}}{\log^{(2{,}27195)}}$$

$$n = \frac{\log^{\left(\frac{146.050{,}00}{60.000}\right)}}{\log^{(2{,}27195)}} = 1{,}08404$$

Ou seja, o prazo médio mensal das operações é de 1,08404 ou 75,88265 dias. Alternativamente, se aplicarmos todas as operações neste prazo à taxa de 127,19527% ao período, teremos o capital final de \$146.050,00.

3.8 Cobrança de Tributos em Aplicações Financeiras

As aplicações financeiras são classificadas como de renda fixa ou variável. Alguns tributos incidem nestas operações. Iremos tratar do Imposto de Renda (IR).

Conhecendo *P*, *n* e *i*, definir S_L

Um investidor decide-se pela aplicação num certificado bancário. Sabe-se que a taxa *pré-fixada* é de 18,50% ao ano, para 252 dias úteis. No período de aplicação, 85 dias são úteis e 121 são corridos. O valor disponível em conta corrente é de \$400.000,00. Determina-se o capital final líquido da operação com base nas definições abaixo.

Incide na operação a taxa de 22,50% sobre os rendimentos, referentes ao Imposto de Renda.

A taxa da instituição financeira está cotada em 252 dias úteis, uma vez que o mercado financeiro, durante o ano, opera com este número de dias.

O valor do capital inicial *P* é definido como o valor disponível em conta. Como o cliente realiza uma aplicação para 85 dias úteis, temos que:

$$S_B = P(1+i)^n$$

$$S_B = 400.000,00(1,1850)^{85/252}$$

$$S_B = 400.000,00(1,05893) = 423.570,11$$

O recurso, aplicado num prazo de 85 dias, a uma taxa de 18,50% ao ano, produz rendimentos brutos de \$23.570,11. Assim demonstrado:

$$S_B = P + J_B$$

$$423.570,11 = 400.000,00 + J_B$$

$$J_B = 23.570,11$$

Como há pagamento de IR, teremos:

$$J_L = J_B \times (1 - i_{ir})$$

$$J_L = 23.570,11 \times (1 - 0,2250) = 18.266,84$$

$$S_L = P + J_L$$

$$S_L = 400.000,00 + 18.266,84 = 418.266,84$$

Conhecendo *P*, *n* e *i*, definir S_B

Digamos, por exemplo, que outro investidor sabe que a taxa *pós-fixada* da aplicação é de 15,00% ao ano, além da TR. Nos 5 meses, 105 dias foram úteis e 130 dias corridos. Caso o investidor disponha em conta-corrente de \$50.000,00, determine o capital final bruto se a TR no período foi de 6%.

Considerando uma taxa anual de 15% e TR de 6%, podemos dizer que o rendimento é definido por:

$$S_B = P(1+i)^n (1+i_{tr})$$

$$S_B = 50.000,00(1,15)^{105/252} \times (1,06)$$

$$S_B = 50.000,00(1,059963) \times (1,06)$$

$$S_B = 56.178,05$$

Conhecendo *P*, S_L, e *i*, definir *n*

Se um investidor pretender ganhar, líquido, já descontado o IR, o valor de 10% sobre o capital inicial, devemos definir o tempo que deve proporcionar tal objetivo, sabendo que a taxa *pré-fixada* é de 19,00% ao ano, para 252 dias úteis.

Para a operação, consideramos que o valor disponível na conta-corrente é de $400.000,00.

Como se trata de uma operação de certificado bancário, o imposto incidente na aplicação é de 22,50% sobre os rendimentos, a título de Imposto de Renda.

Os juros da operação são definidos por:

$$J_L = \left[P(1+i)^n - P \right] \times 0,7750$$

Como o investidor quer ganhar, líquido, já descontado o IR, o valor de 10% sobre o capital aplicado, temos que:

$$400.000,00 \times 0,10 = 40.000,00$$

$$40.000,00 = \left[P(1,19)^n - P \right] \times 0,7750$$

$$\frac{400.000,00}{0,7750} = \left[P(1,19)^n - P \right]$$

$$51.612,90 = \left[P(1,19)^n \right] - P$$

$$51.612,90 + P = \left[P(1,19)^n \right]$$

$$51.612,90 + 400.000,00 = \left[400.000,00(1,19)^n\right]$$

$$451.612,90 = 400.000,00(1,19)^n$$

$$\frac{451.612,90}{400.000,00} = \left[(1,19)^n\right]$$

$$(1,19)^n = 1,12903$$

$$\log 1,19^n = \log 1,12903$$

$$n.\log 1,19 = \log 1,12903$$

$$n = \frac{\log 1,12903}{\log 1,19} = 0,69766$$

Como o ano é de 252 dias úteis, teremos:

$$n = 0,69766 \times 252 = 175,81$$

Conhecendo S_B, n e i, definir S_L

Digamos, agora, que o investidor realiza uma aplicação em 378 dias úteis. O valor do capital final bruto corresponde a \$ 392.861,68. A instituição financeira fechou a operação com taxa de 20,00% ao ano. Determina-se o capital inicial da operação, sabendo que o IR é de 17,50%, da seguinte forma:

$$S_B = P(1+i)^n$$

$$392.861,68 = P(1,20)^{378/252}$$

$$392.861,68 = P(1,20)^{1,50}$$

$$392.861,68 = 1,3145341P$$

$$1,3145341P = 392.861,68$$

$$P = \frac{392.861,68}{1,3145341}$$

$$P = 298.860,00$$

Durante um período e meio, o valor bruto da aplicação somou em $ 392.861,68.

$$S_B = P + J_B$$

$$392.861,68 = 298.860,00 + J$$

$$J_B = 392.861,68 - 298.860,00$$

$$J = 94.001,68$$

O rendimento bruto é de $ 94.001,68 e, sobre este valor, incidem 17,50% de desconto, a título de IR.

$$J_L = J_B \times (1 - i_{ir})$$

$$J_L = 94.001,68 \times (1 - 0,1750)$$

$$J_L = 77.551,38$$

Se o objetivo é determinar o capital final líquido, devemos utilizar:

$$S_L = P + J_L$$

$$S_L = 298.860,00 + 77.551,38 = 376.411,38$$

Conhecendo *P*, *n* e S_B definir *i*

Um investidor realiza uma aplicação num certificado bancário bancário cujo valor bruto da aplicação é 56,85583% maior do que o capital inicial *P*. A operação ocorreu em 378 dias úteis. Qual o valor da taxa oferecida pelo banco, sabendo que a o IR é de 17,50%, e o valor aplicado é de $100.000,00?

O capital final bruto é 56,85583% maior do que o capital inicial. Assim:

$$1,568558P = P(1+i)^{1,50}$$

$$\frac{1,568558P}{P} = \frac{P(1+i)^{1,50}}{P}$$

$$1,568558 = (1+i)^{1,50}$$

$$\sqrt[1,50]{1,568558} = \sqrt[1,50]{(1+i)^{1,50}}$$

$$(1,568558)^{0,66667} = (1+i)$$

$$1,3500 = (1+i)$$

$$i = 1,3500 - 1 = 0,35$$

Portanto, uma taxa de 35% ao ano.

O Caso da Aplicação com Resgate Parcelado

O investidor aplica uma determinada quantia, com base numa taxa pré-fixada, na modalidade certificado bancário parcelado, definindo duas parcelas a serem resgatadas. A regra de tributação é de IR igual a 20%. A taxa da operação de 26,42% ao ano, para 252 dias úteis, pode ser convertida para 0,0930748% ao dia. Determinar o valor a ser investido, conforme os dias úteis da operação.

O primeiro passo é definir os dias úteis entre a assinatura do contrato e a data de resgate de cada parcela. Utilizamos a tabela abaixo, que serve de apoio para a definição das parcelas:

Parcela do Contrato	Data de Vencimento	Dias Úteis
1	10-ago-02	14
2	10-set-02	36

Sabemos que:

$$S_L = P + J_L$$

$$J_L = \left[P(1+i)^n - P\right] \times 0,80$$

Concluímos que:

$$S_L = P + J_L$$

$$S_L = P + \left[P(1+i)^n - P\right] \times 0,80$$

Primeira parcela

$$1.000,00 = P + \left[P(1,000930748)^{14} - P\right] \times 0,80$$

$$1.000,00 = P + \left[0,013080045P\right] \times 0,80$$

$$1.000,00 = 1,010487684P$$

$$P = \frac{1.000,00}{1,010487684} = 989,621167$$

Para o investidor ter direito ao resgate de $1.000,00 no dia 10 de agosto, deve aplicar $989,62. Esse valor é aplicado em 14 dias úteis. Sobre os rendimentos incide 20% de IR. O valor líquido, somado ao principal investido, corresponde ao capital de $1.000,00.

Segunda parcela

$$1.000,00 = P + \left[P(1,000930748)^{36} - P\right] \times 0,80$$

$$1.000,00 = P + \left[0,034058508P\right] \times 0,80$$

$$1.000,00 = 1,027246807P$$

$$P = \frac{1.000,00}{1,027246807} = 973,4758907$$

Exercícios

1. Uma câmara digital é comercializada à vista ou em 2 parcelas de $ 229,45, com vencimentos para 30 e 60 dias. Com base numa taxa de juros de 4,61% ao mês, determine o valor à vista, se a operação é regida pelo princípio da equivalência de capitais.
Resposta: $429,02

2. Um capital inicial de $34.000,00 é aplicado por 77 dias, a juros compostos de 9% ao mês. Determine o capital final S da operação pela convenção linear e exponencial.
Resposta: $42.455,57 e $42.417,03

3. Um capital aplicado, no regime de juros compostos, durante 6 meses e 25 dias, resultou num capital final de $21.943,36. Determine, pela convenção exponencial, o capital da operação, considerando uma taxa de 10% ao mês.
   Resposta: $11.440,71

4. Um empréstimo de $10.000,00 pode ser pago em duas parcelas. A primeira para 6 meses e a segunda para 9 meses, após a assinatura do contrato. Sabendo que a última parcela é de $7.200,00, qual o valor da primeira parcela, levando-se em consideração que a taxa de juros é de 6% ao mês?
   Resposta: $8.139,93

5. O valor de um produto, à vista, é de $12.000,00. Para pagamento a prazo, exige-se uma entrada, mais três parcelas mensais consecutivas de $2.000,00. Com base no princípio da equivalência de capitais, e sabendo que a taxa de juros é de 5% ao mês, determine o valor da entrada.
   Resposta: $6.653,98

6. Um produto, à vista, custa $4.500,00. No entanto, pode ser pago em duas parcelas consecutivas mensais. A primeira parcela é de $2.000,00 e a segunda corresponde a $3.800,00. Se a taxa de juros da primeira prestação for de 10% ao mês, determine a taxa mensal exclusiva para a segunda parcela.
   Resposta: 19,03% ao mês

7. Um capital foi aplicado a juros de 20% ao ano. Ao final de 12 meses, um terço do capital final foi aplicado à taxa de 35% ao ano, durante igual período. Sabe-se que os juros dessa última operação foram de $210,00. Determine o capital inicial da operação, com base no regime de juros compostos.
   Resposta: $1.500,00

8. Uma pessoa tomou dois empréstimos. O primeiro por 3 meses, a juros de 10% ao mês, e o segundo por 9 meses, a juros de 3,288193% ao mês. Se o total dos juros nos dois empréstimos soma o valor de $1.000,00 e o primeiro empréstimo é metade do segundo, determine o valor dos empréstimos, com base no regime de juros compostos.
   Resposta: $993,04 e $1.986,08

9. Um título, cujo valor nominal *N* é $15.000,00, tem vencimento daqui a 6 meses. Se a taxa de juros é de 7% ao bimestre, determine o valor atual, caso o devedor queira liquidar o título 20 dias antes do vencimento. Considere, para isso, o regime de juros compostos.
   Resposta: $14.665,49

10. Uma pessoa necessitará de $20.000,00 daqui a 7 meses. Sabe que as instituições financeiras operam com taxas de 3% ao período quinzenal. Determine quanto deve aplicar hoje para obter o capital desejado.
    Resposta: $13.222,36

11. Pretende-se, daqui a 8 meses, comprar um veículo no valor de $30.000,00. Determine a aplicação necessária a ser realizada num investimento que remunera a 15% ao mês, de modo que a compra possa ser realizada apenas com os juros obtidos na aplicação. Leve em consideração que o regime de aplicação é o de juros compostos.
    Resposta: $14.570,02

12. Uma operação foi realizada com base num capital inicial de $ 25.000,00, taxa de 10% ao mês, prazo de 3 meses e regime de juros simples. Caso seja necessário manter o capital final obtido com o mesmo capital inicial e prazo de 3 meses, qual a taxa a ser usada se o regime de juros adotado agora fosse o regime composto?
    Resposta: 9,14% ao mês

13. Um empréstimo será pago em uma parcela de $ 10.000,00 daqui a 30 dias e outra parcela de $ 8.000,00 daqui a 60 dias. Sabendo que a instituição financeira trabalha com taxa de juros de 15% ao mês, caso o tomador do empréstimo deseje mudar para um único pagamento, determine o valor a ser pago em 45 dias.
    Resposta: $ 18.183,84

14. Um banco concede empréstimo de $10.000,00 para capital de giro e o mercado opera com taxa de juros de 3,00% ao mês. A primeira opção de empréstimo apresenta pagamentos em 4 parcelas mensais, com valores crescentes. A segunda tem carência de 20 dias e os pagamentos em 4 parcelas iguais e consecutivas a cada trinta dias. Verifique se as propostas são regidas pelo princípio da equivalência.
    Proposta 1
    Taxa: 3% ao mês

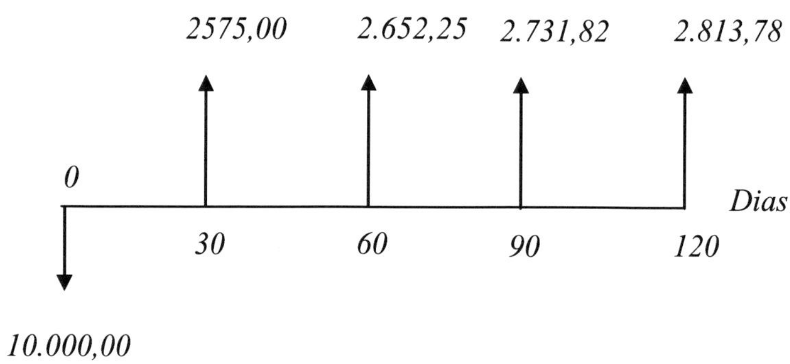

Proposta 2
Taxa: 3% ao mês

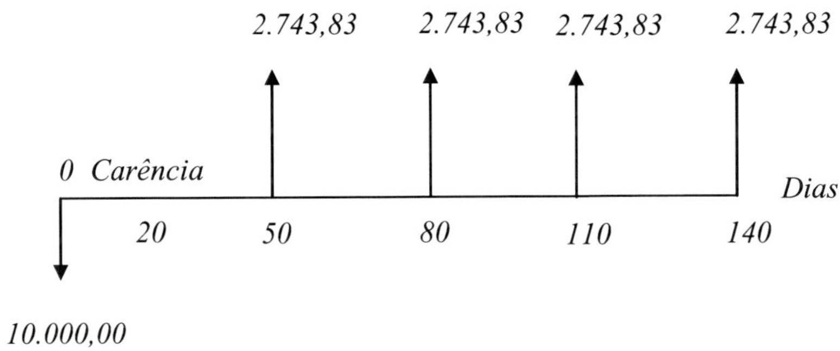

Resposta: As propostas são regidas pela equivalência de capitais.

15. Um banco concedeu um empréstimo, a juros de 10% ao mês, para ser pago em parcelas de $.000,00, $2.500,00 e $6.800,00, conforme fluxo de caixa. Determine em que período deve ser realizado o último pagamento, se o valor do empréstimo é de $ 7.577,39.

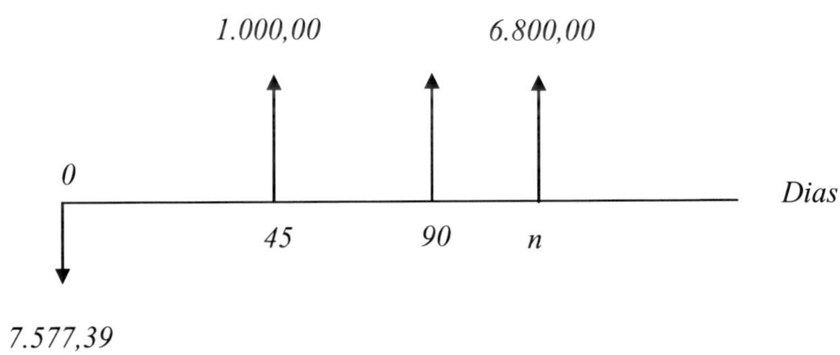

Resposta: 107,40 dias

16. Um empréstimo foi concedido, a juros de 10% ao mês, para ser pago em três parcelas assim distribuídas: $6.000,00 no primeiro pagamento, $12.000,00 no segundo e $18.000,00 no último pagamento, conforme fluxo de caixa. Determine em quantos meses deve ser realizado o último pagamento, de forma a quitar o empréstimo.
Resposta: 11,91 meses

17. Determine a taxa de juros anual que consegue transformar o capital de \$4.000,00 em \$4.096,46 durante o período de 6 meses, no regime de juros compostos.
Resposta: 4,88% ao ano

18. Um capital foi aplicado por 8 meses a juros de 12% ao ano. Determine o valor deste capital, sabendo-se que, se o capital final ao termino deste prazo, subtraído de um terço dos juros ganhos, fosse reaplicado à mesma taxa renderia em 2 meses a importância de \$200,6524.
Resposta: \$10.000,00

19. Quanto deve ser aplicado hoje, de forma que, ao final de 10 anos, seja possível conseguir \$ 10.000,00 de juros, com taxa de 10% ao semestre, no regime de juros compostos?
Resposta: \$1.745,96

20. Um investidor realiza uma aplicação. A instituição financeira fecha a operação com taxa de 24,5730% ao ano. Qual o prazo, em dias, da operação, sabendo que os juros correspondem ao dobro do valor investido?
Resposta: 1.800 dias

CAPÍTULO 4

Tipos de Taxas de Juros

4.1 Apresentação das Taxas de Juros

Podemos distinguir no mercado financeiro diversas formas pelas quais as taxas de juros se apresentam. O mais importante é a maneira de tratá-las nos cálculos. A metodologia adotada é a da explicação teórica acompanhada pelas relações práticas do mercado financeiro. A partir de agora, serão apresentados alguns tipos de taxas e seus conceitos.

4.2 Taxas Proporcionais

Este tipo de taxa é determinado pela relação entre a taxa considerada da operação e o número de vezes em que ocorrem os juros, não sendo necessário especificar o regime de juros em análise.

Ao considerarmos duas taxas distintas, i_1 e i_2, também estamos considerando dois períodos distintos de tempo, n_1 e n_2. Ao verificarmos a seguinte relação de proporcionalidade, podemos afirmar que as taxas são proporcionais quando:

$$\frac{i_1}{i_2} = \frac{n_1}{n_2}$$

Alternativamente

$$i_1 \times n_2 = i_2 \times n_1$$

Considerando uma taxa i_1, dizemos que sua taxa proporcional i_2 pode ser representada por:

$$i_2 = \frac{i_1}{k}$$

Para esta relação, leva-se em consideração que k corresponde ao número de vezes em que o período da taxa que se quer caiba no período da taxa que se tem para a operação financeira. Desta forma, uma taxa de 15% ao trimestre é proporcional a 5% ao mês. Senão, vejamos:

$$\frac{15\%}{5\%} = \frac{3}{1}$$

$$15\% \times 1 = 5\% \times 3$$

Também podemos dizer que:

$$i_2 = \frac{15}{3}$$

É importante lembrar que o conceito de taxa proporcional independe do regime de juros considerado. É uma relação existente entre a taxa e o período que ela carrega. A tabela abaixo demonstra outras taxas proporcionais:

Taxa de Juros	Período Mensal
12% ao ano	1%
24% ao semestre	4%
15% ao trimestre	5%

4.3 Taxas Equivalentes

Duas taxas distintas, i_1 e i_2, são consideradas equivalentes se, para o mesmo período de aplicação, for indiferente aplicar o capital à taxa i_1 ou à taxa i_2.

No regime de juros simples, como o crescimento dos juros é linear, são permitidas as operações de multiplicação e divisão entre as taxas. No regime de juros compostos, não podemos realizar tal operação, uma vez que o fundamento deste regime é distinto. Assim, as taxas i_1 e i_2 são equivalentes se conseguem que o capital produza o mesmo resultado ao final de um mesmo período de aplicação.

4.3.1 Taxas Equivalentes no Regime de Juros Simples

Consideraremos o capital inicial P, aplicado num determinado período de tempo n_1, a uma taxa i_1. O valor final da operação será definido por:

$$S = P \times (1 + i_1 \times n_1)$$

Alternativamente, temos:

$$n_2 = k \times n_1$$

Lembre-se de que k é igual ao número de vezes em que o período da taxa que se quer caiba no período da taxa que se tem para a operação financeira. Agora, se considerarmos a taxa i_2 em n_2 como equivalente à taxa i_1 em n_1, teremos que os resultados finais são:

$$S = P \times (1 + i_2 \times n_2)$$

Assim, segue a relação:

$$P \times (1 + i_1 \times n_1) = P \times (1 + i_2 \times n_2)$$

$$P\times(1+i_1\times n_1)=P\times(1+i_2\times k\times n_1)$$

$$(1+i_1\times n_1)=(1+i_2\times k\times n_1)$$

$$(i_1\times n_2)=(i_2\times k\times n_1)$$

$$i_2=\frac{(i_1\times n_1)}{k\times n_1}$$

$$i_2=\frac{i_1}{k}$$

A consequência imediata é que as taxas proporcionais, em juros simples, são também equivalentes. Por isso, associamos o conceito de proporcionalidade ao regime de juros simples.

Desta forma, definimos uma taxa mensal proporcional a 24% ao ano, da seguinte forma:

$$i_2=\frac{0,24}{12}=0,02$$

De outra forma, definimos uma taxa anual proporcional à 2% ao mês, da seguinte forma:

$$i_2=\frac{0,02}{\frac{1}{12}}=0,02\times 12=0,24$$

4.3.2 Taxas Equivalentes no Regime de Juros Compostos

Consideraremos o capital inicial *P*, aplicado num determinado período de tempo n_1, a uma taxa i_1. O valor final da operação será definido por:

$$S=P\times(1+i_1)^{n_1}$$

$$n_2 = k \times n_1$$

Consideramos que k é ao número de vezes em que o período da taxa que se quer caiba no período da taxa que se tem para a operação financeira. Agora, se considerarmos a taxa i_2 em n_2 como equivalente à taxa i_1 em n_1, teremos que os resultados finais são:

$$S = P \times (1 + i_2)^{n_2}$$

Assim, segue a relação:

$$P \times (1 + i_1)^{n_1} = P \times (1 + i_2)^{n_2}$$

$$P \times (1 + i_1)^{n_1} = P \times (1 + i_2)^{k \times n_1}$$

$$(1 + i_1)^{n_1} = (1 + i_2)^{k \times n_1}$$

$$\sqrt[n1]{(1 + i_1)^{n_1}} = \sqrt[n1]{(1 + i_2)^{k \times n_1}}$$

$$(1 + i_2)^k = (1 + i_1)$$

$$\sqrt[k]{(1 + i_2)^k} = \sqrt[k]{(1 + i_1)}$$

$$1 + i_2 = \left(1 + i_1\right)^{1/k}$$

$$i_2 = \left(1 + i_1\right)^{1/k} - 1$$

Da relação financeira temos que, para uma taxa de 20% ao mês, a sua equivalente ao ano será dada por:

$$i_2 = \left(1 + i_1\right)^{1/k} - 1$$

$$i_2 = \left(1 + 0,20\right)^{1/1/12} - 1 = 7,9161$$

Ou seja, uma taxa de 791,61% ao ano.

Dada uma taxa de 150% ao ano, a sua equivalente mensal será dada por:

$$i_2 = \left(1 + i_1\right)^{1/k} - 1$$

$$i_2 = \left(1 + 1{,}50\right)^{1/12} - 1 = 0{,}079348$$

Ou seja, uma taxa de 7,9348% ao mês.

4.4 Taxa Nominal e Taxa Efetiva

Em algumas situações, as taxas adotadas não são efetivamente cobradas na operação. Daí o surgimento de alguns conceitos, em especial o de taxas nominativas. Por isso, alguns contratos apresentam taxas cotadas. De uma maneira técnica, podemos afirmar que as taxas nominais são aquelas em que o período de formação e incorporação de juros ao capital não coincide com o prazo da taxa.

Esse tipo de taxa pode ser padronizado; ou dividido ou multiplicado, em seu período de referência. É um tipo de taxa que não incorpora capitalizações.

No passado, dois exemplos utilizados no mercado expressavam esse conceito. O primeiro deles era o da caderneta de poupança e o segundo o do Sistema Financeiro de Habitação. Para a poupança, a taxa correspondia a 6% ao ano, com capitalização mensal. Para o Sistema Financeiro de Habilitação a taxa correspondia a 12% ao ano com capitalização mensal.

Assim, é preciso compreender quantos períodos de capitalização cabem no prazo da taxa. Como a capitalização é mensal e a taxa está expressa no ano, percebe-se que cabem 12 períodos mensais. Teremos, então, uma taxa de 0,50% ao mês para caderneta de poupança. O resultado é obtido pela divisão de 6% por 12 períodos. No caso do SFH, teremos 1% ao mês. As taxas de 0,50% e 1,00%, respectivamente, agora podem ser definidas como efetivas. E as taxas efetivas são aquelas em que o período de formação e incorporação de juros ao capital coincide com o prazo que a taxa carrega. A equalização das taxas permite esse ajuste. A taxa efetiva é definida por:

$$i_e = \frac{i_n}{k}$$

Exemplificando

Transformar a taxa nominal em efetiva.

Taxa	18% ao ano
Capitalização	Mensal
Quantos períodos de capitalização cabem no prazo da taxa	12
Equalizar a taxa	18/12
Taxa Efetiva	1,50% ao mês

Exemplificando

Transformar a taxa nominal em efetiva.

Taxa	18% ao ano
Capitalização	A cada 15 dias
Quantos períodos de capitalização cabem no prazo da taxa	24
Equalizar a taxa	18/24
Taxa Efetiva	0,75% ao período de 15 dias

4.5 A Frequência da Capitalização

A frequência da capitalização de uma taxa nominal afeta diretamente o resultado final da operação. Quanto maior o número de períodos de capitalização de uma taxa nominal, maior será o capital final e, consequentemente, maior será a taxa efetiva da operação.

Por exemplo, uma operação com capital inicial *P* de $1.000,00 pode ser realizada com diferentes propostas quanto ao período de capitalização. A taxa é de 10% ao ano e o prazo da operação de 2 anos. Desta forma, temos:

Capitalização (Frequência)	Valor Final	Taxa Efetiva (no período)
Anual	$1.210,00	21,00%
Semestral	$1.215,50	21,55%
Mensal	$1.220,39	22,04%
Diária	$1.221,36	22,14%

Capitalização Anual

É necessário entender quantos períodos de capitalização cabem no prazo da taxa, de forma a equalizá-la. A regra tem base na proporcionalidade entre as taxas. Assim, verifica-se que:

$$i_e = \frac{i_n}{k}$$

em que temos:

$$i_e = \frac{0,10}{1} = 0,10$$

A taxa efetiva é igual a 0,10 ou 10,00% ao período anual. Se trabalharmos com uma taxa de 10,00% ao período anual, durante 2 períodos, teremos o seguinte valor:

$$S = 1.000,00(1,10)^2 = 1.210,00$$

Como a operação foi realizada num período de 2 anos, com base num capital de $1.000,00 é possível perceber que a taxa dessa operação é de 21,00%, durante dois anos.

Capitalização Semestral

É necessário entender quantos períodos de capitalização cabem no prazo da taxa, de forma a equalizá-la. A regra tem base na proporcionalidade entre as taxas. Assim, verifica-se que:

$$i_e = \frac{i_n}{k}$$

em que temos:

$$i_e = \frac{0,10}{2} = 0,05$$

que é igual a 0,05 ou 5,00% ao período semestral. Se trabalharmos com uma taxa de 5,00% ao período semestral, durante 2 anos, teremos o seguinte valor:

$$S = 1.000(1,05)^4 = 1.215,51$$

Como a operação foi realizada num período de dois anos (4 semestres), com base num capital de $ 1.000,00, é possível perceber que a taxa desta operação é de 21,55%, durante dois anos.

Capitalização Mensal

É necessário entender quantos períodos de capitalização cabem no prazo da taxa, de forma a equalizá-la. A regra tem base na proporcionalidade entre as taxas. Assim, verifica-se que:

$$i_e = \frac{i_n}{k}$$

em que temos:

$$i_e = \frac{0,10}{12} = 0,00833$$

A taxa efetiva é igual a 0,00833 ou 0,833% ao período mensal. Se trabalharmos com uma taxa de 0,833% ao período mensal, durante 2 anos, teremos o seguinte valor:

$$S = 1.000(1,00833)^{24} = 1.220,39$$

Como a operação foi realizada num período de 2 anos (24 meses), com base num capital de $ 1.000,00, é possível perceber que a taxa desta operação é de 22,04%, durante dois anos.

Capitalização Diária

É necessário entender quantos períodos de capitalização cabem no prazo da taxa, de forma a equalizá-la. A regra tem base na proporcionalidade entre as taxas. Assim, verifica-se que:

$$i_e = \frac{i_n}{k}$$

em que temos:

$$i_e = \frac{0,10}{360} = 0,000278$$

A taxa efetiva é igual a 0,000278 ou 0,02778% ao período diário. Se trabalharmos com uma taxa de 0,02778% ao período diário, durante 2 anos, teremos o seguinte valor:

$$S = 1.000(1,0002778)^{720} = 1.221,37$$

Como a operação foi realizada num período de 2 anos (720 dias), com base num capital de \$ 1.000,00, é possível perceber que a taxa desta operação é de 22,14%, durante dois anos.

4.6 Taxa de Juros Instantânea a partir da Taxa Nominal

A taxa de juros instantânea pode ser compreendida a partir da taxa nominal. O capital final S obtido não cresce indefinidamente conforme a frequência apresentada. Assim, considerando uma taxa nominativa cujo período de capitalização ocorre em intervalo infinitesimal, teremos que:

$$i_e = \frac{i}{k} \text{ com } k \to \infty$$

Para definição do valor final da operação, podemos, alternativamente, utilizar a expressão:

$$S = P\left(1+\frac{i}{k}\right)^{kn}$$

que pode ser reescrita como:

$$S = P\left(1+\frac{1}{\frac{k}{i}}\right)^{\frac{k}{i}ni}$$

Para evitarmos uma indeterminação, quando $k \to \infty$, teremos que:

$$k' = \frac{k}{i}$$

$$S = P\left(1+\frac{1}{k'}\right)^{k'ni}$$

Aplicando que $k \to \infty$, a consequência direta é que $k' \to \infty$.

Então, podemos definir que:
Através de cálculo, é possível demonstrar que:

$$S = P\left[\lim_{k' \to \infty}\left(1+\frac{1}{k'}\right)^{k'}\right]^{ni}$$

$$\lim_{k' \to \infty}\left(1+\frac{\frac{i}{n}}{k'}\right)^{k'} = e$$

$$e = 1 + \frac{1}{1!} + \frac{1}{2!} + \frac{1}{3!} + \frac{1}{4!} + ...$$

Sendo que e representa o número irracional, que serve de base para as operações dos logaritmos naturais (e = 2,71828182845...).

Portanto, organizando as fórmulas, temos que:

$$S = Pe^{ni}$$

Desta forma, caso um capital inicial P de \$1.000,00 seja aplicado à taxa de juros de 24% ao ano, por um período de 3 anos, com base na capitalização continua, teremos que:

$$S = Pe^{ni}$$

$$S = 1.000,00 \times 2,71828182459^{3 \times 0,24}$$

$$S = 1.000,00 \times 2,054433 = 2.054,43$$

Outra situação indica que o valor final S \$ 1.491,82 foi obtido durante 4 anos, a partir de um capital inicial de \$ 1.000,00. Sabendo que a capitalização é continua, determina-se a taxa de juros anual da operação da seguinte forma:

$$S = Pe^{ni}$$

$$1.491,82 = 1.000,00e^{4i}$$

$$e^{4i} = \frac{1.491,82}{1.000,00}$$

$$e^{4i} = 1,49182$$

$$\log_e^{e^{4i}} = \log_e^{1,49182}$$

$$4i = 0,40$$

Assim, conclui-se que a taxa é de 10% ao ano.

4.7 Taxa Over – Cotação para Dias Úteis

A denominação *over* refere-se à remuneração mensal cujos pagamentos de juros sejam diários. A partir da taxa diária, será possível pela exponenciação, por dias úteis, definir a taxa efetiva. A taxa expressa ao ano é, portanto, uma equivalência do fator diário da remuneração praticada nas operações interbancárias pactuadas por um dia.

A taxa *over* mensal pode ser considerada uma taxa nominativa, uma vez que a formação e incorporação de juros ao capital não coincide com o prazo da taxa. Ela só tem validade para os dias úteis, e o mercado financeiro no Brasil apresenta 252 dias úteis, o que representa média

de 21 dias para cada mês. A expressão que pode definir a taxa efetiva, a partir de uma taxa *over* mensal, é dada por:

$$i_e = \left[\left(1+\frac{\frac{i_{over}}{100}}{30}\right)^{du} - 1\right]\times 100$$

O número de dias úteis é obtido junto às instituições financeiras, de acordo com o calendário civil vigente[1].

1 Para termos ideia, no ano de 2002 os meses de janeiro, fevereiro, março, abril e maio apresentaram o seguinte número de dias úteis, respectivamente: 22, 18, 20, 22 e 21. A contagem de dias é realizada através da redoma de dias.

4.7.1 Taxa Over Anual

Diferentemente da taxa mensal, a taxa efetiva a partir de uma taxa *over* anual é dada por:

$$i_e = \left[\left[\left(1 + \frac{i_{over}}{100}\right)^{1/252}\right]^{du} - 1\right] \times 100$$

Exemplificando Taxa Over Mensal

Um contrato firmado com uma instituição financeira foi fechado com taxa *over* mensal de 2,2603%. Sabendo que o mês apresenta 20 dias úteis, determine a taxa efetiva desta operação.

A taxa *over* mensal é uma taxa nominativa, não podendo ser usada.

Aplicando a regra, temos que:

$$i_e = \left[\left(1 + \frac{\frac{i_{over}}{100}}{30}\right)^{du} - 1\right] \times 100$$

Sendo:

$$i_e = \left[\left(1 + \frac{0,022603}{30}\right)^{20} - 1\right] \times 100$$

$$i_e = [(1,015177) - 1] \times 100$$

A taxa efetiva é de 1,517701% nos 20 dias úteis.

Exemplificando Taxa Over Mensal

Uma operação foi contratada para os meses de novembro e dezembro (40 dias úteis) de 2002, a uma taxa *over* mensal de 3,80%. Determinar o capital final ao término do prazo, considerando que foi aplicado o capital de $ 50.000,00.

A taxa *over* é uma taxa nominativa, não podendo ser usada.

Aplicando a regra. temos que:

$$i_e = \left[\left(1 + \frac{\frac{i_{over}}{100}}{30}\right)^{du} - 1\right] \times 100$$

$$i_e = \left[\left(1 + \frac{0,0380}{30}\right)^{40} - 1\right] \times 100$$

$$i_e = \left[(1,051938) - 1\right] \times 100$$

A taxa é de 5,193846% nos 40 dias úteis corridos, nos meses de novembro e dezembro. Assim:

$$S = P(1+i)^n$$

$$S = 50.000,00(1,051938)^1 = 52.596,92$$

Observe que na exponenciação foi utilizado um único período. Isso ocorre porque a combinação de 1 período pelo prazo da taxa fecha a operação para 40 dias.

Exemplificando Taxa Over Mensal

Um capital inicial de $ 180.000,00 foi aplicado no período de 60 dias úteis, no primeiro trimestre do ano de 2002. Se este valor inicial gerou o capital final de $ 196.938,09, qual a taxa *over* mensal do contrato?

Podemos dizer que:

$$S = P \times \left[\left(1 + \frac{\frac{i_{over}}{100}}{30} \right)^{du} \right]$$

$$196.938,09 = 180.000,00 \times \left[\left(1 + \frac{\frac{i_{over}}{100}}{30} \right)^{60} \right]$$

$$\left[\left(1 + \frac{\frac{i_{over}}{100}}{30} \right)^{60} \right] = 1,094101$$

$$\sqrt[60]{\left[\left(1 + \frac{\frac{i_{over}}{100}}{30} \right)^{60} \right]} = \sqrt[60]{1,094101}$$

$$\left[\left(1 + \frac{\frac{i_{over}}{100}}{30} \right) \right] = 1,0015$$

$$\left[\left(\frac{\frac{i_{over}}{100}}{30} \right) \right] = 0,0015$$

$$\left[\left(\frac{i_{over}}{100}\right)\right] = 0,0015 \times 30$$

$$\left[\left(\frac{i_{over}}{100}\right)\right] = 0,045$$

$$i_{over} = 0,045 \times 100 = 4,50\%$$

Portanto, uma taxa de 4,50% ao mês.

Exemplificando Taxa Over Anual

Uma aplicação em 73 dias corridos de um período de 41 dias úteis apresentou um rendimento efetivo de 5,50%. Calcular a taxa *over* anual responsável pela operação.

$$S = P \times \left[\left[\left(1 + \frac{i_{over}}{100}\right)^{1/252}\right]^{du}\right]$$

$$1,0550 = 1 \times \left[\left[\left(1 + \frac{i_{over}}{100}\right)^{1/252}\right]^{41}\right]$$

$$\left[\left[\left(1 + \frac{i_{over}}{100}\right)^{1/252}\right]^{41}\right] = 1,0550$$

$$\sqrt[41]{\left[\left[\left(1 + \frac{i_{over}}{100}\right)^{1/252}\right]^{41}\right]} = \sqrt[41]{1,0550}$$

$$\left[\left(1+\frac{i_{over}}{100}\right)^{1/252}\right]=1,001307$$

$$\left[\left(1+\frac{i_{over}}{100}\right)^{1/252}\right]=1,001307$$

$$\sqrt[1/252]{\left[\left(1+\frac{i_{over}}{100}\right)^{1/252}\right]}=\sqrt[1/252]{1,001307}$$

$$\left[\left(1+\frac{i_{over}}{100}\right)\right]=1,389689$$

$$i_{over}=0,389689\times 100=38,9689\%\,.$$

4.8 Taxa Efetiva Líquida para Operações Financeiras com Tributos

Tomemos a operação de investimento em certificados bancários. Sabe-se que a taxa *pré-fixada* é de 18,50% ao ano, para 252 dias úteis. No período de aplicação, 85 dias são úteis. Na aplicação há cobrança de 22,50% de IR sobre os rendimentos. O valor disponível em conta-corrente é de $ 400.000,00. Determina-se o capital final líquido da operação e a taxa efetiva liquida anual da operação conforme explicação abaixo.

O capital inicial P a ser aplicado é definido como capital disponível em conta. Como o cliente realiza uma aplicação para 85 dias úteis, temos que:

$$S_B=P\left(1+i\right)^n$$

$$S_B = 400.000,00(1,18)^{85/252}$$

$$S_B = 400.000,00(1,05893) = 423.570,11$$

O recurso aplicado num prazo de 85 dias, a uma taxa de 18,50% ao ano, produz rendimentos brutos de $ 23.570,11. Assim demonstrado:

$$S_B = P + J_B$$

$$423.570,11 = 400.000,00 + J_B$$

$$J_B = 23.570,11$$

Como há pagamento de IR, teremos:

$$J_L = J_B \times (1 - i_{ir})$$

$$J_L = 23.570,11 \times (1 - 0,2250) = 18.266,84$$

$$S_L = P + J_L$$

$$S_L = 400.000,00 + 18.266,84 = 418.266,84$$

A partir das relações entre capital inicial e capital final líquido, poderemos calcular a taxa efetiva líquida anual da operação. Assim:

$$S_L = P(1+i)^n$$

$$418.266,84 = 400.000,00(1+i)^{85/252}$$

$$(1+i)^{85/252} = \frac{418.266,84}{400.000,00}$$

$$(1+i)^{85/252} = 1,04567$$

$$\sqrt[0,33730]{(1+i)^{0,33730}} = \sqrt[0,33730]{1,04316}$$

$$(1+i) = (1,04567)^{1/0,33730}$$

$$(1+i) = 1,14155$$

$$i = 0,14155 = 14,16\%$$

Desta forma, uma taxa pré-fixada de 18,50% ao ano de 252 dias úteis corresponde, depois de considerados os efeitos do IR sobre a operação, a uma taxa líquida de 14,16% ao ano de 252 dias úteis.

4.9 Taxa Real e os Efeitos da Inflação

A taxa de juros real é aquela responsável por determinar o valor da operação financeira, após a eliminação dos efeitos inflacionários. São vários os índices utilizados para definição da inflação, em nosso país. Alguns são calculados pela iniciativa privada, outros por institutos públicos. A partir das informações obtidas no mercado, podem-se definir os valores das operações financeiras. As taxas relacionam-se pela seguinte expressão:

$$(1+i) = (1+r) \times (1+I)$$

Sendo que $(1+i)$ representa a taxa aparente, $(1+r)$ a taxa real e $(1+I)$ a taxa da inflação. Com base na expressão, temos que a taxa aparente é formada pela taxa real acrescida dos efeitos da inflação.

Considere um capital inicial de $2.000,00, aplicado durante 2 anos, com base numa taxa de 6% ao ano, com capitalização mensal. Se o investidor desejar, no mínimo, rendimentos reais de 5% ano, o valor da inflação do período deve ser:

$$i_e = \frac{i_n}{k}$$

$$i_e = \frac{0,06}{12}$$

Que é igual a 0,005 ou 0,50% ao período mensal. Se utilizarmos a taxa de 0,50% ao período mensal, durante 24 meses, teremos:

$$S = P(1+i)^n$$

$$S = 1(1,005)^{24}$$

Isso ocorre porque a combinação de 24 meses pelo prazo da taxa fecha a operação para 24 meses.

$$S = 1,127160$$

Como utilizamos o número 1 (um) como artifício, podemos dizer que este resultado expressa o coeficiente da taxa pelo prazo. Ou seja, temos uma taxa aparente de 12,7160% no período de dois anos. Como a inflação não está definida e nem podemos somar nem subtrair taxa, teremos:

$$(1+i) = (1+r)\times(1+I)$$

$$(1,127160) = (1,05)^2 \times (1+I)$$

$$(1+I) = \frac{(1,127160)}{(1,05)^2}$$

$$(1+I)=\frac{(1{,}127160)}{(1{,}1025)}$$

$$(1+I)=1{,}022367$$

De forma que a inflação não deve passar de 2,236735% no período de 2 anos. Caso a taxa da inflação fosse requerida em anos, teríamos o seguinte:

$$(1+I)^2=1{,}022367$$

Aplicando as regras de exponenciação, temos que:

$$\sqrt[2]{(1+I)^2}=\sqrt[2]{1{,}022367}$$

$$(1+I)=1{,}022367^{\frac{1}{2}}$$

$$(1+I)=1{,}011122$$

Sendo a taxa anual igual a 1,1122%.

No fluxo de caixa abaixo, iremos, inicialmente, ignorar os efeitos do processo inflacionário. Digamos que um investidor realize uma operação para resgatar $4.500,00 ao final de um ano, conforme:

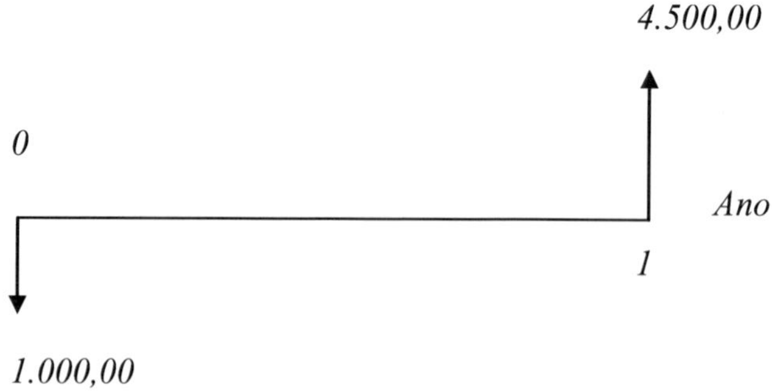

Assim, temos que:

$$i = \left(\frac{S}{P}\right) - 1$$

$$i = \left(\frac{4.500}{1.000}\right) - 1$$

$$i = 350\%$$

Existem elementos suficientes que nos levam a acreditar que o investidor realizou uma operação vantajosa. No entanto, se na relação em análise, a inflação tiver sido de 560%, não podemos pensar que houve ganho.

Desta forma, os ganhos obtidos foram absorvidos pelo efeito da inflação. Senão, vejamos:

$$(1+i) = (1+r) \times (1+I)$$

$$(1+3,50) = (1+r) \times (1+5,60)$$

$$(4,50) = (1+r) \times (6,60)$$

$$(1+r) = \frac{(4,50)}{(6,60)}$$

$$(1+r) = 0,681818$$

$$r = 0,681818 - 1$$

$$r = -31,81\%$$

Ou seja, a taxa real da operação é negativa.

Admita-se que uma operação firmada com uma instituição financeira rende juros de 12% ao ano, com capitalização mensal. Se considerarmos que, durante o período anual, a taxa de inflação medida pelo Governo foi de 7% ao ano, qual a taxa de juros real ganha na operação, se não incidem impostos nesta aplicação?

$$i_e = \frac{i_n}{k}$$

em que temos:

$$i_e = \frac{0,12}{12}$$

que é igual a 0,01 ou 1,00% ao período mensal.

Se trabalharmos com uma taxa de 1,00% ao período mensal, durante 12 períodos, teremos:

$$S = P(1+i)^n$$

$$S = 1(1,01)^{12}$$

$$S = 1,126825$$

Como utilizamos o número 1 (um) como artifício, podemos dizer que este resultado expressa o coeficiente da taxa pelo prazo. Ou seja, temos uma taxa aparente de 12,6825% ao ano. Como a inflação foi de 7% no mesmo período, pergunta-se: qual a taxa real da operação? Como não podemos somar nem subtrair taxa, teremos:

$$(1+i) = (1+r) \times (1+I)$$

$$(1,126825) = (1+r) \times (1,07)$$

$$(1+r)=\frac{(1{,}126825)}{(1{,}07)}$$

$$(1+r)=1{,}053108$$

$$r=1{,}053108-1$$

A taxa real é de 0,053108, ou 5,310751% ao ano.

4.10 Taxa de Juros e o Efeito do Câmbio

A taxa de juros de um país deve refletir o efeito de suas relações comerciais com outros países. Desta forma, a taxa de câmbio é responsável por definir a taxa nacional de juros, quando consideramos a relação com a moeda estrangeira.

Existe o seguinte princípio na economia: caso a paridade entre duas moedas seja alterada, o valor do retorno sobre um investimento também será alterado. Digamos que a moeda nacional esteja desvalorizada em relação à moeda de um país estrangeiro na proporção 1:4. Ou seja, para adquirir cada unidade da moeda estrangeira são necessárias 4 unidades monetárias nacionais. Assim, quando um investidor nacional decide aplicar no país estrangeiro, a proporção dos recursos monetários é alterada em razão da apreciação das moedas. Desta forma, pode-se inferir que a relação entre a taxa de juros no estrangeiro e a taxa de juros nacional é definida por:

$$(1+i_{nac})=(1+i_{est})\times(1+c)$$

sendo i_{nac} a taxa de juro da moeda nacional, i_{est} a taxa de juro da moeda estrangeira e c a apreciação da divisa estrangeira em relação à nacional.

Aproveitando o exemplo anterior, digamos que o investidor nacional decida aplicar no país estrangeiro 1.000 unidades monetárias estrangeiras. Como há uma desvalorização da moeda nacional, ele terá que aplicar 4.000 unidades monetárias nacionais. A taxa proposta pelo país estrangeiro é de 10%. Caso a paridade esteja mantida, teremos:

	Moeda Estrangeira	Moeda Nacional
Aplicação	1.000	4.000
Juros da Operação	100	400
Reembolso	1.000	4.000
Taxa de Juros	10%	10%

Digamos agora que, após a aplicação, a moeda nacional tenha apresentado valorização de forma que a relação de 1:4 seja alterada para, por exemplo, 1:2. Observamos que a perda cambial (4 para 2) torna o juro da operação menor. Vejamos:

	Moeda Estrangeira	Moeda Nacional
Aplicação	1.000	4.000
Juros da Operação	100	200
Reembolso	1.000	2.000
Taxa de Juros	10%	-45%

Aplicando a fórmula, temos:

$$(1+i_{nac}) = (1+0,10)\times(1-0,50)$$

Na expressão, leva-se em consideração que a perda cambial é da ordem de -50%. Assim:

$$(1+i_{nac}) = (1+1,10)\times(0,50)$$

$$(1+i_{nac}) = 0,55$$

$$i_{nac} = 0,55-1 = -0,45$$

Portanto, uma taxa negativa de 45% no período da operação.

4.11 O Efeito do Câmbio e da Inflação

A evolução da taxa de câmbio entre países reflete a evolução da relação dos preços entre os mesmos. Não levando em consideração outros fatores, resume-se adequadamente a relação entre a taxa de câmbio e de inflação entre dois países por:

$$1 + c = \frac{1 + I_{nac}}{1 + I_{est}}$$

Desta forma, considerando que a inflação no país foi de 6% e conhecendo a paridade das moedas, podemos concluir que:

$$1 - 0,50 = \frac{1,06}{1 + I_{est}}$$

$$0,50 = \frac{1,06}{1 + I_{est}}$$

$$0,50 + 0,50 I_{est} = 1,06$$

$$0,50 I_{est} = 0,56$$

$$I_{est} = 1,12$$

Uma taxa de 112% no período, para que a ocorresse a valorização da moeda nacional em relação à moeda estrangeira.

4.12 Algumas Transformações de Taxa

4.12.1 De Efetiva para Nominal

Se uma instituição financeira tem o objetivo de obter ganhos efetivos de 18% ao ano, com uma cobrança antecipada de 1%, a título de taxa de comissão, pode-se determinar qual será a taxa nominal anual com capitalização mensal fornecida ao cliente.

Essa é uma situação que pode ocorrer nas relações financeiras. Para isso, devemos dimensionar o valor do dinheiro no tempo, levando em consideração o capital inicial P e o final S da operação. Através desta abordagem podemos ter idéia da taxa nominal que pode ser oferecida ao cliente, provocando os mesmos resultados.

A montagem do fluxo de caixa facilita a operação de cálculo da taxa. Observe que há uma cobrança de 1%, a titulo de comissão. No entanto, o empréstimo será sobre o valor inicial da operação. Para facilitar, trataremos o capital inicial como uma unidade, que pode ser substituído por qualquer outro valor.

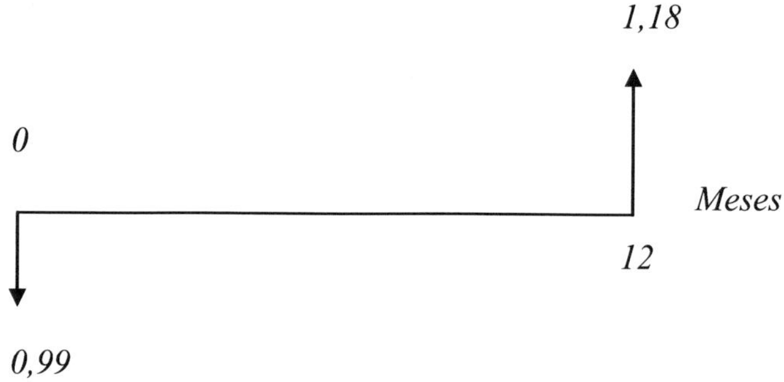

Assim, temos:

$$S = P(1+i)^n$$

$$1{,}18 = 0{,}99(1+i)^{12}$$

$$(1+i)^{12} = \frac{1,18}{0,99}$$

$$(1+i)^{12} = 1,191919$$

$$\sqrt[12]{(1+i)^{12}} = \sqrt[12]{1,191919}$$

$$(1+i) = \left(1,191919\right)^{\frac{1}{12}}$$

$$(1+i) = 1,014738$$

Tem-se uma taxa mensal de 1,4737946%. Como a instituição deve apresentar em expressão nominal anual, teremos:

$$1,4737946\%.\times 12 = 17,68\%$$

Essa taxa dá a impressão de uma menor cobrança, quando oferecida ao cliente, mas se comparada com a opção de 1% de comissão, mais 18% ao ano (que ela representa), produz o mesmo resultado para o banco. Então, o banco pode oferecer aos seus clientes uma taxa de 17,68% ao ano, com capitalização mensal.

4.12.2 De Efetiva para Over

Digamos, agora, que a instituição financeira oferece aplicações aos seus clientes com base numa taxa de 8,40% ao mês sobre o capital. No mês, digamos que apenas 20 dias são considerados úteis. Desta forma, a taxa *over* fornecida no contrato irá demonstrar um maior rendimento.

Essa é outra situação que pode acontecer nas relações com as instituições financeiras. É necessário dimensionar o valor do dinheiro no tempo, levando em consideração o capital inicial P e o final S da operação.

Através desta abordagem, pode-se ter idéia da taxa *over* que deve ser oferecida ao cliente, provocando os mesmos resultados de uma taxa efetiva.

A montagem do fluxo de caixa facilita a operação de cálculo da taxa. Para isso, trataremos o capital inicial *P* como uma unidade, que pode ser substituído por qualquer outro valor. A aplicação será sobre o capital inicial da operação. Desta forma, deve-se ficar atento ao prazo da operação em 20 dias e perceber que a taxa *over* é uma taxa nominal com capitalização diária.

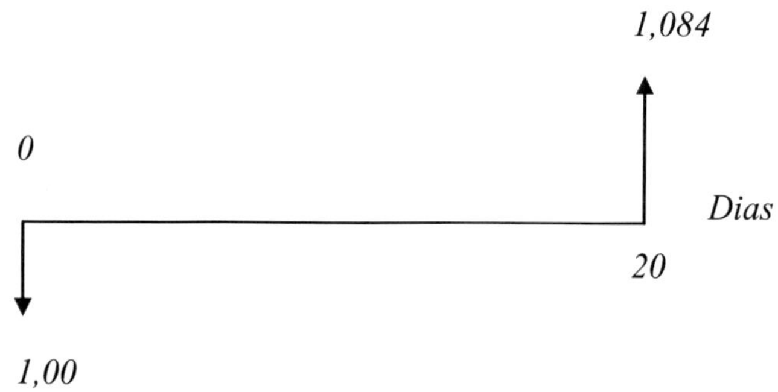

Desta forma, temos:

$$S = P(1+i)^n$$

$$1,084 = 1(1+i)^{20}$$

$$(1+i)^{20} = \frac{1,084}{1}$$

$$\sqrt[20]{(1+i)^{20}} = \sqrt[20]{1,084}$$

$$(1+i) = (1,084)^{1/20}$$

$$(1+i) = 1,004041$$

A taxa diária é de 0,4041%. Como a instituição irá apresentá-la em formato de taxa mensal com capitalização diária (taxa *over*), tem-se uma taxa de 12,1231% ao mês. Portanto, o cliente tem a impressão de uma rentabilidade de 12,1231%, mas, efetivamente, só ganhará 8,40%. Excluíram-se, nesse exemplo, os efeitos de tributação que possam existir.

4.12.3 Taxa Efetiva Postecipada e Antecipada

Digamos que uma instituição financeira cobre 8,50% ao mês sobre operações de empréstimo. O cliente, ao necessitar de um empréstimo pelo prazo de 30 dias, tem a cobrança dos encargos realizada no ato da operação. Qual a taxa com que a instituição está operando?

Essa é outra situação que pode acontecer nas operações financeiras. É necessário, novamente, dimensionar o valor do dinheiro no tempo, levando em consideração o capital inicial P e o final S da operação, num determinado prazo n. Através desta abordagem, podemos ter idéia da taxa antecipada que pode ser oferecida ao cliente, provocando os mesmos resultados de uma taxa efetiva postecipada.

A montagem do fluxo de caixa esclarece as operações de cálculo da taxa. Observe que, para facilitar, trataremos o capital inicial P como uma unidade, que pode ser substituído por qualquer outro valor. O empréstimo, quando cobrado ao final da operação, apresenta-se assim:

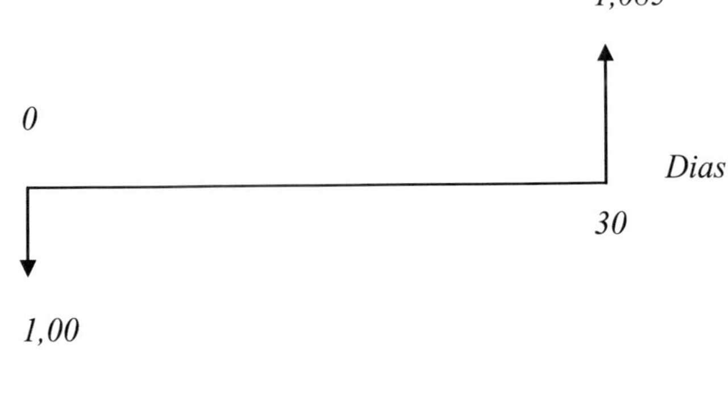

Assim, temos que:

$$S = P(1+i)^n$$

$$S = 1(1,085)^1$$

$$S = 1,0850$$

Ou seja, para uma operação de 30 dias, seriam cobrados 8,50% ao período.

Alternativamente, poderemos usar:

$$i_p = \frac{S}{P} - 1$$

Caso o banco cobre do cliente, que realiza uma operação de empréstimo, antecipadamente, o pagamento dos juros será realizado no ato, e a devolução do principal ao final dos 30 dias. Ao contrário, se usufruir do valor de \$ 1,00, será creditado em conta-corrente o valor de \$ 0,915, referentes aos descontos dos juros.

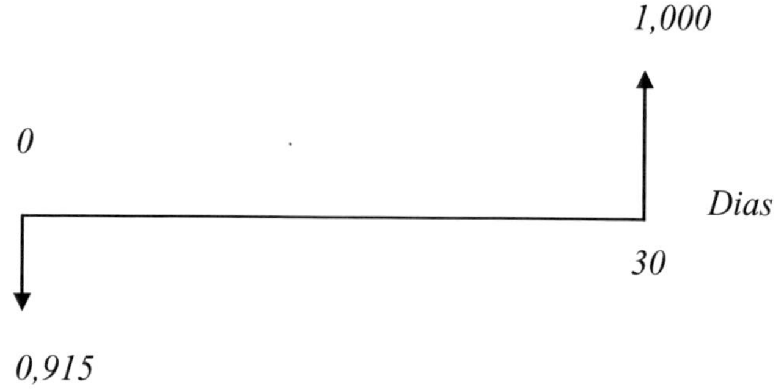

A partir do fluxo de caixa podemos calcular a taxa sob outro ponto de vista. Aplicando as regras da capitalização composta, temos:

$$S = P(1+i)^n$$

$$1{,}00 = 0{,}915(1+i)^1$$

$$(1+i)^1 = \frac{1.000.000{,}00}{0{,}915}$$

$$(1+i)^1 = 1{,}092896$$

$$(1+i) = 1{,}092896$$

$$i = 1{,}092896 - 1$$

$$i = 0{,}092896$$

Alternativamente, podemos ter:

$$i_a = 1 - \frac{P}{P(1-i)}$$

Ou seja, para a operação, seriam cobrados 9,28% ao mês. No entanto, como a cobrança é feita de forma antecipada, tem-se a impressão de uma menor taxa, já que a fornecida é da ordem de 8,50%.

Exercícios

1. A partir de uma taxa efetiva de 37% ao ano, determine a taxa equivalente para o mês, o bimestre, o trimestre e o semestre, em juros compostos.
   Resposta: 2,65815% ao mês, 5,3869% ao bimestre, 8,1383% ao trimestre e 17,0470% ao semestre.

2. A partir de uma taxa de 60% ao ano, com capitalização mensal, determine a taxa de juros efetiva mensal.
   Resposta: 5% ao mês

3. Determine a taxa anual capitalizada mensalmente, que produz, durante sete meses, rendimentos de $ 23.000,00, num capital de $ 10.000,00.
   Resposta: 223,1631% ao ano, com capitalização mensal

4. Um capital inicial de $ 15.000,00, aplicado a uma taxa de 150% ao ano, com capitalização mensal, resulta num capital final de $ 34.210,46. Determine o período de aplicação.
   Resposta: 7 meses

5. Um capital de $ 21.000,00 rendeu juros efetivos de $ 15.729,13, durante 4 meses, em juros compostos. Qual deveria ser o rendimento para 8 meses?
   Resposta: $ 43.239,48

6. Um capital foi aplicado durante dois anos. Se a taxa foi de 6% ao ano, com capitalização mensal, e o investidor desejar, no mínimo, rendimentos reais de 3% ao ano, determine de quanto não pode ultrapassar a inflação.
   Resposta: 3,0755% ao mês

7. Uma aplicação em 173 dias corridos de um período de 111 dias úteis apresentou um rendimento efetivo de 24,4825% no período útil. Calcular a taxa *over* mensal responsável pela operação.
   Resposta: 5,9246% ao mês

8. Uma operação foi contratada para os meses de novembro e dezembro de 2002, a uma taxa *over* mensal de 3,80%. Determinar o capital

final, considerando que foi aplicado o valor de $ 50.000,00, num prazo de 42 dias úteis.
Resposta: $ 52.730,25

9. O cliente quer fazer um empréstimo no valor de $ 100.000,00, pelo prazo de 30 dias. A taxa efetiva é de 170,32% ao ano. Determine a taxa anual que pode ser oferecida ao cliente, com capitalização mensal.
Resposta: 103,68% ao ano, com capitalização mensal

10. Um investimento rende juros nominais de 6% ao ano, capitalizado mensalmente. Calcular a taxa efetiva anual.
Resposta: 6,1678% ao ano

11. Um investimento rende juros nominais de 36% ao ano, capitalizado trimestralmente. Calcular a taxa efetiva anual.
Resposta: 41,5282% ao ano

12. Um investimento rende juros nominais de 48% ao ano, capitalizado bimestralmente. Calcular a taxa efetiva anual.
Resposta: 58,6874% ao ano

13. Um investimento rende juros nominais de 48% ao ano, com capitalização semestral. Calcular a taxa efetiva anual.
Resposta: 53,7600% ao ano

14. Sabendo que a taxa é de 20% ao quadrimestre, determine as taxas proporcionais ao mês e ao ano.
Resposta: 5% ao mês e 60% ao ano

15. Quanto maior o número de períodos de capitalização de uma taxa nominal, maior será o montante final e, consequentemente, maior a taxa efetiva da operação. Para uma operação com capital de $5.000,00, realize as seguintes propostas de capitalização: anual, semestral e mensal, com taxa de 10% ao ano, considerando o prazo da operação de 3 anos, em juros compostos.
Resposta: $6.655,00, $6.700,48 e $6.740,91

16. Um capital de $ 1.000,00 foi aplicado durante 1 ano. Se a taxa foi de 6% ao ano, com capitalização mensal, e o investidor quer, no mínimo, rendimentos reais de 5% ano, determine de quanto não pode ultrapassar a inflação anual.
Resposta: 1,1122% ao ano

17. Uma operação firmada com instituição financeira rende juros nominais de 18% ao ano, com capitalização trimestral. Se considerarmos que durante o período anual a taxa de inflação medida pelo Governo foi de 7% ao ano, determine a taxa de juros real ganha na operação, se não incidem impostos nesta aplicação.
Resposta: 11,4503%

18. Determine a taxa efetiva líquida para uma aplicação num certificado bancário cujo valor é de $500.000,00, o prazo da operação é de 12 meses, nos quais 252 dias são úteis e a taxa é pré-fixada em 18% ao ano. Sabe-se também que o IR sobre rendimentos corresponde a 20%.
Resposta: 14,40% ao ano

19. Determine a taxa efetiva líquida para uma aplicação num certificado bancário cujo valor é de $100.000,00, o prazo da operação é de 4 meses, nos quais 84 dias são úteis e a taxa é pré-fixada em 25% ao ano. Sabe-se que o IR sobre rendimentos corresponde a 22,50%.
Resposta: 19,04% ao ano

20. Sabendo que a taxa efetiva líquida da operação foi de 18% ao ano, para uma operação num certificado bancário com prazo de 126 dias úteis, determine o valor aplicado, sabendo que os juros brutos foram de $86.278,05. Considere o IR igual a 20%.
Resposta: $800.000,00

CAPÍTULO 5

Descontos

5.1 Operações de Desconto

Desconto é a modalidade usada pelo mercado para realizar pagamentos referentes a títulos de crédito antes do seu vencimento. É uma operação tradicional das instituições financeiras e do comércio, quando há possibilidade de pagar antes do prazo. No mercado, também é possível que as empresas levantem recursos financeiros através da antecipação dos seus títulos de crédito. Assim, as instituições liberam uma quantia menor, em relação ao valor total dos títulos de crédito.

As variáveis comuns a essas operações são: N ou valor nominal do título ou valor de face; V ou valor atual, valor líquido ou valor liberado; i ou taxa de desconto da operação e n ou prazo em que ocorre a operação. A variável representada pela letra D é a diferença entre o valor nominal N e o valor atual V, ou seja, o valor do desconto.

Existem duas sistemáticas de desconto. A primeira delas denomina-se racional e a segunda, comercial. Existem, também, dois regimes na capitalização descontínua – juros simples e compostos. Assim, combinando essas possibilidades, temos quatro situações: desconto racional simples, desconto comercial simples, desconto racional composto e desconto comercial composto.

5.1.1 Desconto Racional Simples

A modalidade de desconto racional permite o entendimento das relações básicas do sistema. A possibilidade de desconto racional também é conhecida no mercado como desconto "por dentro". O que facilita seu entendimento é que existe uma preocupação "racional" em descapitalizar o dinheiro. Por isso, aquele entendimento de como o dinheiro "caminha" no tempo é de fundamental importância para a modalidade de desconto racional.

Assim definido, considerando uma taxa de juros i, no regime de juros simples, o valor do título ao final da operação N, o prazo da operação n, temos que o valor atual V é definido como:

$$V = \frac{N}{(1+i \times n)}$$

Desta forma, o valor do desconto concedido será dado por:

$$D_r = N - V$$

$$D_r = N - \frac{N}{(1+i \times n)}$$

Assim digamos que um título cujo valor nominal N é de \$3.000,00 foi descontado a uma taxa de 5% ao mês. Sabe-se que o seu vencimento é daqui a 90 dias. Determina-se o valor liberado V, com base numa operação de desconto racional simples, conforme:

Definindo o fluxo de caixa e as variáveis, temos:

$$N = V(1 + i \times n)$$

Assim, podemos concluir que:

$$V = \frac{N}{(1+i \times n)}$$

$$V = \frac{3.000,00}{(1+0,05 \times 3)} = 2.608,70$$

Ocorreu uma descapitalização do valor nominal N com base nos juros simples. Daí o conceito racional na modalidade de desconto. Ou seja, se aplicarmos sob as mesmas condições o valor de \$2.608,70, durante 90 dias, a uma taxa de 5% ao mês, obter-se-á o valor de \$3.000,00.

Conhecendo *V*, *n* e *i*, definir *N*

Um título de crédito foi desconto a uma taxa de 5% ao mês. Sabe-se que o seu vencimento é daqui a 80 dias. Determine o valor de face N, sabendo que o valor liberado V corresponde a \$3.900,00 e que a operação foi realizada com base no desconto racional simples.

Definindo o fluxo de caixa, temos:

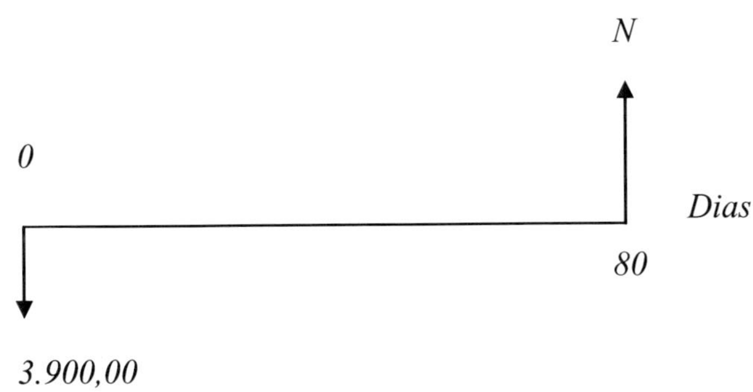

$$N = V(1 + i \times n)$$

$$V = \frac{N}{(1+i\times n)}$$

Substituindo as informações do fluxo de caixa, temos:

$$3.900,00 = \frac{N}{\left(1+\frac{0,05}{30}\times 80\right)}$$

$$N = 3.900,00\times\left(1+\frac{0,05}{30}\times 80\right) = 4.420,00$$

Exemplificando

Um título de crédito foi descontado a uma taxa de 10% ao mês. Sabe-se que o seu vencimento é daqui a 120 dias. Determine o valor de face N, se o valor descontado corresponde a $1.800,00 na modalidade racional simples.

Definindo o fluxo de caixa, temos:

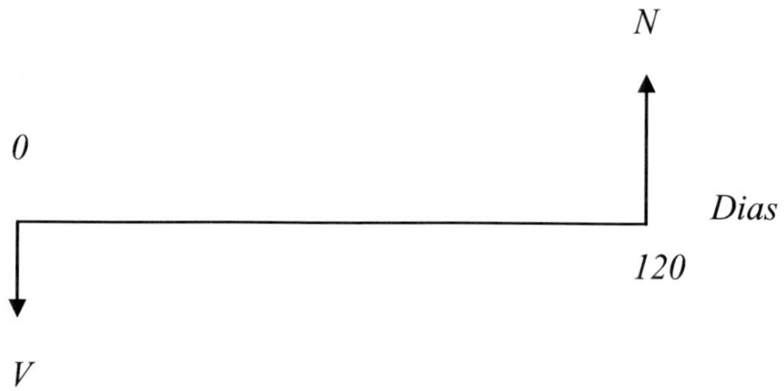

$$D_r = N - V$$

$$D_r = N - \frac{N}{(1+i\times n)}$$

$$1.800,00 = N - \frac{N}{\left(1 + 0,10 \times \frac{120}{30}\right)}$$

$$1.800,00 = N - \frac{N}{(1,40)}$$

$$1.800,00 = 0,2857N$$

$$N = \frac{1.800,00}{0,2857} = 6.300,00$$

Quando um título de valor nominal igual a \$6.300,00 é descontado por 120 dias a uma taxa de 10% ao mês, tem valor liberado de \$4.500,00.

Conhecendo *V*, *N* e *i*, definir *n*

Um título de crédito foi descontado a uma taxa de 8% ao mês. Sabe-se que o seu vencimento é daqui a alguns dias. Se o valor de face N é de \$1.800,00, e o valor liberado V é de \$1.216,22, podemos determinar o prazo da operação para a modalidade racional simples.

Definindo o fluxo de caixa, temos:

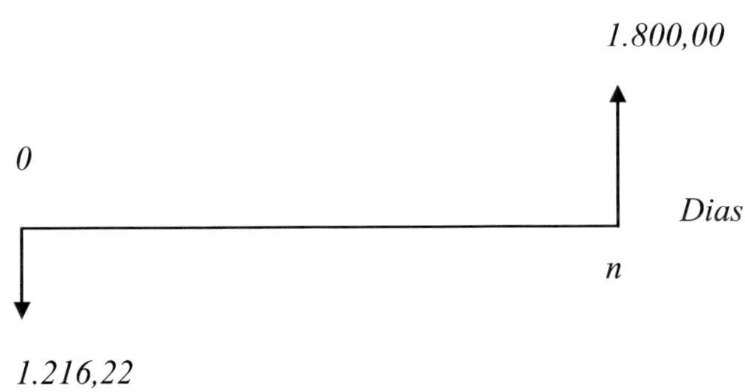

Assim, temos:

$$V = \frac{N}{(1+i\times n)}$$

$$1.216,22 = \frac{1.800,00}{\left(1+\frac{0,08}{30}\times n\right)}$$

$$1.216,22 = \frac{1.800,00}{(1+0,002667\times n)}$$

$$1.216,22 + 3,243253n = 1.800,00$$

$$3,243253n = 583,78$$

$$n = \frac{583,78}{3,243253} = 180$$

O prazo necessário é de 180 dias para o desconto racional simples.

Conhecendo *V*, *N* e *n*, definir *i*

Um título de crédito foi descontado racionalmente a juros simples. Sabe-se que o seu vencimento é daqui a 210 dias. Se o valor de face *N* é de \$ 6.750,00, e o valor atual *V* é de \$5.000,00, podemos determinar a taxa da operação.

Assim, temos:

$$V = \frac{N}{(1+i \times n)}$$

$$5.000,00 = \frac{6.750,00}{(1+i \times 7)}$$

$$5.000,00 + 35.000i = 6.750,00$$

$$35.000i = 1.750,00$$

$$i = \frac{1.750,00}{35.000,00} = 0,05$$

Observaremos que, na equação, foram definidos 7 períodos mensais. Logo, a taxa é unitária mensal. Ao multiplicarmos por 100, obtemos a taxa percentual de 5% ao mês.

5.1.2 Desconto Comercial Simples

A modalidade de desconto comercial não permite o entendimento coerente do cálculo. A prática comercial apresenta o objetivo de simplificar os cálculos ao mesmo tempo em que aumenta o valor descontado. Definem-se por desconto comercial simples os juros simples devidos ao valor nominal. Esta possibilidade de desconto também é conhecida no mercado como desconto "por fora".

A sistemática de desconto comercial simples é utilizada pelos bancos no desconto de duplicatas ou antecipação de vendas em cartão de crédito.

$$D_c = N \times i \times n$$

Independente da modalidade, a equação de desconto sempre válida é definida por:

$$D = N - V$$

Então, substituindo, temos que:

$$V = N - N(1 + i \times n)$$

$$V = N(1 - i \times n)$$

Conhecendo *N*, *n* e *i*, definir *V*

Um título cujo valor de face *N* é de \$5.000,00 foi descontado a uma taxa de 5% ao mês. Sabe-se que o seu vencimento é daqui a 90 dias. Determina-se o valor liberado *V* para o desconto comercial simples, com base no fluxo de caixa:

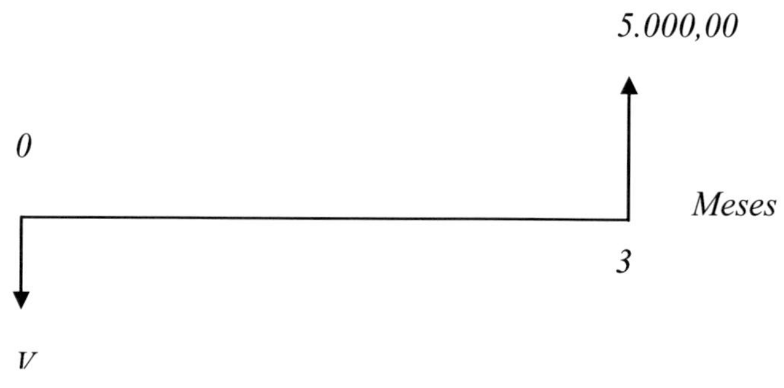

Aplicando o conceito de desconto comercial simples, temos:

$$V = N \times (1 - i \times n)$$

$$V = 5.000,00 \times (1 - 0,05 \times 3)$$

$$V = 5.000,00 \times (0,85) = 4.250,00$$

Conhecendo *V*, *n* e *i*, definir *N*

Um título de crédito foi descontado a uma taxa de 7% ao mês. Sabe-se que o seu vencimento é daqui a 80 dias. Determinamos o valor nominal *N* se o valor liberado *V* corresponde a \$ 3.900,00, com base no desconto comercial simples, a partir do fluxo de caixa abaixo:

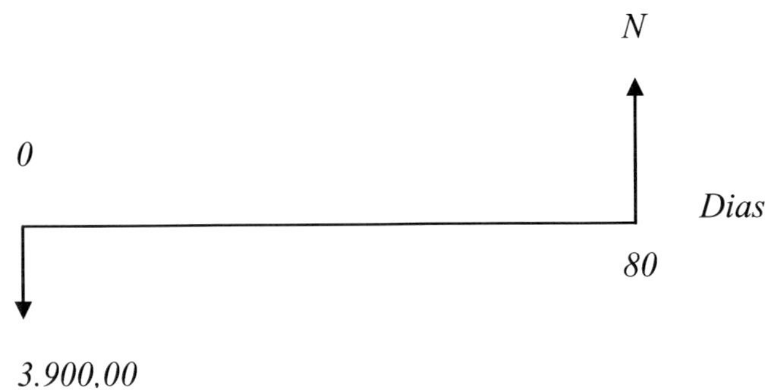

Assim, temos:

$$V = N(1 - i \times n)$$

$$3.900,00 = N\left(1 - 0,07 \times \frac{80}{30}\right)$$

$$3.900,00 = N(1 - 0,07 \times 2,666667)$$

$$3.900,00 = N(0,813333)$$

$$N = \frac{3.900,00}{(0,813333)} = 4.795,08$$

Aplicando a fórmula, temos o valor de face *N* do título. Importante: na modalidade de desconto comercial simples, como o objetivo é simplificar o cálculo para obter um maior ganho, adota-se o cálculo dos juros simples sobre o valor nominal *N* do título.

Para demonstrar que o valor nominal corresponde a $ 4.795,08, temos:

$$D_c = N \times i \times n$$

$$D_c = 4.795,08 \times 0,07 \times \frac{80}{30}$$

$$D_c = 4.795,08 \times 0,07 \times 2,666667$$

$$D_c = 4.975,08 \times 0,186667$$

$$D_c = 895,08$$

Aplicando os conceitos de desconto, sabemos que o valor nominal N menos o valor descontado D_c é igual ao valor liquido liberado V.

$$V = N - D$$

$$V = 4.975,08 - 895,08 = 3.900,00$$

Conhecendo *N*, *V* e *n*, definir *i*

Um título de crédito foi descontado comercialmente a juros simples. Sabe-se que o seu vencimento é daqui a 240 dias. Se o valor de face N é de $ 6.750,00 e o valor liberado V é de $ 4.050,00, podemos determinar a taxa da operação.

Definindo o fluxo de caixa, temos:

Sabemos que:

$$V = N(1 - i \times n)$$

Se o valor nominal N é igual a \$6.750,00 e o valor atual V é de \$4.050,00, concluímos que o valor descontado é de \$2.700,00.

$$V = N(1 - i \times n)$$

$$4.050,00 = 6.750,00(1 - i \times 8)$$

$$4.050,00 = 6.750,00 - 54.000i$$

$$2.700,00 = -54.000i$$

$$i = \frac{-2.700,00}{-54.000,00} = 0,05$$

Portanto, uma taxa de 5,00% ao mês.

5.1.3 Desconto Bancário

Em algumas operações realizadas com as instituições financeiras, além do valor proveniente da operação de desconto, pode ser cobrado, para cobrir despesas administrativas, um determinado valor, por vezes incidente sobre o valor nominal do título.

Desta forma, o desconto bancário seria igual ao somatório do desconto comercial com a despesa administrativa. Assim:

$$D_b = D_C + b$$

$$b = N \times i'$$

$$D_c = N \times i \times n$$

$$D_b = N \times i \times n + i' \times N$$

$$D_b = N \times (i \times n + i')$$

Um título de crédito com vencimento daqui a 240 dias tem valor nominal igual a $6.750,00. A taxa da operação é de 5% ao mês. Determina-se o desconto bancário se a instituição cobra 1% sobre o valor nominal a título de despesa administrativa, da seguinte forma:

$$D_b = D_c + b$$

$$D_c = N \times i \times n$$

$$D_c = 6.750,00 \times 0,05 \times \frac{240}{30} = 2.700,00$$

$$b = N \times i'$$

$$b = 6.750,00 \times 0,01 = 67,50$$

$$D_b = D_c + b$$

$$D_b = 2.700,00 + 67,50 = 2.767,50$$

Um título de crédito foi descontado num banco que cobra 4% de despesa administrativa. O mesmo foi descontado 6 meses antes do vencimento e o banco trabalha com taxa de 80% ao ano, comercialmente. Como a operação é de desconto bancário e o valor do desconto foi de $ 9.680,00, define-se o valor nominal do título da seguinte forma:

$$D_b = N \times i \times n + i' \times N$$

ou

$$D_b = N \times (i \times n + i')$$

$$9.680,00 = N \times \left(0,80 \times \frac{180}{360} + 0,04\right)$$

$$9.680,00 = N \times (0,44)$$

$$N = \frac{9.680,00}{0,44} = 22.000,00$$

A Taxa Efetiva de Juros na Operação de Desconto Comercial

É importante que se conheça o desconto comercial simples, como modelo. No entanto, já é possível perceber que é adotado em relação ao desconto racional, uma vez que produz um maior desconto. Como é recomendável que as relações financeiras sejam visualizadas sob a ótica dos juros compostos, devemos, depois de definir a relação de desconto, calcular a taxa efetiva da operação.

Digamos que um título de crédito foi descontado comercialmente a juros simples. O valor nominal é de $10.000,00, com taxa de 10% ao mês. Se o prazo da operação é de 3 meses, determina-se a taxa efetiva da operação de desconto observando a relação entre o valor liberado *V* e o valor nominal *N*, com base nos juros compostos. Assim:

$$D_c = N \times i \times n$$

$$D_c = 10.000,00 \times 0,10 \times 3$$

$$D_c = 3.000,00$$

Da relação, concluímos que:

$$V = N - D$$

$$V = 10.000,00 - 3.000,00$$

$$V = 7.000$$

Agora, com apoio do fluxo de caixa, temos que:

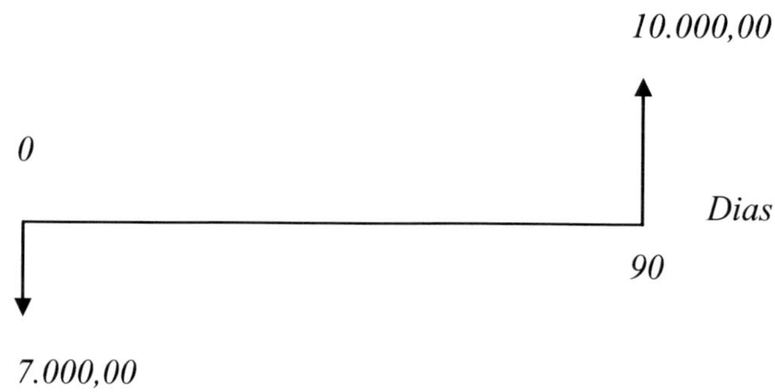

Depois de realizada a operação de desconto, é preciso compreender que a relação financeira pode e deve ser analisada sob os fundamentos do regime de juros compostos. Na definição da taxa, temos que:

$$S = P(1+i)^n$$

$$10.000,00 = 7.000,00(1+i)^3$$

$$(1+i)^3 = \frac{10.000,00}{7.000,00}$$

$$(1+i)^3 = 1,428571$$

$$\sqrt[3]{(1+i)^3} = \sqrt[3]{1,428571}$$

$$(1+i) = 1,428571^{1/3}$$

$$(1+i) = 1,126248$$

$$i = 1{,}126248 - 1 = 0{,}126248$$

Portanto, uma taxa de 12,62% ao mês, valor superior à taxa de 10% ao mês fornecida no inicio da operação de desconto.

Assim, podemos concluir que:

$$i = \left(\frac{N}{V}\right)^{1/n} - 1$$

5.1.4 Desconto Racional Composto

A modalidade de desconto racional permite o entendimento coerente do cálculo. Esta possibilidade de desconto também é conhecida no mercado como desconto "por dentro". O que facilita seu entendimento é que existe uma preocupação "racional" em descapitalizar o dinheiro. Por isso, aquele entendimento de como o dinheiro "caminha" no tempo é de fundamental importância para a modalidade de desconto racional. Agora, deve ser levada em consideração a capitalização composta.

Assim definido, considerando uma taxa *i*, em juros compostos, o valor do título de crédito ao final da operação *N* e o prazo da operação *n*, temos que o valor atual *V* é definido como:

$$V = \frac{N}{(1+i)^n}$$

Desta forma, o valor do desconto será dado por:

$$D_r = N - V$$

$$D_r = N - \frac{N}{(1+i)^n}$$

Conhecendo *N*, *n* e *i*, definir *V*

Um título de crédito cujo valor de face *N* é de \$ 3.900,00 foi descontado a uma taxa de 5% ao mês. Sabendo que o seu vencimento é daqui a 90 dias, determine o valor liberado *V*.

Definindo o fluxo de caixa, temos:

Assim, temos que:

$$V = \frac{N}{(1+i)^n}$$

$$V = \frac{3.900,00}{(1+0,05)^3} = 3.368,97$$

Por ser desconto racional composto, ao aplicarmos o valor atual *V* ao mesmo prazo e taxa da operação, obteremos o valor Nominal *N*.

Conhecendo *V*, *n* e *i*, definir *N*

Um título cujo valor atual (*V*) é de \$3.500,00 foi descontado a uma taxa de 5% ao mês. Sabe-se que o seu vencimento é daqui a 90 dias. Determina-se o valor nominal da seguinte forma:

Definindo o fluxo de caixa, temos:

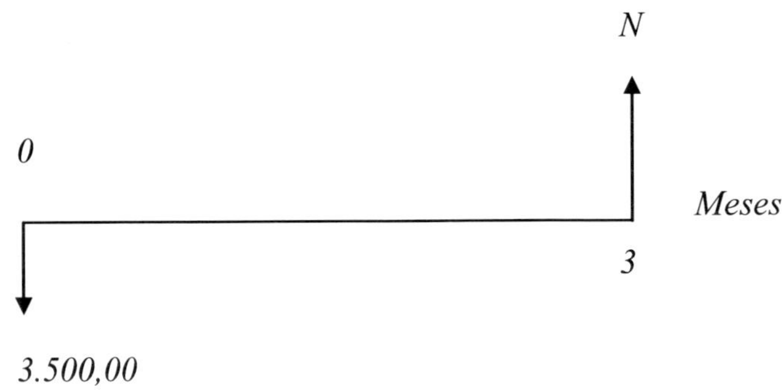

Assim, temos:

$$V = \frac{N}{(1+i)^n}$$

$$3.500,00 = \frac{N}{(1+0,05)^3}$$

$$N = 4.051,69$$

Conhecendo *V*, *N* e *i*, definir *n*

Um título de crédito foi descontado a uma taxa de 8% ao mês. Sabe-se que o seu vencimento é daqui a alguns dias. Se o valor de face *N* é de $ 1.800,00 e o valor liberado *V* é de $1.603,75, determinamos o prazo da operação abaixo.

Definindo o fluxo de caixa, temos:

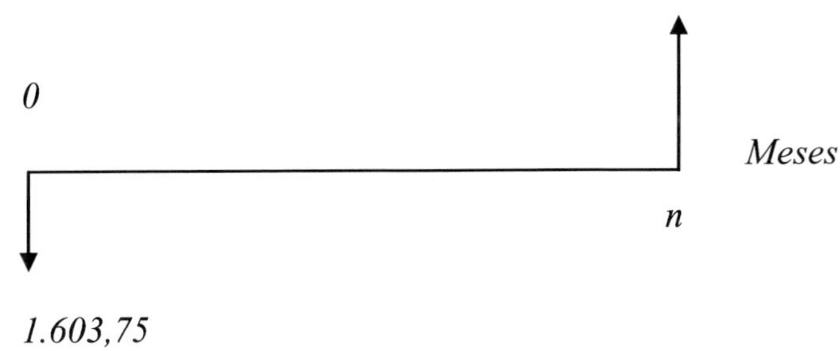

Aplicando as equações, temos:

$$V = \frac{N}{(1+i)^n}$$

$$1.603,75 = \frac{1.800}{(1,08)^n}$$

$$1.603,75 \times (1,08)^n = 1.800$$

$$(1,08)^n = \frac{1.800}{1.603,75}$$

$$(1,08)^n = 1,122369$$

Esta equação só pode ser resolvida usando as propriedades de logaritmo:

$$\log(1,08)^n = \log 1,122369$$

$$n \times \log 1,08 = \log 1,122369$$

$$n = \frac{\log 1,122369}{\log 1,08} = 1,50$$

Como a taxa está cotada em meses, significa que a operação ocorreu em 1,5 mês, ou 45 dias.

Conhecendo *N*, *V* e *n*, definir *i*

Um título de crédito é descontado 180 dias antes do seu vencimento. Sabendo que o valor de face N é de $5.000,00 e o valor atual V é de $2.161,64, determinamos o valor da taxa, se o desconto é racional composto, conforme segue:

Definindo o fluxo de caixa, temos:

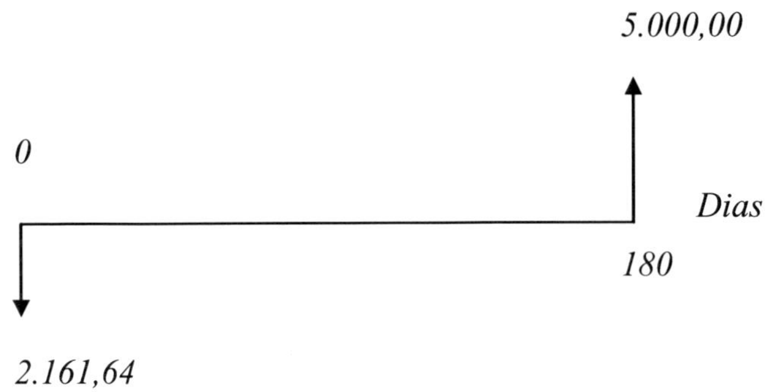

Aplicando as equações, temos:

$$V = \frac{N}{(1+i)^n}$$

$$2.161,64 = \frac{5.000,00}{(1+i)^6}$$

$$2.161,64 \times (1+i)^6 = 5.000,00$$

$$(1+i)^6 = \frac{5.000,00}{2.161,64}$$

$$(1+i)^6 = 2,313061$$

$$\sqrt[6]{(1+i)^6} = \sqrt[6]{2,313061}$$

$$(1+i) = 1,15$$

$$i = 1,15 - 1 = 0,15$$

Portanto, a taxa é de 15% ao mês.

5.1.5 Desconto Comercial Composto

A modalidade de desconto comercial não permite o entendimento coerente do cálculo. Esta possibilidade de desconto também é conhecida no mercado como desconto "por fora". Seu entendimento é que o valor descontado resulta da capitalização do valor nominal pela taxa de juros e prazo da operação. Podem existir diversos cálculos e aplicações de fórmulas para obter a mesma conclusão. Este tipo de desconto não apresenta aplicação no mercado. De forma a simplificar o entendimento, teremos:

$$D = N - V$$

Para o primeiro período, temos que:

$$V = N - D_c$$

$$V = N - Ni$$

$$V = N(1-i)$$

Para o segundo período, temos que:

$$V = N(1-i) - D_c$$

$$V = N(1-i) - N(1-i) \times i$$

$$V = N(1-i)(1-i)$$

$$V = N(1-i)^2$$

O valor liberado, para o desconto comercial composto, antes do vencimento, pode ser expresso por:

$$V = N(1-i)^n$$

Desta maneira, podemos concluir que o desconto comercial composto é definido por:

$$D_c = N - V$$

$$D_c = N - N(1-i)^n$$

$$D_c = N\left[1-(1-i)^n\right]$$

Conhecendo *N, n* e *i*, definir *V*

Uma empresa concede 3,8% ao mês de desconto comercial composto para compras realizadas à vista. Se o valor a prazo é de $ 3.000,00 e o prazo concedido é de 60 dias, determinamos o valor liberado *V*, com base no fluxo de caixa, da seguinte forma:

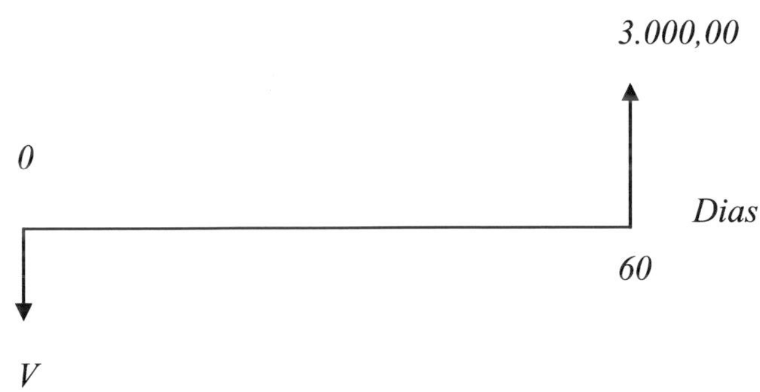

Aplicando as equações, temos:

$$V = N(1-i)^n$$

$$V = 3.000,00(1-0,038)^2$$

$$V = 3.000,00(0,925444)$$

$$V = 2.776,33$$

Conhecendo *N*, *V* e *n*, definir *i*

Uma empresa, necessitando de capital de giro, decide antecipar um título de crédito com vencimento daqui a 150 dias. A instituição financeira, aplicando o desconto comercial composto, antecipa o valor de $16.847,50. Se o valor nominal *N* é de $20.000,00, determinamos a taxa oferecida pelo banco como segue:

Definindo o fluxo de caixa, temos:

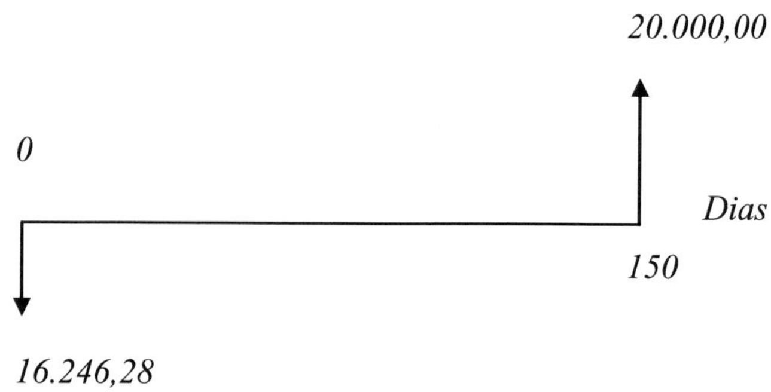

Assim, temos que:

$$V = N(1-i)^n$$

$$16.246,28 = 20.000,00(1-i)^n$$

$$(1-i)^n = \frac{16.246,28}{20.000,00}$$

$$(1-i)^n = 0,812314$$

$$(1-i)^5 = 0,812314$$

$$\sqrt[5]{(1-i)^5} = \sqrt[5]{0,812314}$$

$$(1-i) = 0,812314^{1/5}$$

$$(1-i) = 0,959279$$

$$-i = 0,959279 - 1$$

$$-i = -0,040721$$

Portanto, uma taxa de 4,07% ao mês.

Conhecendo *N*, *V* e *i*, definir *n*

Uma empresa, necessitando de capital de giro, decide antecipar um título de crédito à taxa de 36% ao ano. A instituição financeira, ao aplicar o desconto comercial composto, define o valor liberado em \$ 17.888,54. Se o valor nominal *N* é de \$ 20.000,00, determinamos o prazo da operação como segue:

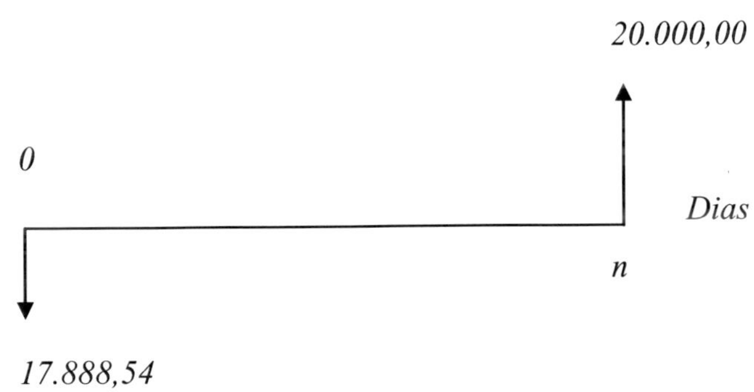

Assim, temos que:

$$V = N(1-i)^n$$

$$17.888,54 = 20.000,00(1-0,36)^n$$

$$(1-0,36)^n = \frac{17.888,54}{20.000,00}$$

$$(0,64)^n = 0,89443$$

$$\log(0,64)^n = \log 0,89443$$

$$\log(0,64)^n = \log 0,89443$$

$$n = \frac{\log 0,89443}{\log 0,64} = 0,25$$

Desta forma, o prazo da operação é de 3 meses, uma vez que 0,25 representa tal fração do período de 12 meses.

Taxa Efetiva de Juros na Operação de Desconto Comercial

É importante que se conheça o desconto comercial composto apenas como modelo, pois ele não é utilizado pelo mercado. Mesmo assim, como as relações financeiras devem ser visualizadas sob a ótica da capitalização composta, cabe definir a taxa efetiva da operação. Não temos essa preocupação com o desconto racional por se tratar de uma operação com base nas operações de descapitalização em juros compostos.

Digamos que um título seja descontado comercialmente a juros compostos. O valor nominal N é de $10.000,00, com taxa de 10% ao mês. Sendo o prazo da operação de 3 meses, determina-se a taxa efetiva da operação de desconto conforme a relação entre valor nominal N e atual V, em juros compostos.

$$V = N(1-i)^n$$

$$V = 10.000,00(1-0,10)^3$$

$$V = 7.290,00$$

Da relação, concluímos que:

$$D = N - V$$

$$D = 10.000,00 - 7.290,00$$

$$D = 2.710,00$$

Definindo o fluxo de caixa, temos que:

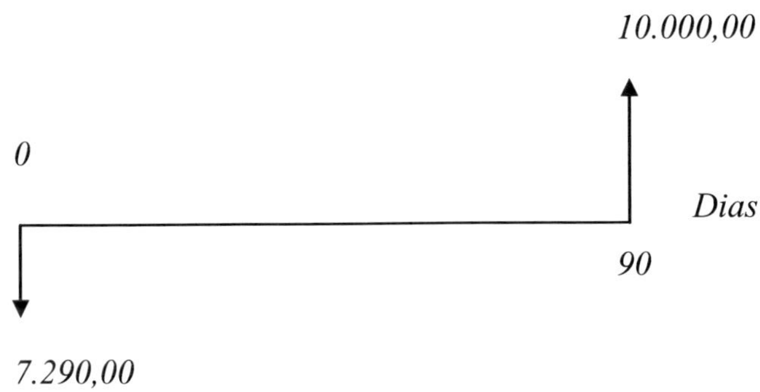

Depois de realizada a operação de desconto, é preciso compreender que a relação financeira pode e deve ser analisada sob os fundamentos do regime de juros compostos, na definição da taxa efetiva.

$$S = P(1+i)^n$$

$$10.000,00 = 7.290,00(1+i)^3$$

$$(1+i)^3 = \frac{10.000,00}{7.290,00}$$

$$(1+i)^3 = 1,371742$$

$$\sqrt[3]{(1+i)^3} = \sqrt[3]{1,371742}$$

$$(1+i) = 1{,}371742^{1/3}$$

$$(1+i) = 1{,}111111$$

$$i = 1{,}111111 - 1 = 0{,}111111$$

Portanto, uma taxa de 11,11% ao mês, valor superior à taxa de 10% ao mês fornecida no inicio da operação de desconto.

Assim, podemos concluir que:

$$i = \left(\frac{N}{V}\right)^{1/n} - 1$$

5.2 Aplicação de Desconto para mais de um Título

Normalmente, uma empresa desconta um volume de duplicatas que, em função do fechamento das suas vendas, apresentam diferentes datas de vencimento. Quando necessita de crédito, essa empresa pode antecipá-lo. Como os recursos são imprescindíveis, deseja que o valor esteja disponível em conta o quanto antes. Por se tratar de um empréstimo, pode incidir sobre o crédito algum imposto de operação financeira.

Tomemos o caso de uma empresa que apresente ao banco um borderô de duplicatas com os seguintes valores e prazos de vencimento:

Sacado	Valor de Resgate (N)	Prazo de Vencimento
Empresa Alfa	4.500,00	10 dias
Empresa Beta	5.500,00	18 dias
Empresa Gama	3.700,00	20 dias

As instituições financeiras fazem uso do desconto comercial simples, em função da facilidade do cálculo e dos ganhos obtidos, em relação ao desconto racional.

Para a operação descrita acima, a pergunta é: qual o valor do borderô de duplicatas e o prazo em que as operações ocorrem?

A primeira pergunta é fácil de identificar. O total das duplicatas a serem vencidas é de $ 13.700,00. Em relação ao prazo da operação, deve-se definir o prazo médio. Para isso, fazemos uso da média ponderada em função do valor a ser descontado.

Definindo o fluxo de caixa, temos:

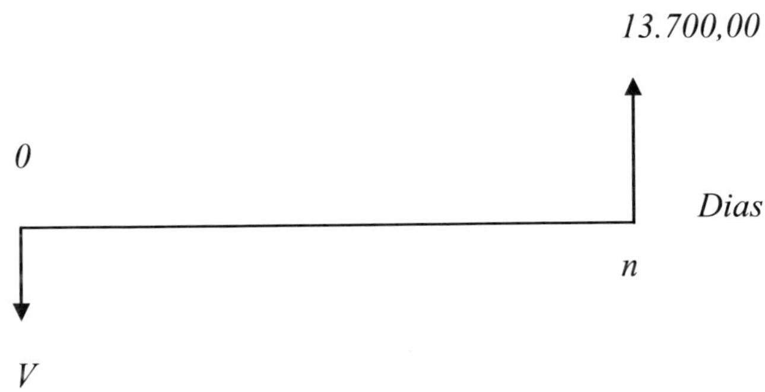

O prazo médio pode ser calculado da seguinte forma:

$$\bar{n} = \frac{n_1 \times N_1 + n_2 \times N_2 + n_3 \times N_3}{N_1 + N_2 + N_3}$$

$$\bar{n} = \frac{10 \times 4.500{,}00 + 18 \times 5.500{,}00 + 20 \times 3.700{,}00}{4.500{,}00 + 5.500{,}00 + 3.700{,}00}$$

$$\bar{n} = \frac{218.000{,}00}{13.700{,}00}$$

$$\bar{n} = 15{,}912409$$

Aplicando as regras do desconto comercial simples:

$$V_c = N \times (1 - i \times n)$$

$$V = 13.700,00 \times \left(1 - \frac{0,0304}{30} \times 15,912409\right)$$

$$V = 13.700,00 \times (1 - 0,016125)$$

$$V = 13.479,09$$

Definindo o fluxo de caixa com as novas variáveis:

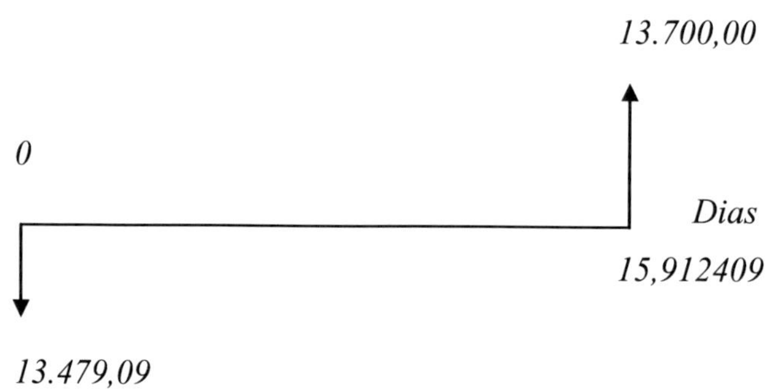

De um valor de $13.700,00, a instituição financeira irá liberar a importância de $13.479,09, referente ao desconto para 15,91 dias.

Por se tratar de uma operação de crédito, incide imposto de operação financeira. Digamos que a alíquota seja de 1,5% ao ano, *pro rata*, ou seja, a taxa deve ser dividida por 365 dias. O valor da taxa diária é de 0,0041%. Do valor liberado, serão cobrados $ 8,79 de imposto, ficando disponível em conta o valor de $13.470,30.

Taxa Efetiva na Operação de Desconto para mais de um Título

O mais importante é determinar a taxa de rentabilidade da operação. Com efeito, o mercado opera com a capitalização composta, o que implica que teremos necessidade da taxa efetivamente cobrada na operação. Para isso, teremos que dimensionar a taxa efetiva da operação, com base nos conceitos de juros compostos, conforme fluxo de caixa abaixo.

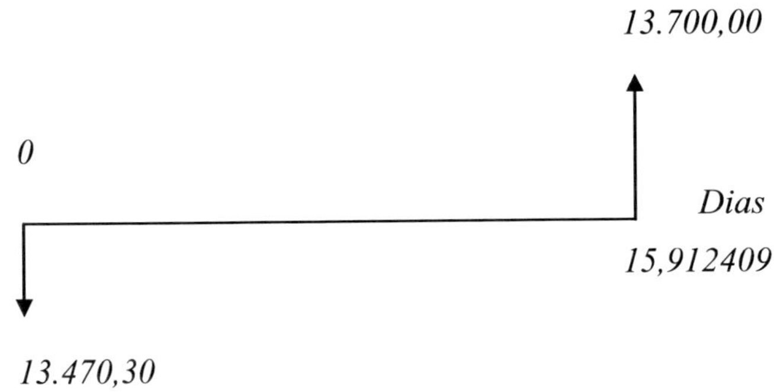

Consideraremos que essa relação deva ser visualizada sob a ótica dos juros compostos.

$$S = P \times (1+i)^n$$

$$13.700,00 = 13.470,30 \times (1+i)^{15,912409/30}$$

$$(1+i)^{15,912409/30} = \frac{13.700,00}{13.470,30}$$

$$(1+i)^{0,530414} = 1,017052$$

Aplicando as regras de exponenciação, temos:

$$(1+i)^{0,530414} = 1,017052$$

$$\sqrt[0,530414]{(1+i)^{0,530414}} = \sqrt[0,530414]{1,017052}$$

$$(1+i) = 1,031123$$

$$i = 1,032392 - 1$$

$$i = 3,239161\%$$

Efetivamente, o desconto concedido foi de 3,24% ao mês. Por se tratar de uma operação de desconto comercial, a taxa oferecida pelo banco (3,04%) é menor do que a taxa cobrada.

Exercícios

1. Um título foi descontado a uma taxa de 20% ao mês. Sabe-se que o seu vencimento é daqui a 120 dias. Determine o valor de face *N*, se o valor liberado *V* corresponde a $ 5.000,00 e a operação é de desconto racional simples.
   Resposta: $ 9.000,00

2. Um título foi descontado a uma taxa de 30% ao mês. Sabe-se que o seu vencimento é daqui a 60 dias. Determine o valor de face *N*, se o valor descontado corresponde a $ 1.800,00 na modalidade racional simples.
   Resposta: $ 4.800,00

3. Um título foi descontado com base na modalidade desconto comercial composto. Sabe-se que a taxa é de 10% ao mês e o prazo é de 3 meses. Determine o valor liberado *V*, se o valor nominal *N* corresponde a $ 15.000,00.
   Resposta: $ 10.935,00

4. Determine a taxa mensal de desconto de um título de valor nominal *N* igual a $ 20.000,00 e valor liberado *V* igual a $ 12.000,00. Considere que o prazo da operação é de 2 meses e que a operação foi realizada pela modalidade de desconto comercial composto.
   Resposta: 22,54% ao mês

5. Um título com valor nominal de $ 30.000,00 é descontado 3 meses antes do seu vencimento. A metodologia utilizada foi do desconto

comercial composto. Considerando uma taxa de 30% ao ano, determine a taxa efetiva mensal da operação.
Resposta: 3,0169%

6. Uma empresa utiliza os serviços financeiros de um banco. No prazo de 23 dias, a taxa efetiva corresponde a 10,50% ao mês. Determine a taxa mensal fornecida pelo banco para realizar a operação de desconto comercial simples.
Resposta: 9,61% ao mês

7. Uma empresa utiliza os serviços financeiros de um banco. No prazo de 15 dias, a taxa efetiva é de 15,00% ao mês. Determine a taxa mensal fornecida pelo banco para realizar a operação de desconto comercial simples.
Resposta: 13,50%

8. A taxa de desconto do banco A é de 5% ao mês. Sabe-se que esse banco opera com a modalidade de desconto comercial simples. O banco B trabalha com o desconto racional composto, e não há vantagem em relação ao primeiro banco. Determine a taxa que este último apresenta ao cliente, considerando o prazo de 20 dias para a operação.
Resposta: 5,2113% ao mês

9. Um banco realiza um crédito na conta-corrente de seu cliente, no valor de $3.000,00. Sabe-se que tal crédito se refere a uma operação de desconto para um título com vencimento daqui para 38 dias. Sendo a taxa da operação de 5% ao mês, determine o valor nominal, se a operação tem por base o desconto comercial composto.
Resposta: $3.201,38

10. Determine a taxa efetiva mensal de uma operação para 21 dias, na modalidade desconto comercial simples, com taxa de 10% ao mês.
Resposta: 10,9237% ao mês

11. Determine a taxa efetiva mensal de uma operação para 41 dias, na modalidade desconto comercial simples, com taxa de 15% ao mês.
Resposta: 18,2775% ao mês

12. Determine a taxa efetiva anual de uma operação para 30 dias, na modalidade desconto racional composto, com taxa de 20% ao mês.
Resposta: 791,61% ao ano

13. Determine a taxa da modalidade de desconto racional simples de uma operação para 21 dias, se a taxa efetiva da operação é de 3% ao mês.
Resposta: 2,9255% ao mês

14. Determine a taxa da modalidade desconto racional simples de uma operação para 10 dias, se a taxa efetiva da operação é de 5% ao mês.
Resposta: 4,8396% ao mês

15. Um título foi descontado num banco que cobra 10% de despesa administrativa. Sabe-se que o mesmo foi descontado 6 meses antes do vencimento e que o banco opera com taxa de 50% ao ano, na modalidade comercial composto. Se o valor nominal N é de $ 10.000,00, determine o valor do desconto total.
Resposta: $ 3.500,00

16. A tabela representa títulos de crédito a serem descontados por um banco. A partir dela e da taxa de 5% ao mês, é possível ter o valor liberado para os títulos negociados.

Valor Nominal	Vencimento
1.117,58	20 dias
345,67	45 dias
1.200,00	37 dias
451,00	26 dias
3.114,25	

Com base na modalidade desconto comercial simples, a instituição financeira realiza o cálculo do desconto. Portanto, determine o valor líquido das duplicatas.
Resposta: $ 3.015,72

17. A tabela representa títulos de crédito a serem descontados no mercado. A partir dela e da taxa de 5% ao mês, é possível ter o valor para os títulos negociados.

Valor Nominal	Vencimento
1.100,00	20 dias
400,0	10 dias
1.200,00	25 dias
1.450,00	13 dias
?	

Com base no desconto racional simples, a instituição financeira realiza o cálculo do desconto. Portanto, determine o valor líquido das duplicatas.
Resposta: $ 4.028,89

18. A tabela abaixo representa títulos de crédito a serem descontados no mercado. A partir dela e da taxa de 3% ao mês, é possível ter o valor para os títulos negociados.
Com base na modalidade desconto comercial simples, a instituição financeira realiza o cálculo do desconto. Portanto, determine o valor líquido das duplicatas.

Valor Nominal	Vencimento
3.100,00	20 dias
2. 400,00	20 dias
1.500,00	25 dias
1.800,00	13 dias
?	

Resposta: $ 8.629,10

19. Digamos que uma empresa apresente ao banco um borderô de duplicatas com os valores e prazos de vencimento definidos na tabela abaixo. A taxa fornecida pelo banco é de 4,00% ao mês.

Sacado	Valor Nominal	Prazo de Vencimento
A	190,00	23 dias
B	200,00	24 dias
C	7.350,00	27 dias
D	1.220,00	50 dias

Sabe-se que a modalidade de desconto que a instituição financeira adota é o desconto comercial simples. Determine a taxa efetiva mensal da operação.
Resposta: 4,17% ao mês

20. Uma duplicata de valor nominal *N* igual a $ 2.000,00 é descontada com base numa taxa de 72% ao ano. Se a operação ocorre 20 dias antes do vencimento, determine o valor liberado para a modalidade de desconto racional simples.
Resposta: $ 1.923,07

CAPÍTULO 6

Série Uniforme de Pagamentos

6.1 O Pagamento Realizado em Parcelas Constantes

A economia leva o mercado financeiro a modificar as regras das operações realizadas com pagamentos parcelados. Seja através da redução do prazo, seja modificando as taxas de juros. É importante lembrar que, nas operações financeiras, o prazo e a taxa merecem uma atenção especial.

O financiamento realizado em pagamentos uniformes segue os princípios da equivalência de capitais, visto em juros compostos. É que o conjunto dos pagamentos, quando trazidos para data de fechamento do contrato (conhecida como data zero), representam o valor inicial do financiamento. Podemos dizer, então, que a série uniforme de pagamentos caracteriza-se por um conjunto de parcelas, compostas de amortização e juros, referentes ao pagamento do financiamento.

No entanto, uma série de parcelas também pode representar a formação de capital futuro, a exemplo dos investimentos para a aposentadoria.

6.2 Principais Características da Série Uniforme

A série uniforme de pagamentos pode ser analisada sob três aspectos importantes, a saber: quanto ao prazo em que ocorrem, quanto ao valor e quanto ao momento. A partir de agora iremos discutir cada uma delas e observar como o mercado financeiro se comporta quanto a sua utilização.

As variáveis abaixo servem para identificar cada elemento da série uniforme de pagamentos.
n – representa o número de períodos ou termos
i – representa a taxa de juros da operação
P – representa o capital inicial da operação
S – representa o capital final a ser formado
p – representa o valor do pagamento, parcela ou termo

6.2.1 Com Relação ao Prazo em que Ocorrem

Com relação ao prazo em que ocorrem, as séries uniformes podem ser definidas como periódicas ou não periódicas. Entende-se que os pagamentos periódicos são todos aqueles que ocorrem no mesmo intervalo de tempo. Por outro lado, os pagamentos não periódicos são todos aqueles que ocorrem em diferentes intervalos de tempo.

O primeiro fluxo de caixa representa os pagamentos periódicos, uma vez que os intervalos de tempos, identificados pelas letras $q - w - e - r$ são intervalos de tempo de igual duração. Podemos dizer que este tipo de prazo é mais usual no mercado.

Pagamento Periódico

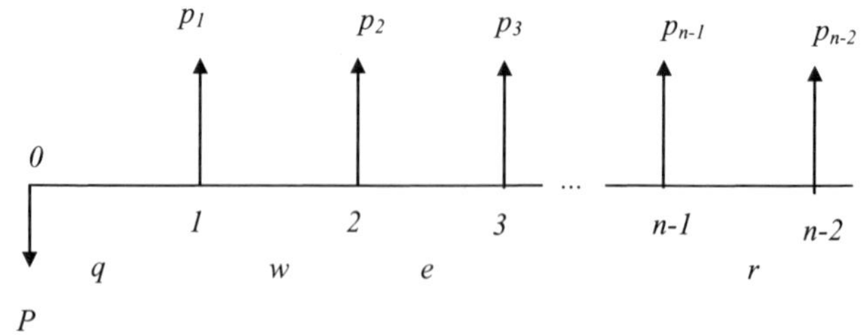

O segundo fluxo de caixa representa as parcelas não periódicas, uma vez que os intervalos de tempos, identificados pelas letras *q* – *w* – *e* – *r*, são intervalos de tempo desiguais. Podemos dizer que este tipo de prazo é pouco comum no mercado.

Pagamento Não Periódico

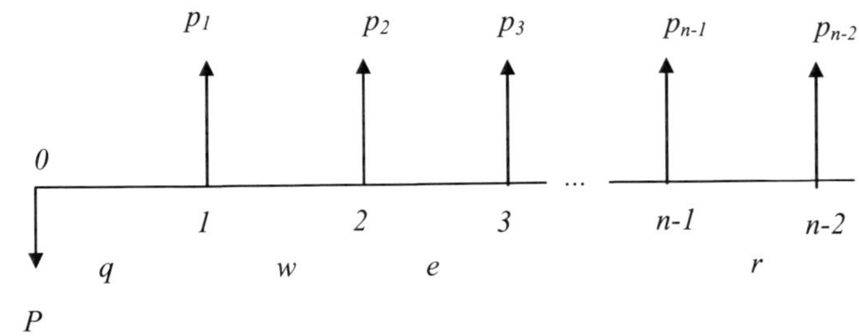

6.2.2 Com Relação ao Valor

Com relação ao valor, os pagamentos podem ser definidos como constantes ou não constantes. Entende-se que os pagamentos constantes são todos aqueles que apresentam o mesmo valor. Por outro lado, os pagamentos não constantes são todos aqueles que apresentam diferentes valores.

O primeiro fluxo de caixa representa os pagamentos constantes, uma vez que seus valores são iguais ($p_1 = p_2 = p_3 ... = p_{n-1} = p_n$) durante o prazo definido. Podemos dizer que este tipo de pagamento é mais usual no mercado.

Pagamento Constante

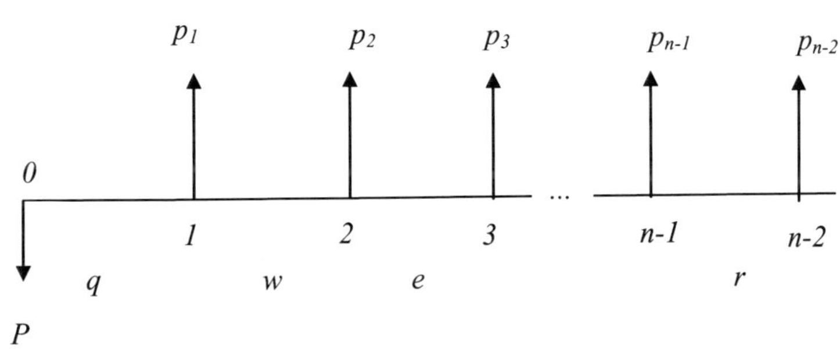

O segundo fluxo de caixa representa os pagamentos não constantes, uma vez que seus valores são desiguais ($p_1 \neq p_2 \neq p_3 ... \neq p_{n-1} \neq p_n$) durante o prazo definido. Podemos dizer que este tipo de pagamento é pouco comum no mercado.

Pagamento Não Constante

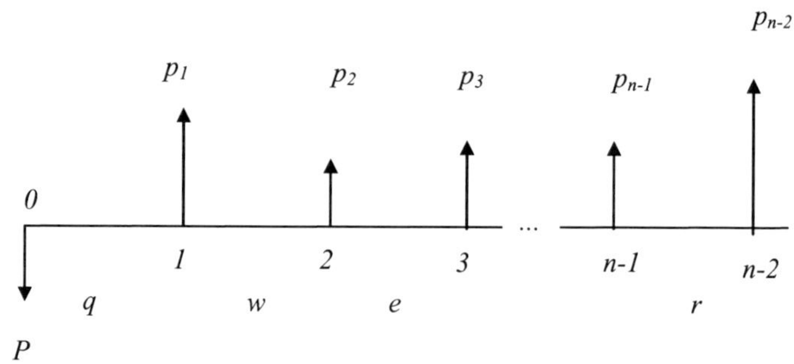

6.2.3 Com Relação ao Momento

Com relação ao momento, os pagamentos podem ser definidos como postecipados ou antecipados. Entende-se que os pagamentos postecipados são todos aqueles que apresentam o vencimento ao final do período de capitalização. Por outro lado, os pagamentos antecipados são todos aqueles que apresentam o vencimento no início do período de capitalização.

O primeiro fluxo de caixa representa os pagamentos postecipados. Observando o fluxo, percebemos que apresentam vencimento ao final do período de capitalização. Podemos dizer que este tipo de pagamento é comum no mercado.

Pagamento Postecipado

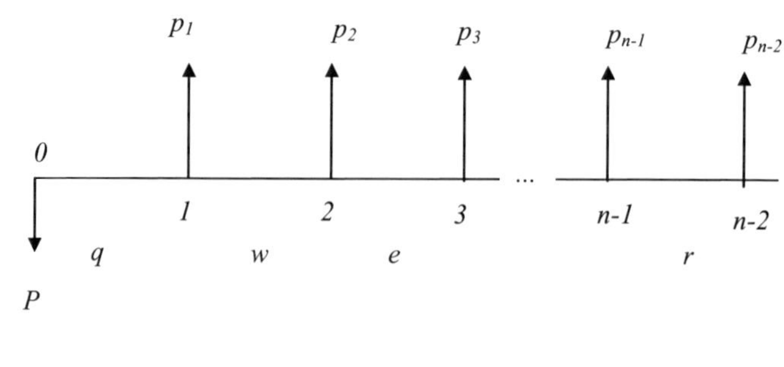

O segundo fluxo de caixa representa os pagamentos antecipados. Observando o fluxo, percebemos que apresentam vencimento no início do período de capitalização. Podemos dizer que este tipo de pagamento também é comum no mercado.

Pagamento Antecipado

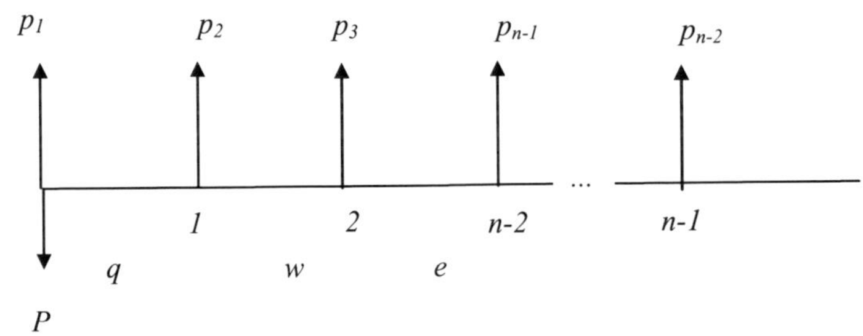

6.3 O Capital Inicial para uma Série Uniforme de Pagamentos Postecipados

O capital inicial *P* de uma série de pagamento é a soma de cada parcela descapitalizada até a data zero, no seu intervalo de tempo, considerando uma única taxa de juros. Neste caso, as parcelas serão exigidas no fim do período a que se referem. De que forma podemos compreender esse processo?

Considere um empréstimo a 10% ao mês, para ser liquidado em 4 parcelas mensais. Se o valor do empréstimo é de $10.000,00, qual deve ser o valor das parcelas?

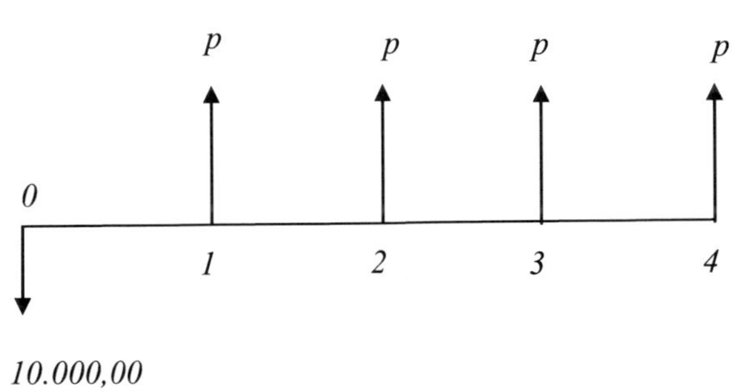

Existem 4 pagamentos uniformes de mesmo valor, que, se descapitalizados em seu tempo, representam o capital inicial do empréstimo em $10.000,00. Assim:

$$10.000,00 = \frac{p}{(1,10)^1} + \frac{p}{(1,10)^2} + \frac{p}{(1,10)^3} + \frac{p}{(1,10)^4}$$

Partimos do pressuposto de que a variável desconhecida p é representada pela unidade; substituindo na expressão, temos:

$$10.000,00 = \frac{1}{(1,10)^1} + \frac{1}{(1,10)^2} + \frac{1}{(1,10)^3} + \frac{1}{(1,10)^4}$$

$$10.000,00 = 0,909091 + 0,826446 + 0,751315 + 0,683013$$

Como os valores do segundo membro representam p, temos:

$$10.000,00 = 3,169865p$$

$$p = \frac{10.000,00}{3,169865}$$

$$p = 3.154,71$$

Observamos que o cálculo é cansativo. No entanto, as regras de equivalência de capitais contribuíram para sua realização. Ao descapitalizarmos estes valores para a data de início do contrato (data zero), teremos:

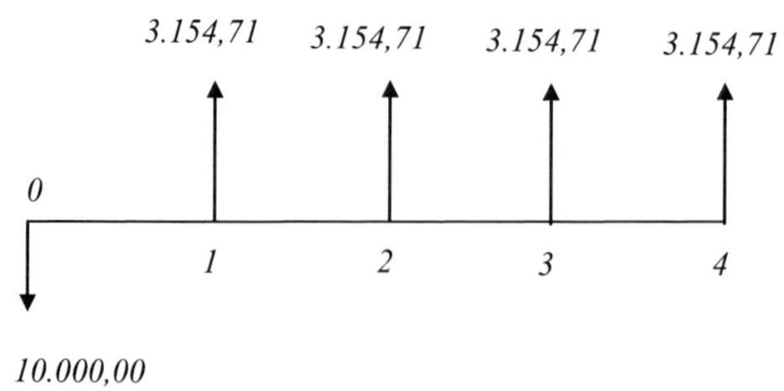

Para o primeiro pagamento:

$$p_1 = \frac{3154,71}{(1,10)^1} = 2.867,92$$

Para o segundo pagamento:

$$p_2 = \frac{3154,71}{(1,10)^2} = 2.607,20$$

Para o terceiro pagamento:

$$p_3 = \frac{3154,71}{(1,10)^3} = 2.370,18$$

Para o quarto pagamento:

$$p_4 = \frac{3154,71}{(1,10)^4} = 2.154,70$$

Como os valores encontram-se na mesma data, podemos somá-los. A soma das quatro parcelas é de \$ 10.000,00. Assim, 4 parcelas mensais fixas de \$ 3.154,71, a uma taxa de 10% ao mês, representam, na data zero, o capital inicial de \$ 10.000,00.

Será que existe uma maneira mais fácil de realizar esses cálculos, sem necessidade de descapitalizar uma infinidade de parcelas?

Aplicamos inicialmente a expressão:

$$P = \frac{p}{(1,10)^1} + \frac{p}{(1,10)^2} + \frac{p}{(1,10)^3} + \frac{p}{(1,10)^4}$$

Que também pode ser expressa por:

$$P = p(1{,}10)^{-1} + p(1{,}10)^{-2} + p(1{,}10)^{-3} + p(1{,}10)^{-4}$$

Estamos diante de uma soma em progressão geométrica. Desta forma, temos:

$$P = p \times \left[\frac{a_1 - a_n \times q}{1 - q} \right]$$

Substituindo as informações, temos que:

a_1 é o primeiro termo da série $(1+i)^{-1}$;

a_n é o ultimo termo da série $(1+i)^{-n}$;

q é a razão da série $(1+i)^{-1}$.

$$a_{\overline{n|}i} = \left[\frac{a_1 - a_n \times q}{1 - q} \right]$$

$$a_{\overline{n|}i} = \left[\frac{(1+i)^{-1} - (1+i)^{-n} \times (1+i)^{-1}}{1 - (1+i)^{-1}} \right]$$

$$a_{\overline{n|}i} = \left[\frac{(1+i)^{-1} \left[1 - (1+i)^{-n} \right]}{1 - (1+i)^{-1}} \right]$$

Podemos multiplicar ambos os membros por (1+i)

$$\left[\frac{(1+i)(1+i)^{-1}\left[1-(1+i)^{-n}\right]}{(1+i)-(1+i)(1+i)^{-1}}\right]$$

$$\left[\frac{(1+i)^{0}\left[1-(1+i)^{-n}\right]}{(1+i)-(1+i)^{0}}\right]$$

$$\left[\frac{1-(1+i)^{-n}}{(1+i)-1}\right]$$

$$\left[\frac{1-(1+i)^{-n}}{i}\right]$$

Esta expressão permite que se calcule o valor do pagamento a partir das informações do capital inicial da operação, taxa de juros e prazo. Assim, representa o fator de atualização das parcelas e é definido pelo símbolo $a_{\overline{n}|i}$, como segue abaixo:

$$a_{\overline{n}|i}=\left[\frac{1-(1+i)^{-n}}{i}\right]$$

Aplicando esse conceito na determinação das 4 parcelas fixas do exemplo anterior.

$$P=p\times a_{\overline{n}|i}$$

$$P=p\times\left[\frac{1-(1+i)^{-n}}{i}\right]$$

$$10.000,00=p\times\left[\frac{1-(1,10)^{-4}}{0,10}\right]$$

$$10.000,00 = p \times \left[\frac{1 - 0,683013}{0,10} \right]$$

$$10.000,00 = p \times 3,169865$$

$$p = \frac{10.000,00}{3,169865} = 3.154,71$$

6.3.1 Cálculos para a Série Uniforme de Pagamentos Postecipados

Na definição do capital inicial P de uma série de uniforme de pagamentos p, dada uma taxa i de um determinado número de pagamentos n, trabalhamos com quatro variáveis. A partir do momento em que conhecemos três delas, podemos identificar a desconhecida. Desta forma, temos as seguintes relações:

Conhecendo *P*, *n* e *i*, definir *p*

Um financiamento foi realizado com base numa taxa de 5% ao mês, durante 24 meses. Sabendo que o valor emprestado foi de $200.000,00 determinamos o valor do pagamento uniforme mensal p usando a expressão:

$$P = p \times \left[\frac{1 - (1+i)^{-n}}{i} \right]$$

$$200.000,00 = p \times \left[\frac{1 - (1,05)^{-24}}{0,05} \right]$$

$$200.000,00 = p \times \left[\frac{0,68993}{0,05} \right]$$

$$200.000,00 = p \times 13,79860$$

$$p = \frac{200.000,00}{13,79860} = 14.494,22$$

Conhecendo *p*, *n* e *i*, definir *P*

Um financiamento foi realizado com base numa taxa de 7% ao mês, durante 24 meses. Sabendo que o valor mensal do pagamento foi de \$21.797,26, determinamos o valor principal *P* conforme:

$$P = p \times \left[\frac{1-(1+i)^{-n}}{i}\right]$$

$$P = 21.797,26 \times \left[\frac{1-(1,07)^{-24}}{0,07}\right]$$

$$P = 21.797,26 \times \left[\frac{0,80285}{0,07}\right]$$

$$P = 21.797,26 \times 11,46933 = 250.000,00$$

Conhecendo *P*, *i* e *p*, definir *n*

Um financiamento foi realizado durante um determinado prazo *n*. Sendo os pagamentos mensais de \$5.869,29, determinamos o número de pagamentos *n*, sabendo que o valor financiado é de \$300.000,00 e a taxa mensal é de 5%, conforme:

$$P = p \times \left[\frac{1-(1+i)^{-n}}{i}\right]$$

$$300.000,00 = 18.130,34 \times \left[\frac{1-(1,05)^{-n}}{0,05}\right]$$

$$\left[\frac{1-(1,05)^{-n}}{0,05}\right]=\frac{300.000,00}{18.130,34}$$

$$\left[\frac{1-(1,05)^{-n}}{0,05}\right]=16,54685$$

$$1-(1,05)^{-n}=16,54685\times 0,05$$

$$1-(1,05)^{-n}=0,82734$$

$$(1,05)^{-n}=0,17266$$

$$\log(1,05)^{-n}=\log 0,17266$$

$$-n=-36$$

Portanto, foram necessários 36 meses para a operação.

Conhecendo *P*, *n* e *p*, definir *i*

Um financiamento foi realizado durante 24 meses. Se o valor mensal dos pagamentos foi de $ 21.741,27, determinamos a taxa da operação *i*, sabendo que o valor financiado é de $ 300.000,00, conforme:

$$P=p\times\left[\frac{1-(1+i)^{-n}}{i}\right]$$

$$300.000,00=21.741,27\times\left[\frac{1-(1+i)^{-24}}{i}\right]$$

$$\left[\frac{1-(1+i)^{-24}}{i}\right]=13,798642$$

Uma alternativa é realizar uma interpolação linear entre valores definidos. Assim, ainda que a relação seja exponencial, para pequenos intervalos pode-se operar com a função linear. Para isso, devemos considerar como primeira possibilidade para a taxa:

$$i_0 = \frac{1}{a_{\overline{n}|i}} - \frac{a_{\overline{n}|i}}{n^2}$$

Desta maneira, temos uma taxa alternativa de 4,86% ao mês. Iremos verificar se a mesma é responsável por definir o valor de 13,798642.

$$a_{\overline{n}|i_0} = \left[\frac{1-(1,0486)^{-24}}{0,0486}\right] = 13,988531$$

Necessitamos de uma taxa maior do que 4,86%. Trabalharemos com 6% ao mês, por exemplo. Assim:

$$a_{\overline{n}|i_1} = \left[\frac{1-(1,06)^{-24}}{0,06}\right] = 12,550358$$

Com as informações disponíveis, podemos realizar uma interpolação linear. Assim, temos:

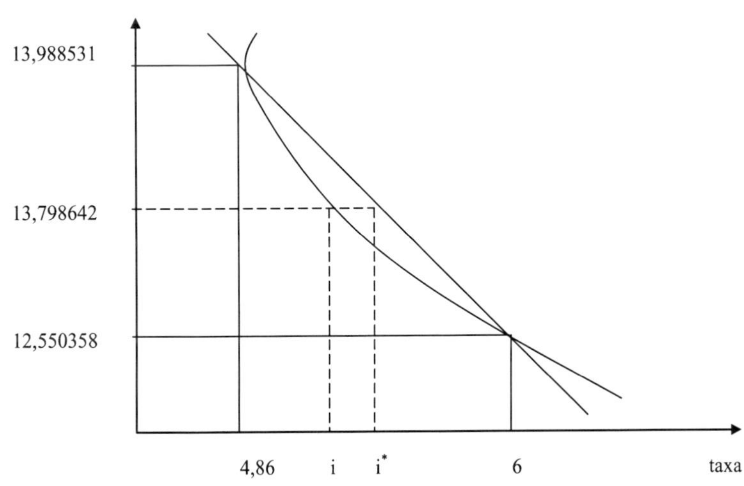

A taxa é representada por i; no entanto, por ser uma aproximação linear, teremos um valor bem próximo do esperado, através de i^*.

Aplicando-se a seguinte fórmula, temos:

$$\left[\frac{i^* - i_1}{i_0 - i_1}\right] = \frac{a_{\overline{n}|i} - a_{\overline{n}|i_1}}{a_{\overline{n}|i_0} - a_{\overline{n}|i_1}}$$

$$\left[\frac{i^* - 6}{4{,}86 - 6}\right] = \frac{13{,}798642 - 12{,}550358}{13{,}988531 - 12{,}550358}$$

$$\left[\frac{i^* - 6}{-1{,}14}\right] = \frac{1{,}248284}{1{,}438173}$$

$$\left[\frac{i^* - 6}{-1{,}14}\right] = 0{,}867965$$

$$i^* - 6 = 0{,}867965 \times -1{,}14$$

$$i^* = -0{,}989489 + 6 = 5{,}01$$

Portanto, uma taxa de 5,01% ao mês, valor muito próximo de 5% ao mês, que corresponde à taxa da operação.

O método de Baily-Lenzi para o Cálculo da Taxa

A segunda alternativa para a definição da taxa de juros é através da aplicação da fórmula desenvolvida pelo atuário inglês Francis Baily. Mais tarde, esta fórmula foi corrigida por Enrico Lenzi, quando o prazo da operação ultrapassa o valor de 50 períodos.

Para Baily a taxa de juros é dada por:

$$i = \left[\frac{12-(n-1)\beta}{12-2(n-1)\beta}\right]\beta$$

Considerando, na expressão, que β é igual a:

$$\beta = \left[\frac{n \times p}{P}\right]^{\frac{2}{n+1}} - 1$$

Aplicando a fórmula para a situação anterior, temos:

$$\beta = \left[\frac{24 \times 21.741,27}{300.000,00}\right]^{\frac{2}{25}} - 1$$

$$\beta = 0,04527$$

Reescrevendo na fórmula de Benzi, temos:

$$i = \left[\frac{12-(n-1)\beta}{12-2(n-1)\beta}\right]\beta$$

$$i = \left[\frac{12-(23)0,04527}{12-2(23)0,04527}\right]0,04527$$

$$i = 0,05002$$

Ou seja, o valor de 5% ao mês. Observa-se que, como o número de períodos não foi superior a 50, a fórmula de Benzi atende adequadamente ao proposto.

Na hipótese de o financiamento ser realizado num prazo superior a 50 períodos, a opção é de:

$$i' = 2i - \frac{6k}{6-(n-1)\beta}$$

Nesse caso, o valor de i corresponde ao valor da taxa usada pelo método de Baily, e a correção é feita através de k, que é igual a:

$$k = \left[\frac{n\beta}{1-(1+\beta)^{-n}}\right]^{\frac{2}{n+1}} - 1$$

6.4 O Capital Inicial para uma Série Uniforme de Pagamentos Antecipados

O capital inicial P de uma série de pagamentos antecipados é a soma de cada parcela p descapitalizada até o momento zero, no seu intervalo de tempo, considerando uma única taxa de juros i. Nesse caso, a primeira parcela será paga no ato da operação, e as demais terão seu vencimento definido para o início do período. Podemos compreender esse processo da mesma forma que o processo da série uniforme de pagamentos postecipados.

Um financiamento de uma moto com base numa taxa de 10% ao mês, pode ser realizado em 4 parcelas mensais. Considerando que o valor é de $10.000,00, podemos definir o valor dos pagamentos se os mesmos são antecipados. Desta forma devemos considerar o fluxo de caixa::

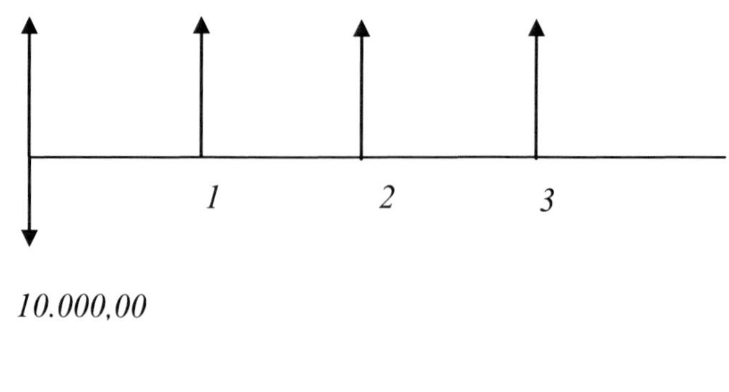

Existem 4 pagamentos uniformes de mesmo valor que, se descapitalizados em seu tempo, representam o valor inicial, na data zero, do financiamento em $10.000,00. Assim:

$$10.000,00 = p + \frac{p}{(1,10)^1} + \frac{p}{(1,10)^2} + \frac{p}{(1,10)^3}$$

Partimos do pressuposto de que a variável desconhecida p é representada pela unidade. Substituindo na expressão, temos:

$$10.000,00 = 1 + \frac{1}{(1,10)^1} + \frac{1}{(1,10)^2} + \frac{1}{(1,10)^3}$$

$$10.000,00 = 1 + 0,909091 + 0,826446 + 0,751315$$

Como os valores do segundo membro representam p, temos:

$$10.000,00 = 3,486895p$$

$$p = \frac{10.000,00}{3,48685}$$

$$p = 2.867,91$$

Semelhante ao cálculo da serie postecipada, a série antecipada também é cansativa. No entanto, as regras de equivalência de capitais contribuíram para sua realização.

Ao descapitalizarmos estes valores para a data de início do contrato (data zero), teremos:

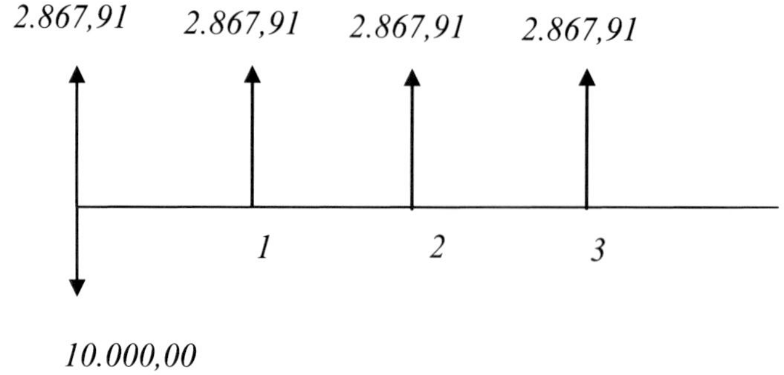

Para o primeiro pagamento:

$$p_1 = \frac{2.867,92}{(1,10)^0} = 2.867,92$$

Para o segundo pagamento:

$$p_2 = \frac{2.867,92}{(1,10)^1} = 2.607,20$$

Para o terceiro pagamento:

$$p_3 = \frac{2.867,92}{(1,10)^2} = 2.370,18$$

Para o quarto pagamento:

$$p_4 = \frac{2.867,92}{(1,10)^3} = 2.154,70$$

Como os valores encontram-se na mesma data, podemos somá-los. A soma das quatro parcelas totaliza $10.000,00. Assim, 4 parcelas mensais fixas de $2.867,92, a uma taxa de 10% ao mês, representam o valor inicial de $10.000,00.

Será que existe uma maneira mais fácil de realizar esses cálculos, sem necessidade de descapitalizar uma infinidade de parcelas?

Aplicamos, inicialmente, esta expressão:

$$P = p + \frac{p}{(1{,}10)^1} + \frac{p}{(1{,}10)^2} + \frac{p}{(1{,}10)^3}$$

que também pode ser expressa por:

$$P = p + p(1{,}10)^{-1} + p(1{,}10)^{-2} + p(1{,}10)^{-3}$$

Devemos colocar o valor p em evidência:

$$P = p\left[1 + \frac{1}{(1+i)^1} + \frac{1}{(1+i)^2} + \frac{1}{(1+i)^3}\right]$$

Podemos, agora, multiplicar e dividir o segundo membro pela mesma expressão, uma vez que não irá alterar a igualdade da equação.

$$P = p\frac{(1+i)}{(1+i)}\left[1 + \frac{1}{(1+i)^1} + \frac{1}{(1+i)^2} + \frac{1}{(1+i)^3}\right]$$

$$P = p\left[\frac{(1+i)}{(1+i)} + \frac{(1+i)}{(1+i)^2} + \frac{(1+i)}{(1+i)^3} + \frac{(1+i)}{(1+i)^4}\right]$$

$$P = p(1+i)\left[\frac{1}{(1+i)^1} + \frac{1}{(1+i)^2} + \frac{1}{(1+i)^3} + \frac{1}{(1+i)^4}\right]$$

A expressão que se encontra em colchetes foi explicada para a série de pagamentos postecipados.

$$P = p(1+i)\left[\frac{1-(1+i)^{-n}}{i}\right]$$

$$P = p\left[\frac{1-(1+i)^{-n}}{i}\right](1+i)$$

Ou seja, a diferença entre os pagamentos postecipados e antecipados é de um período, justificando o uso do termo $(1+i)$. A expressão acima também pode ser reescrita de outra forma:

$$P = p \times a_{\overline{n|}i}(1+i)$$

6.4.1 Cálculos para a Série Uniforme de Pagamentos Antecipados

Na definição do capital principal P de uma série uniforme de pagamentos p, dada uma taxa i de um determinado número de pagamentos n, trabalhamos com quatro variáveis. A partir do momento em que conhecemos três delas, podemos identificar a parcela desconhecida. Desta forma, temos as seguintes relações:

Conhecendo *P*, *n* e *i*, definir *p*

O financiamento de um caminhão foi realizado com base numa taxa de 5% ao mês, durante 24 meses. Se o valor foi de $250.000,00 determinamos o valor do pagamento uniforme mensal p, sabendo que a série é antecipada, conforme:

$$P = p \times \left[\frac{1-(1+i)^{-n}}{i}\right](1+i)$$

$$250.000,00 = p \times \left[\frac{1-(1,05)^{-24}}{0,05}\right](1,05)$$

$$250.000,00 = p \times \left[\frac{0,68993}{0,05} \right] (1,05)$$

$$250.000,00 = p \times 13,79864 \times (1,05)$$

$$250.000,00 = p \times 14,48857$$

$$p = \frac{250.000,00}{14,48857} = 17.254,98$$

Conhecendo *p*, *n* e *i*, definir *P*

O financiamento de uma escavadeira foi realizado com base numa taxa de 7% ao mês, durante 24 meses. Sabendo que o valor mensal do pagamento foi de $32.594,03, determinamos o capital principal *P*, conforme:

$$P = p \times \left[\frac{1-(1+i)^{-n}}{i} \right] (1+i)$$

$$P = 32.594,03 \times \left[\frac{1-(1,07)^{-24}}{0,07} \right] (1,07)$$

$$P = 32.594,03 \times \left[\frac{0,80285}{0,07} \right] (1,07)$$

$$P = 32.594,03 \times 11,46933 \times (1,07)$$

$$P = 32.594,03 \times 12,27219 = 400.000,00$$

Conhecendo *P*, *i* e *p*, definir *n*

Um financiamento de \$350.000,00 foi realizado durante 24 meses. Se o valor mensal dos pagamentos foi de \$24.156,97, determinamos o número de pagamentos n, sabendo que a taxa é de 5% ao mês, conforme:

$$P = p \times \left[\frac{1-(1+i)^{-n}}{i}\right](1+i)$$

$$350.000,00 = 24.156,97 \times \left[\frac{1-(1,05)^{-n}}{0,05}\right](1,05)$$

$$\left[\frac{1-(1,05)^{-n}}{0,05}\right] = \frac{350.000,00}{24.156,07 \times (1,05)}$$

$$\left[\frac{1-(1,05)^{-n}}{0,05}\right] = 13,79864$$

$$1-(1,05)^{-n} = 13,79864 \times 0,05$$

$$1-(1,05)^{-n} = 0,68993$$

$$-(1,05)^{-n} = -0,31007$$

$$\log(1,05)^{-n} = \log 0,31007$$

$$-n = -24$$

Conhecendo *P*, *n* e *p*, definir *i*

O financiamento de uma máquina industrial foi realizado durante 24 meses. Se o valor mensal dos pagamentos antecipados foi de \$27.607,96, determinamos a taxa da operação i, sabendo que o valor financiado é de \$400.000,00, conforme:

$$P = p \times \left[\frac{1-(1+i)^{-n}}{i} \right] (1+i)$$

$$400.000,00 = 27.607,96 \times \left[\frac{1-(1+i)^{-24}}{i} \right] (1+i)$$

$$\left[\frac{1-(1+i)^{-24}}{i} \right] (1+i) = 14,488574$$

A alternativa é realizar uma interpolação linear entre valores definidos. Para isso, devemos considerar a primeira possibilidade para a taxa:

$$i_0 = \frac{1}{a_{\overline{n}|i}(1+i)} - \frac{a_{\overline{n}|i}(1+i)}{n^2}$$

$$i_0 = \frac{1}{14,488575} - \frac{14,488575}{24^2} = 0,043866$$

Desta maneira, temos uma taxa alternativa de 4,39% ao mês. Verificaremos se ela mesma é responsável por definir o valor de 14,48857.

$$a_{\overline{n}|i_0}(1+i_0) = \left[\frac{1-(1,0439)^{-24}}{0,0439} \right] (1,0439) = 15,299337$$

Necessitamos de uma taxa maior do que 4,39%. Trabalharemos com 6% ao mês, por exemplo. Assim:

$$a_{\overline{n}|i_1}(1+i_0) = \left[\frac{1-(1,06)^{-24}}{0,06} \right] (1,06) = 13,303379$$

Com as informações disponíveis, podemos realizar uma interpolação linear com base na seguinte fórmula:

$$\left[\frac{i-i_1}{i_0-i_1}\right]=\frac{a_{\overline{n}|i}(1+i)-a_{\overline{n}|i_1}(1+i_1)}{a_{\overline{n}|i_0}(1+i_0)-a_{\overline{n}|i_1}(1+i_1)}$$

$$\left[\frac{i-6}{4,39-6}\right]=\frac{14,488574-13,303379}{15,299337-13,303379}$$

$$\left[\frac{i-6}{-1,61}\right]=\frac{1,185195}{1,995958}$$

$$\left[\frac{i-6}{-1,61}\right]=0,593798$$

$$i-6=-1,61\times 0,593798$$

$$i=-0,956014+6,00=5,04$$

6.5 O período de Carência para Série Uniforme de Pagamentos Postecipada e Antecipada

O capital inicial P da série uniforme de pagamentos postecipados e antecipados podem ser definido com base num período de carência. Desta forma, antes que se inicie a capitalização dos pagamentos da série, é concedido um período no qual não existirão pagamentos. No entanto, sobre este período incidirão juros.

6.5.1 O capital Inicial para Série Postecipada

Na definição do capital inicial P de uma série uniforme de pagamentos postecipados p, dada uma taxa i de um determinado número de pagamentos

n, com um prazo de carência m em relação ao prazo da taxa p, temos a seguinte relação:

$$P(1+i)^{m/p} = p \times \left[\frac{1-(1+i)^{-n}}{i} \right]$$

6.5.2 O Capital Inicial para Série Antecipada

Na definição do capital inicial P de uma série uniforme de pagamentos antecipados p, dada uma taxa i de um determinado número de pagamentos n, com um prazo de carência m em relação ao prazo da taxa p, temos a seguinte relação:

$$P(1+i)^{m/p} = p \times (1+i) \left[\frac{1-(1+i)^{-n}}{i} \right]$$

Desta forma, digamos que um financiamento em 12 parcelas tenha uma carência de 45 dias. Com base numa taxa de 5% ao mês, temos que os valores das parcelas mensais são de $24.278,45 ou de $23.122,33, respectivamente, para a série postecipada e antecipada. Assim para a série postecipada, temos:

$$P(1,05)^{45/30} = 24.278,45 \times \left[\frac{1-(1,05)^{-12}}{0,05} \right]$$

$$P(1,05)^{45/30} = 24.278,45 \times 8,86325$$

$$P = \frac{215.186,01}{(1,05)^{45/30}} = 200.000,00$$

Para a série antecipada, temos:

$$P(1+i)^{m/p} = p \times (1+i) \left[\frac{1-(1+i)^{-n}}{i} \right]$$

$$P(1,05)^{45/30} = 23.122,33 \times (1,05)\left[\frac{1-(1,05)^{-12}}{0,05}\right]$$

$$P(1,05)^{45/30} = 24.278,45 \times 8,86325$$

$$P = \frac{215.186,01}{(1,05)^{45/30}} = 200.000,00$$

6.6 Crédito Direto ao Consumidor – CDC

As séries uniformes de pagamentos postecipados, usadas no cotidiano para o financiamento, de bens duráveis, são também conhecidas por Crédito Direto ao Consumidor. Por se tratar de empréstimo, incide sobre essa operação o imposto de operação financeira – I. Em alguns casos, a tarifa de crédito – t pode ser incorporada ao valor do financiamento. Regra geral, o consumidor deve dispor de uma entrada para sinalizar o interesse de compra, financiando o restante em parcelas fixas e iguais durante o intervalo de tempo n acordado entre as partes.

$$[P+t+I]-E = p \times \left[\frac{1-(1+i)^{-n}}{i}\right]$$

Por exemplo, um veículo custa, à vista, $ 45.000,00. Para o financiamento, é necessária uma entrada de 20% do valor do veículo. Para realizar o crédito, o cliente assume uma taxa t cujo valor é $ 300,00. Em função da taxa de juros de 5% ao mês e do prazo de 24 meses, o valor do imposto de operação financeira I é de $ 470,64. Desta forma, determinamos o valor do pagamento postecipado conforme:

$$[P+t+I]-E = p \times \left[\frac{1-(1+i)^{-n}}{i}\right]$$

$$[45.000,00+300,00+470,64]-9.000,00=p\times\left[\frac{1-(1+i)^{-n}}{i}\right]$$

$$36.770,64=p\times\left[\frac{1-(1,05)^{-24}}{0,05}\right]$$

$$36.770,64=p\times 13,798642$$

$$p=\frac{36.770,64}{13,798642}=2.664,80$$

6.7 Arrendamento Mercantil – Leasing

As séries uniformes de pagamentos postecipados são utilizadas para o cálculo do arrendamento mercantil, que é um contrato especial de aluguel, no qual, além do pagamento do valor do aluguel, já deve ser especificado um valor capaz de garantir a aquisição do bem arrendado. Este valor é denominado valor residual garantido *VRG*.

Observaremos as operações em que o valor residual garantido *VRG* é:

- diluído durante o contrato;
- pago ao final da operação;
- parte diluída durante o contrato e a outra, ao final do contrato.

6.7.1 Arrendamento com Valor Residual Diluído durante o Contrato

Um equipamento cujo valor é $300.000,00 foi arrendado durante 24 meses, à taxa de 3% ao mês. Sabendo que o percentual do valor residual garantido *VRG* é de 4%, o valor das prestações é dado a seguir.

Nesse caso, P' representa o valor presente do aluguel do equipamento.

$$P - \left[\frac{VRG_d}{n} \times \left[\frac{1-(1+i)^{-n}}{i} \right] \right] = P'$$

O valor residual garantido VRG será definido pela multiplicação de um determinado valor percentual i' sobre o valor do bem arrendado; assim:

$$VRG_d = Pi'$$

$$VRG_d = 300.000 \times 0,04 = 12.000,00$$

$$300.000 - \left[\frac{12.000}{24} \times \left[\frac{1-(1,03)^{-24}}{0,03} \right] \right] = P'$$

$$300.000 - [500 \times 16,935542] = P'$$

$$300.000 - 8.467,77 = P'$$

$$P' = 291.532,23$$

A partir do capital inicial do aluguel P', define-se o valor dos pagamentos c – contraprestações – com base na aplicação dos conceitos de uma série uniforme de pagamentos.

$$P' = c \times \left[\frac{1-(1+i)^{-n}}{i} \right]$$

$$291.532,23 = c \times \left[\frac{1-(1,03)^{-24}}{0,03} \right]$$

$$291.532,23 = c \times \left[\frac{0,508066}{0,03} \right]$$

$$291.532,23 = c \times 16,935542$$

$$c = \frac{291.532,23}{16,935542} = 17.214,23$$

O valor da prestação p é dado pela soma da contraprestação mensal com o valor residual garantido no período:

$$p = c + \frac{VRG_d}{n}$$

Desta forma, para a operação acima, teremos:

$$p = 17.214,23 + 500,00 = 17.714,23$$

6.7.2 Arrendamento com Valor Residual Pago no fim do Contrato

Um equipamento cujo valor é \$ 300.000,00 foi arrendado durante 24 meses, à taxa de 3% ao mês. Sabendo que o percentual do valor residual garantido VRG é de 4%, determine o valor das prestações.

Nesse caso, P' representa o valor presente do aluguel do equipamento.

$$P - \left[\frac{VRG_f}{(1+i)^n} \right] = P'$$

O valor residual garantido *VRG* será definido pela multiplicação de um determinado valor percentual i' sobre o valor do bem arrendado; assim:

$$VRG_f = Pi'$$

$$V = 300.000,00 \times 0,04 = 12.000,00$$

$$300.000,00 - \left[\frac{12.000,00}{(1,03)^{24}}\right] = P'$$

$$300.000,00 - 5.903,20 = P'$$

$$P' = 294.096,80$$

A partir do capital inicial do aluguel *P*, define-se o valor dos pagamentos *c* – contraprestações – com base na aplicação dos conceitos de uma série uniforme de pagamentos.

$$P' = c \times \left[\frac{1-(1+i)^{-n}}{i}\right]$$

$$294.096,80 = c \times \left[\frac{1-(1,03)^{-24}}{0,03}\right]$$

$$294.096,80 = c \times 16,93554$$

$$c = \frac{294.096,80}{16,93554} = 17.365,66$$

O valor da prestação *p* é dado pela soma da contraprestação com o valor residual garantido no final do período:

$$p = c + VRG_f$$

Desta forma, para a operação acima, teremos:

1° ao 23° mês

$$p = 17.365,66 + 0,00 = 17.365,66$$

24° mês

$$p = 17.365,66 + 12.000,00 = 29.365,66$$

6.7.3 Arrendamento com Valor Residual Parte Diluído durante o Contrato e Parte Pago ao final do Contrato

Um equipamento cujo valor é $300.000,00 foi arrendado durante 24 meses, à taxa de 3% ao mês. Sabendo que o percentual do valor residual garantido *VRG* é de 4%, determine o valor das prestações, sabendo que 50% do *VRG* foram diluídos e os outros 50% foram pagos ao final da operação.

Nesse caso, P' representa o valor presente do aluguel do equipamento.

$$P - \left[\frac{VRG_d(1-d)}{n} \left(\frac{1-(1+i)^{-n}}{i} \right) + \frac{VRG_f(d)}{(1+i)^n} \right] = P'$$

considerando d igual ao valor percentual unitário do valor residual diluído e (1- d) o valor percentual do valor residual ao final da operação. No exemplo acima, teremos d igual a 0,50.

$$300.000,00 - \left[\frac{12.000(1-0,50)}{24} \left(\frac{1-(1,03)^{-24}}{0,03} \right) + \frac{12.000(0,50)}{(1,03)^{24}} \right] = P'$$

$$300.000,00-\left[\frac{6.000}{24}\left(\frac{1-(1,03)^{-24}}{0,03}\right)+\frac{6.000}{(1,03)^{24}}\right]=P'$$

$$300.000,00-[4.233,88+2.951,60]=P'$$

$$300.000,00-[7.185,48]=P'$$

$$P'=292.814,52$$

A partir do valor presente do aluguel P, define-se o valor das contraprestações, com base na aplicação dos conceitos de uma série uniforme de pagamentos.

$$P'=c\times\left[\frac{1-(1+i)^{-n}}{i}\right]$$

$$292.814,52=c\times\left[\frac{1-(1,03)^{-24}}{0,03}\right]$$

$$292.814,52=c\times 16,93554$$

$$c=\frac{292.814,52}{16,93554}=17.289,94$$

O valor da prestação p é dado pela soma do pagamento mensal com o valor residual garantido no período:

$$p=c+\frac{VRG_d}{n}+VRG_f$$

Desta forma, para a operação acima, teremos:

1° ao 23° mês

$$p = 17.289,94 + 250,00 + 0,00 = 17.539,94$$

24° mês

$$p = 17.289,94 + 250,00 + 6.000,00 = 23.539,94$$

6.8 O Capital Final para uma Série Uniforme de Pagamentos Postecipados

O capital final S de uma série de pagamentos é a soma de cada parcela p capitalizada até o momento final da operação, no seu intervalo de tempo, considerando uma única taxa de juros i. Nesse caso, as parcelas serão capitalizadas ao final do período da última parcela.

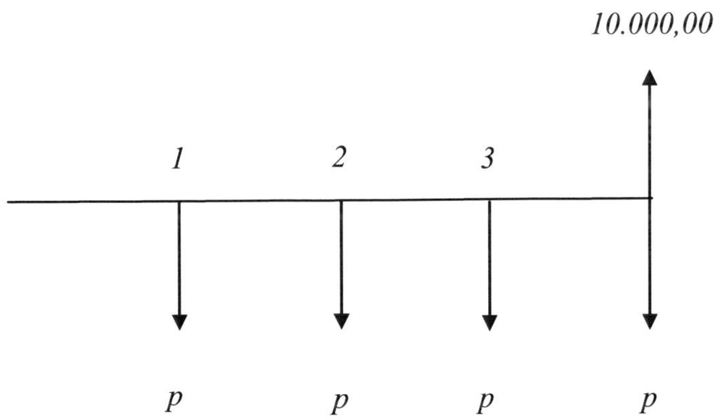

De que forma podemos compreender esse processo? Tomemos o exemplo de uma aplicação realizada em 4 parcelas mensais iguais, com taxa de 10% ao mês. Determina-se o valor de cada parcela sabendo-se que o valor final corresponde a $ 10.000,00.

Ou seja, existem 4 pagamentos uniformes de mesmo valor que, se capitalizados em seu tempo, representam o valor final da aplicação. Assim, levando-se em consideração que a soma dos valores esta sendo feita com base na data da quarta parcela, teremos:

$$10.000,00 = p(1,10)^0 + p(1,10)^1 + p(1,10)^2 + p(1,10)^3$$

Partimos do pressuposto de que a variável desconhecida p pode ser representada pela unidade; substituindo-a na expressão, temos:

$$10.000,00 = 1(1,10)^0 + 1(1,10)^1 + 1(1,10)^2 + 1(1,10)^3$$

$$10.000,00 = 1,00000 + 1,10000 + 1,21000 + 1,33100$$

Como os valores do segundo membro representam p, temos:

$$10.000,00 = 4,64310p$$

$$p = \frac{10.000,00}{4,64310}$$

$$p = 2.153,73$$

Ao capitalizarmos estes valores para a data do contrato, teremos:

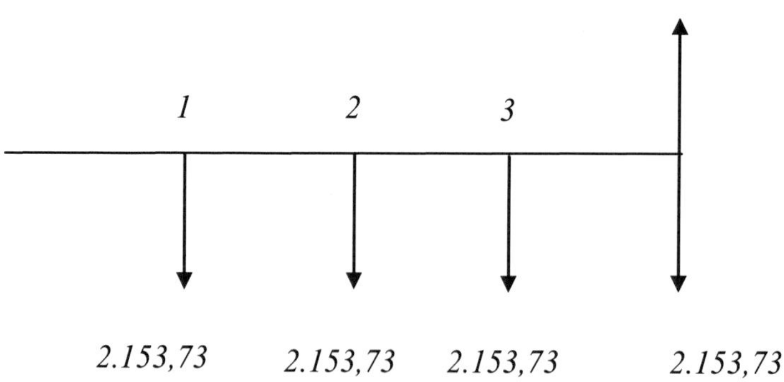

Para o primeiro pagamento:

$$p_1 = 2.154,73 \times (1,10)^3 = 2.867,95$$

Para o segundo pagamento:

$$p_1 = 2.154,73 \times (1,10)^2 = 2.607,12$$

Para o terceiro pagamento:

$$p_1 = 2.154,73 \times (1,10)^1 = 2.370,20$$

Para o quarto pagamento:

$$p_1 = 2.154,73 \times (1,10)^0 = 2.153,73$$

Como os valores encontram-se na mesma data, podemos somá-los. A soma das quatro parcelas é de $10.000,00. Assim, 4 parcelas mensais fixas de $2.153,73, a uma taxa de 10% ao mês, representam o valor de $ 10.000,00 no final do período.

Assim como para o valor presente de uma série uniforme, existe uma maneira mais fácil de realizar esses cálculos, sem necessidade de capitalizar uma infinidade de parcelas.

Aplicamos inicialmente esta expressão:

$$S = p + p(1+i) + p(1+i)^2 + ... + p(1+i)^{n-1}$$

que também pode ser expressa por:

$$S = p\left[1+(1+i)+p(1+i)^2+p(1+i)^3+...+p(1+i)^{n-1}\right]$$

Estamos diante de uma soma em progressão geométrica. Desta forma, temos:

$$S = p \times \left[\frac{a_1 - a_n \times q}{1-q}\right]$$

Substituindo as informações, temos que:

a_1 é o primeiro termo da série *1*;
a_n é o ultimo termo da série $(1+i)^{n-1}$;

q é a razão da série $(1+i)$.

Sabendo que a fórmula de uma progressão geométrica é dada por:

$$S_{\overline{n|}i} = \left[\frac{a_1 - a_n \times q}{1-q}\right]$$

e substituindo os valores, teremos:

$$S_{\overline{n|}i} = \left[\frac{1-(1+i)^{n-1} \times (1+i)}{1-(1+i)}\right]$$

$$S_{\overline{n|}i} = \left[\frac{1-(1+i)^{n}}{-i}\right]$$

$$S_{\overline{n|}i} = \left[\frac{(1+i)^{n}-1}{i}\right]$$

A expressão abaixo permite que se calcule o valor do pagamento a partir das informações de valor inicial da operação, taxa de juros e prazo. Assim, esta representação pode ser definida por:

$$S = p \times \left[\frac{(1+i)^n - 1}{i} \right]$$

Alternativamente, podemos escrever:

$$S = p \times S_{\overline{n|}i}$$

Aplicando esse conceito na determinação das 4 parcelas fixas do exemplo anterior, teremos que:

$$S = p \times S_{\overline{n|}i}$$

$$S = p \times \left[\frac{(1+i)^n - 1}{i} \right]$$

$$10.000,00 = p \times \left[\frac{(1,10)^4 - 1}{0,10} \right]$$

$$10.000,00 = p \times \left[\frac{1,46410 - 1}{0,10} \right]$$

$$10.000,00 = p \times 4,64100$$

$$p = \frac{10.000,00}{4,64100} = 2.154,73$$

6.8.1 Cálculos para a Série Uniforme de Pagamentos Postecipados

Na definição do capital final S de uma série de uniforme de pagamentos p, dada uma taxa i de um determinado número de pagamentos n, trabalhamos com quatro variáveis. A partir do momento em que conhecemos três delas, podemos identificar a variável desconhecida. Desta forma, temos as seguintes relações:

Conhecendo *S*, *n* e *i*, definir *p*

Uma aplicação foi realizada com base numa taxa de 5% ao mês, durante 24 meses. Sabendo que o capital final da operação foi de \$250.000,00, determinamos o valor do pagamento uniforme mensal p, conforme:

$$S = p \times S_{\overline{n}|i}$$

$$S = p \times \left[\frac{(1+i)^n - 1}{i}\right]$$

$$250.000,00 = p \times \left[\frac{(1,05)^{24} - 1}{0,05}\right]$$

$$250.000,00 = p \times \left[\frac{(1,05)^{24} - 1}{0,05}\right]$$

$$250.000,00 = p \times \left[\frac{2,25510}{0,05}\right]$$

$$250.000,00 = p \times 44,50200$$

$$p = \frac{250.000}{44,50200} = 5.617,73$$

Conhecendo *p, n* e *i*, definir *S*

Uma aplicação foi realizada com base numa taxa de 7% ao mês, durante 24 meses. Sabendo que o valor mensal da aplicação foi de $10.000,00, determinamos o capital final *S,* conforme:

$$S = p \times \left[\frac{(1+i)^n - 1}{i} \right]$$

$$S = 10.000,00 \times \left[\frac{(1,07)^{24} - 1}{0,07} \right]$$

$$S = 10.000,00 \times \left[\frac{4,07237}{0,07} \right]$$

$$S = 10.000,00 \times 58,17667 = 581.766,71$$

Conhecendo *S, i* e *p*, definir *n*

Uma aplicação foi realizada com taxa mensal de 5%. Se o valor mensal dos pagamentos foi de $3.130,34, determinamos o número de pagamentos *n,* sabendo que o valor final *S* obtido é de $300.000,00, conforme:

$$S = p \times \left[\frac{(1+i)^n - 1}{i} \right]$$

$$300.000,00 = 3.130,33 \times \left[\frac{(1,05)^n - 1}{0,05} \right]$$

$$\left[\frac{(1,05)^n - 1}{0,05} \right] = \frac{300.000}{3.130,33}$$

$$\left[\frac{(1,05)^n - 1}{0,05}\right] = 95,83632$$

$$(1,05)^n - 1 = 95,83632 \times 0,05$$

$$(1,05)^n = 4,79182 + 1$$

$$\log(1,05)^n = \log 5,79182$$

$$n = \frac{\log 5,79182}{\log(1,05)} = 36$$

Portanto, 36 parcelas mensais, uma vez que a taxa de juros é mensal.

Conhecendo *S*, *n* e *p*, definir *i*

Uma aplicação foi realizada durante 24 meses. Se o valor mensal dos pagamentos foi de $ 5.991,18, determinamos a taxa da operação i, sabendo que o valor final é de $ 400.000,00, conforme:

$$S = p \times \left[\frac{(1+i)^n - 1}{i}\right]$$

$$400.000,00 = 5.991,18 \times \left[\frac{(1+i)^n - 1}{i}\right]$$

$$\left[\frac{(1+i)^n - 1}{i}\right] = \frac{400.000,00}{5.991,18}$$

$$\left[\frac{(1+i)^n - 1}{i}\right] = 66,764811$$

A alternativa é realizar uma interpolação linear entre valores definidos. Para isso, devemos considerar, como primeira possibilidade para a taxa:

$$i_0 = \frac{S_{\overline{n}|i}}{n^2} - \frac{1}{S_{\overline{n}|i}}$$

$$i_0 = \frac{66,76476}{24^2} - \frac{1}{66,76476} = 0,10093$$

Desta maneira, temos uma taxa alternativa de 10,00% ao mês. Verificaremos se a mesma é responsável por definir o valor de 66,764811.

$$S_{\overline{n}|i_0} = \left[\frac{(1,10)^{24} - 1}{0,10}\right] = 88,497327$$

Necessitamos de uma taxa menor do que 10,00%. Trabalharemos com 7% ao mês. Assim:

$$S_{\overline{n}|i_1} = \left[\frac{(1,07)^{24} - 1}{0,07}\right] = 58,176671$$

Com as informações disponíveis, podemos realizar uma interpolação linear com base na seguinte fórmula:

$$\left[\frac{i - i_1}{i_0 - i_1}\right] = \frac{S_{\overline{n}|i} - S_{\overline{n}|i_1}}{S_{\overline{n}|i_0} - S_{\overline{n}|i_1}}$$

$$\left[\frac{i - 7}{10 - 7}\right] = \frac{66,764811 - 58,176671}{88,497327 - 58,176671}$$

$$\left[\frac{i - 7}{3}\right] = \frac{8,588140}{30,320656}$$

$$\left[\frac{i-7}{3}\right]=0,283244$$

$$i-7=0,283244\times 3$$

$$i=0,84973+7=7,85$$

Em razão da interpolação, definimos uma taxa de 7,85% ao mês. Sabe-se que a taxa da operação é de 8% ao mês, ou seja, uma variação de 1,91%, muito pequena para não ser aproveitada.

6.9 O Capital Final para uma Série Uniforme de Pagamentos Antecipados

O capital final S de uma série de pagamentos é a soma de cada parcela capitalizada até o momento final da operação, no seu intervalo de tempo, considerando uma única taxa de juros. Nesse caso, a capitalização ocorrerá ao final do período subsequente ao da última parcela. De que forma podemos compreender esse processo?

Tomemos o exemplo de uma aplicação realizada em 4 parcelas mensais iguais, com taxa de 10% ao mês. Determinamos o valor de cada parcela, sabendo que o valor final corresponde a $ 10.000,00, da seguinte maneira:

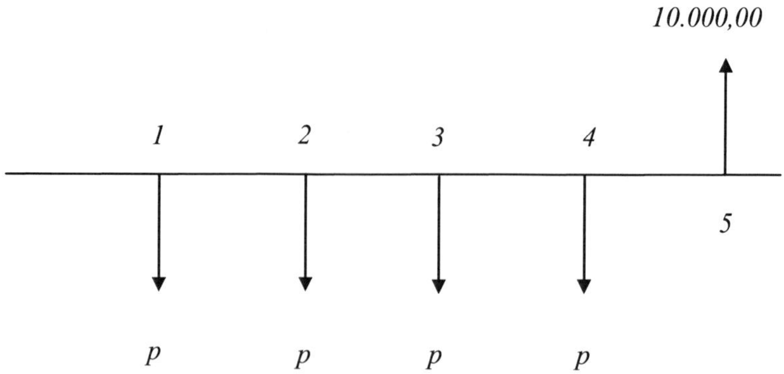

Existem 4 pagamentos uniformes de mesmo valor que, se capitalizados em seu tempo, representam o valor final da aplicação. Assim, levando em consideração que a soma dos valores está sendo feita com base na data do mês subsequente ao da última parcela, teremos:

$$10.000,00 = p(1,10)^1 + p(1,10)^2 + p(1,10)^3 + p(1,10)^4$$

Partimos do pressuposto de que a variável desconhecida p pode ser representada pela unidade, substituindo na expressão, temos:

$$10.000,00 = 1(1,10)^1 + 1(1,10)^2 + 1(1,10)^3 + 1(1,10)^4$$

$$10.000,00 = 1,10000 + 1,21000 + 1,33100 + 1,46410$$

Como os valores do segundo membro representam p, temos:

$$10.000,00 = 5,10510p$$

$$p = \frac{10.000,00}{5,10510}$$

$$p = 1.958,83$$

Observamos que o cálculo é cansativo. No entanto as regras de equivalência de capitais contribuíram para sua realização. Ao capitalizarmos estes valores para a data do contrato, teremos:

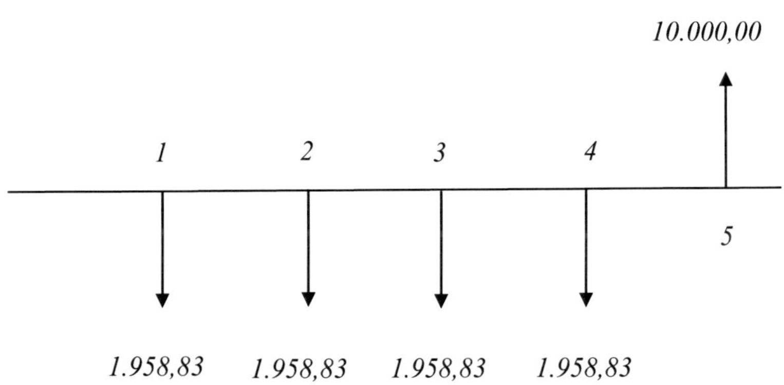

Para o primeiro pagamento:

$$p_1 = 1.958,83 \times (1,10)^4 = 2.867,92$$

Para o segundo pagamento:

$$p_1 = 1.958,83 \times (1,10)^3 = 2.607,20$$

Para o terceiro pagamento:

$$p_1 = 1.958,83 \times (1,10)^2 = 2.370,20$$

Para o quarto pagamento:

$$p_1 = 1.958,83 \times (1,10)^1 = 2.154,71$$

Como os valores encontram-se na mesma data, podemos somá-los. A soma das quatro parcelas totaliza $10.000,00. Assim, 4 parcelas mensais fixas antecipadas de $1.958,83, a uma taxa de 10% ao mês, representam o valor de $10.000,00 ao final do período subsequente à última parcela.

Assim como para o capital inicial de uma série uniforme, existe uma maneira mais fácil de realizar esses cálculos, sem necessidade de capitalizar uma infinidade de parcelas.

Aplicamos, inicialmente, esta expressão:

$$S = p(1+i) + p(1+i)^2 + \ldots + p(1+i)^{n-1} + p(1+i)^n$$

que também pode ser expressa por:

$$S = p\left[(1+i) + (1+i)^2 + \ldots + (1+i)^{n-1} + (1+i)^n\right]$$

Podemos, agora, multiplicar e dividir o segundo membro pela mesma expressão, uma vez que não irá alterar a igualdade da equação.

$$S = p\frac{(1+i)}{(1+i)}\left[(1+i)+(1+i)^2+...+(1+i)^{n-1}+(1+i)^n\right]$$

$$S = p(1+i)\left[1+(1+i)^1+...+(1+i)^{n-1}\right]$$

A expressão entre colchetes foi demonstrada como a equação do capital final da série uniforme de pagamentos postecipados. Assim, a representação da série uniforme antecipada pode ser definida por:

$$S = p\times(1+i)\left[\frac{(1+i)^n-1}{i}\right]$$

6.9.1 Cálculos para a Série Uniforme de Pagamentos Antecipados

Na definição do capital final S de uma série uniforme de pagamentos p, dada uma taxa i e um determinado número de pagamentos n, trabalhamos com quatro variáveis. A partir do momento em que conhecemos três delas, podemos identificar a parcela desconhecida. Desta forma, temos as seguintes relações:

Conhecendo *S*, *n* e *i*, definir *p*

Uma aplicação foi realizada com base numa taxa de 7% ao mês, durante 24 meses. Se o valor final da operação foi de $250.000,00, determinamos o valor do pagamento uniforme mensal p, sabendo que a série é antecipada, conforme:

$$S = p\times(1+i)\left[\frac{(1+i)^n-1}{i}\right]$$

$$250.000,00 = p\times(1,07)\left[\frac{(1,07)^{24}-1}{0,07}\right]$$

$$250.000,00 = p \times (1,07)\left[\frac{4,07237}{0,07}\right]$$

$$250.000,00 = p \times (1,07) \times 58,17667$$

$$250.000,00 = p \times 62,24904$$

$$p = \frac{250.000,00}{62,24904} = 4.016,13$$

Conhecendo *p*, *n* e *i*, definir *S*

Uma aplicação foi realizada com base numa taxa de 7% ao mês, durante 24 meses. Sabendo que o valor mensal da aplicação foi de $ 18.000,00, determinamos o capital final *S*, se a série é antecipada, conforme:

$$S = p \times (1+i)\left[\frac{(1+i)^n - 1}{i}\right]$$

$$S = 18.000,00 \times 1,07 \times \left[\frac{(1,07)^{24} - 1}{0,07}\right]$$

$$S = 18.000,00(1,07) \times \left[\frac{4,07237}{0,07}\right]$$

$$S = 18.000,00 \times 58,17667 \times 1,07 = 1.120.482,68$$

Conhecendo *S*, *i* e *p*, definir *n*

Uma aplicação foi realizada com base numa taxa de 5% ao mês. Sabendo que o valor mensal da aplicação é de $16.753,44, determinamos o número de pagamentos *n*, sabendo que o valor final obtido é de $280.000,00, considerando a série uniforme de pagamentos antecipada, da seguinte maneira:

$$S = p \times (1+i)\left[\frac{(1+i)^n - 1}{i}\right]$$

$$280.000,00 = 16.753,44 \times 1,05 \times \left[\frac{(1,05)^n - 1}{0,05}\right]$$

$$\left[\frac{(1,05)^n - 1}{0,05}\right] = \frac{280.000,00}{17.591,11}$$

$$\left[\frac{(1,05)^n - 1}{0,05}\right] = 15,91713$$

$$1,05^n - 1 = 0,79586$$

$$1,05^n = 1,79586$$

$$\log 1,05^n = \log 1,79586$$

$$n = \frac{\log 1,79586}{\log 1,05} = 12$$

Portanto, 12 pagamentos mensais, uma vez que a taxa é mensal.

Conhecendo *S*, *n* e *p*, definir *i*

Uma aplicação foi realizada durante 24 meses. Sabendo que o valor mensal dos pagamentos foi de $6.425,80, determinamos a taxa da operação *i*, sabendo que o valor final é de $ 400.000,00, considerando uma série uniforme antecipada, conforme:

$$S = p \times (1+i) \times \left[\frac{(1+i)^n - 1}{i}\right]$$

$$400.000,00 = 6.425,80\left[\frac{(1+i)^{24}-1}{i}\right](1+i)$$

$$\left[\frac{(1+i)^{24}-1}{i}\right](1+i) = \frac{400.000,00}{6.425,80}$$

$$\left[\frac{(1+i)^{24}-1}{i}\right](1+i) = 62,249058$$

A alternativa é realizar uma interpolação linear entre valores definidos. Para isso, devemos considerar a primeira possibilidade para a taxa por meio da seguinte fórmula:

$$i_0 = \frac{S_{\overline{n}|i}(1+i)}{n^2} - \frac{1}{S_{\overline{n}|i}(1+i)}$$

$$i_0 = \frac{62,249058}{24^2} - \frac{1}{62,249058} = 0,092007$$

Desta maneira, temos uma taxa alternativa de 9,20% ao mês. Verificaremos se a mesma é responsável por definir o valor de 62,249058.

$$S_{\overline{n}|i_0}(1+i_0) = \left[\frac{(1,0920)^{24}-1}{0,0920}\right] \times (1,0920) = 86,255087$$

Necessitamos de uma taxa menor do que 9,20%. Trabalharemos com 5% ao mês. Assim:

$$S_{\overline{n}|i_1}(1+i_1) = \left[\frac{(1,05)^{24}-1}{0,05}\right] \times (1,05) = 46,727099$$

Com as informações disponíveis, podemos realizar uma interpolação linear com base na seguinte fórmula:

$$\left[\frac{i-i_1}{i_0-i_1}\right]=\frac{S_{\overline{n|}i}(1+i)-S_{\overline{n|}i_1}(1+i_1)}{S_{\overline{n|}i_0}(1+i_0)-S_{\overline{n|}i_1}(1+i_1)}$$

$$\left[\frac{i-5}{9{,}20-5}\right]=\left[\frac{62{,}249058-46727099}{86{,}255087-46{,}727099}\right]$$

$$\left[\frac{i-5}{4{,}20}\right]=\left[\frac{15{,}521959}{39{,}527988}\right]$$

$$\left[\frac{i-5}{4{,}20}\right]=0{,}392683$$

$$i-5=0{,}392683\times 4{,}20$$

$$i=1{,}65+5=6{,}65$$

Portanto, uma taxa de 6,65% ao mês, próxima de uma taxa de 7% ao mês.

6.10 Aposentadoria – Provisão de Renda

As séries uniformes de pagamentos antecipados também são utilizadas para o cálculo da provisão acumulada dos fundos de aposentadoria privada. De modo geral, os fundos constituem-se de aplicações para o longo prazo, de forma que, ao final do período firmado em contrato, o participante possa adquirir seu benefício.

Para exemplificar, consideraremos uma contribuição mensal p de $ 500,00, durante o período de 25 anos. A taxa de aplicação é de 1% ao mês.

Sobre a contribuição mensal p incide uma taxa de carregamento c de 5%. Assim, com base na série uniforme de pagamentos antecipados, teremos:

$$S = p \times \left[\frac{(1+i)^n - 1}{i} \right] (1+i)$$

Adequando para a situação dos fundos de previdência, iremos reescrever a equação, acrescentando a taxa de carregamento que incide sobre as contribuições p reduzindo seu valor. Assim:

$$S = p \times (1-c) \left[\frac{(1+i)^n - 1}{i} \right] (1+i)$$

$$S = 500,00 \times (1-0,05) \left[\frac{(1,01)^{300} - 1}{0,01} \right] (1,01)$$

$$S = 475,00 \left[\frac{(1,01)^{300} - 1}{0,01} \right] (1,01)$$

$$S = 475,00 \left[\frac{18,78847}{0,01} \right] (1,01)$$

$$S = 475,00 \times 1.897,64 = 901.376,67$$

Desta forma, a renda disponível ao final de 25 anos será de $ 901.376,67. Para os pagamentos mensais, será aplicado um fator de conversão de renda baseado nas tábuas atuariais. Devido à complexidade deste cálculo não iremos explorá-lo neste livro.

6.11 O Capital Inicial para uma Série Uniforme de Pagamentos Perpétuos

O capital inicial *P* de uma série de pagamentos perpétuos é a soma de cada parcela *p* descapitalizada até o momento zero, no seu intervalo de tempo, considerando uma única taxa de juros *i*. Neste caso, as parcelas terão seu vencimento definido para o seu período. Podemos compreender esse processo assim:

$$P = p(1+i)^{-1} + p(1+i)^{-2} + p(1+i)^{-3} + ... + p(1+i)^{-\infty}$$

Estamos diante de uma soma em progressão geométrica. Desta forma, temos:

$$P = p \times \lim_{n \to \infty} \left[\frac{a_1 - a_n \times q}{1-q} \right]$$

Substituindo as informações, temos que:

a_1 é o primeiro termo da série $(1+i)^{-1}$;
q é a razão da série $(1+i)^{-1}$.

$$P = p \times \lim_{n \to \infty} \left[\frac{a_1 - a_n \times q}{1-q} \right]$$

Assim:

$$P = p \times \lim_{n \to \infty} \left[\frac{a_1}{1-q} \right]$$

Organizando, teremos:

$$\lim_{n \to \infty} \left[\frac{a_1}{1-q} \right] = \left[\frac{(1+i)^{-1}}{1-(1+i)^{-1}} \right]$$

$$\lim_{n\to\infty}\left[\frac{a_1}{1-q}\right]=\frac{\dfrac{1}{(1+i)}}{1-\dfrac{1}{(1+i)}}$$

$$\lim_{n\to\infty}\left[\frac{a_1}{1-q}\right]=\frac{\dfrac{1}{(1+i)}}{\dfrac{(1+i)-1}{(1+i)}}$$

$$\lim_{n\to\infty}\left[\frac{a_1}{1-q}\right]=\frac{\dfrac{1}{(1+i)}}{\dfrac{i}{(1+i)}}=\frac{1}{(1+i)}\times\frac{(1+i)}{i}$$

$$\lim_{n\to\infty}\left[\frac{a_1}{1-q}\right]=\frac{1}{i}$$

Sabendo que $P=p\times\lim\limits_{n\to\infty}\left[\dfrac{a_1-a_n\times q}{1-q}\right]$, então teremos:

$$P=p\times\frac{1}{i}=\frac{p}{i}$$

Portanto, o valor principal de uma anuidade perpétua será dado por:

$$P=\frac{p}{i}$$

Para exemplificar, digamos que um imóvel esteja alugado por \$ 600,00 ao mês. Sabe-se que o mercado imobiliário sugere taxa de 1% ao mês.

Admitindo que o aluguel possa ser considerado como uma parcela perpétua, determina-se o valor do imóvel da seguinte forma:

$$P = \frac{p}{i}$$

$$P = \frac{600,00}{0,01} = 60.000,00$$

Exercícios

1. Um empréstimo de \$50.000,00 foi obtido para ser pago em 24 parcelas postecipadas. Se a taxa de juros é de 10% ao mês, determine o valor das parcelas da operação.
   Resposta: \$5.564,99

2. Um empréstimo de \$400.000,00, com base numa taxa de 10% ao mês, gerou parcelas antecipadas de \$36.742,36. Determine o número das parcelas da operação.
   Resposta: 48 parcelas

3. Uma operação com base numa taxa de 10% ao mês gerou 24 parcelas mensais antecipadas de \$10.000,00. Determine o capital inicial desta operação.
   Resposta: \$98.832,18

4. Uma aplicação de 24 parcelas mensais de \$5.000,00 foi realizada com base numa taxa de 20% ao mês. Determine o capital final desta operação, considerando a série antecipada.
   Resposta: \$2.354.905,42

5. Um banco concede prazo de 24 meses para empréstimos. A taxa da operação é de 5% ao mês e a taxa de crédito corresponde a \$200,00. Quando o cliente decide por um CDC, o imposto financeiro

é de \$254,67. Se as parcelas são postecipadas, determine o valor das parcelas, sabendo que foi creditado na conta do cliente o valor de \$19.442,35.
Resposta: \$1.441,96

6. Um banco realiza operações de arrendamento com prazo de 25 meses e taxa de 5% ao mês. O cliente sabe que o contrato reza valor residual de 10% e que as prestações mensais correspondem a \$21.285,73. Com base nessas informações, determine o valor do equipamento a ser arrendado.
Resposta: \$300.000,00

7. Um banco realiza suas operações de arrendamento com 40% do valor total referente ao valor residual garantido. Deste percentual, 50% são cobrados ao longo do prazo da operação e os 50% restantes, ao término do contrato. Sabendo que o valor do equipamento arrendado é de \$200.000,00, e a taxa de operação, de 3% ao mês, determine o valor das prestações desta operação, para 24 meses.
Respostas: \$10.647,58 e \$50.647,58

8. Um banco executa operações de arrendamento. Sabe-se que 40% do VRG serão pagos ao final da operação, e os 60% restantes, diluídos ao longo do contrato. Considerando uma taxa de 42,5761% ao ano, determine o valor do equipamento arrendado, sabendo que a prestação mensal é de \$19.654,98 e que a última parcela é de \$ 51.954,98, para um prazo de 24 meses.
Resposta: \$348.757,20

9. Um banco executa suas operações de arrendamento com valor residual de 5% do valor do equipamento. Sabe-se que este será diluído ao longo de 24 meses do contrato. Determine o valor da contraprestação, sabendo que a taxa é de 5% ao mês e o equipamento vale \$230.000,00.
Resposta: \$ 15.395,41

10. Um investidor deseja acumular, ao final de 25 anos, o valor de $999.995,42. Determine quanto deve dispor mensalmente num fundo que remunera com base em 0,95% ao mês e que trabalha com taxa de contribuição igual a 4%. Considere a série uniforme antecipada.
    Resposta: $ 610,51

11. Um imóvel é colocado à venda por $ 90.000,00 de entrada e 48 mensais de $ 2.500,00. Sabendo que a taxa do mercado é de 3% ao mês, de quanto se deve dispor na possibilidade de a compra ser realizada à vista?
    Resposta: $ 153.166,77

12. Um veículo é comprado através do crédito direto ao consumidor. A operação baseia-se numa entrada de 20% e o restante é financiado em 36 parcelas mensais, postecipadas, com base numa taxa de 2,80% ao mês. Sabe-se que o imposto financeiro é de $330,69 e a taxa de cadastro representa $150,00. Assim, o valor da prestação mensal é de $1.088,10. Determine o valor do veículo à vista. Se após os pagamentos normais e consecutivos o cliente quiser quitar as 14 últimas parcelas, defina quanto ele irá desembolsar.
    Resposta: $30.000,00 e $12.460,52

13. Um veículo foi financiado sob as seguintes condições comerciais: taxa de cadastro de $200,00, imposto financeiro de $ 318,10, prazo de 24 meses, taxa de financiamento de 3,50% ao mês e parcelas mensais postecipadas de $1.589,08. Determine o valor à vista do veículo, sabendo que foi exigida uma entrada de 20%.
    Resposta: $31.250,00

14. Uma aplicação foi realizada com base numa taxa de 125,2191% ao ano, durante 36 meses. Se o valor final da operação foi de $380.000,00 determine o valor do depósito mensal, sabendo que a série é antecipada.
    Resposta: $ 2.384,88

15. Quantos resgates mensais antecipados de $1.000,00 podem ser realizados, caso sejam feitos depósitos postecipados bimestrais, durante 5 anos, no valor de $117,28? Considere, para as operações, taxa de 42,5760% ao ano.
Resposta: 6 resgates

16. Uma aplicação foi realizada com base numa taxa de 7% ao mês, durante 36 meses. Se o valor final da operação foi de $680.000,00 determine o valor do depósito mensal, sabendo que a série é antecipada.
Resposta: $4.267,67

17. Uma aplicação mensal no valor de $32.459,59 foi realizada no prazo de 50 meses. Sabendo que o valor final da operação foi de $37.779.990,00, determine o valor da taxa, para uma série postecipada.
Resposta: 10% ao mês

18. Um empréstimo de $50.000,00 foi realizado sob os seguintes acréscimos e condições comerciais: taxa de crédito de $300,00, imposto financeiro no valor de $634,94, prazo de 24 meses e taxa de financiamento de 3,50% ao mês. Determine o valor das parcelas postecipadas, sabendo que existe uma carência de 20 dias.
Resposta: $3.245,45

19. Um empréstimo de $100.000,00 foi realizado sob os seguintes acréscimos e condições comerciais: taxa de crédito de $300,00, imposto financeiro no valor de $1.421,89, prazo de 36 meses e taxa de financiamento de 5% ao mês. Determine o valor das parcelas postecipadas.
Resposta: $6.147,51

20. Um investidor faz depósitos mensais de $630,67, durante o período de 30 anos. A taxa oferecida pela instituição financeira é de 2% ao mês. Sobre os depósitos mensais incide uma taxa de carregamento de

4%. Assim, com base na série uniforme de pagamentos antecipados, determine o capital final da operação.
Resposta: $ 38.490.737,44

CAPÍTULO 7

Série Variável de Pagamentos

7.1 O Pagamento Realizado em Parcelas Variáveis – Progressão Aritmética Crescente

O financiamento realizado em pagamentos variáveis segue os princípios da equivalência de capitais, vistos em juros compostos. É que o conjunto dos pagamentos, quando trazidos para a data de fechamento do contrato (conhecida como data zero), representa o valor inicial do financiamento. Podemos dizer, então, que a série variável em progressão aritmética crescente caracteriza-se por um conjunto de parcelas em crescimento aritmético, compostas de amortização e juros, referentes ao pagamento do financiamento.

7.1.1 O Capital Final para uma Série Variável de Pagamentos Postecipados

O capital final S de uma série variável crescente de pagamentos postecipados é a soma de cada parcela capitalizada até o enésimo período, no seu intervalo de tempo, considerando uma única taxa de juros. Neste caso, as parcelas serão exigidas no fim do período a que se referem.

Ao capitalizarmos estes valores para o enésimo período do contrato (data *n*), teremos:

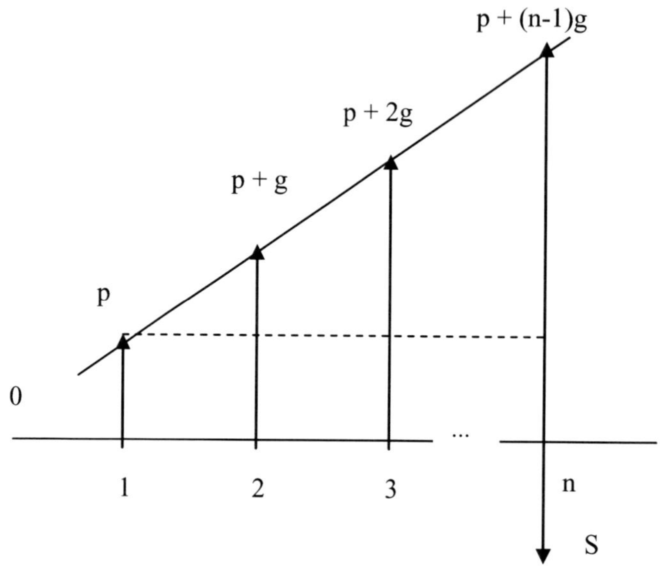

Podemos decompor o gráfico desta forma:

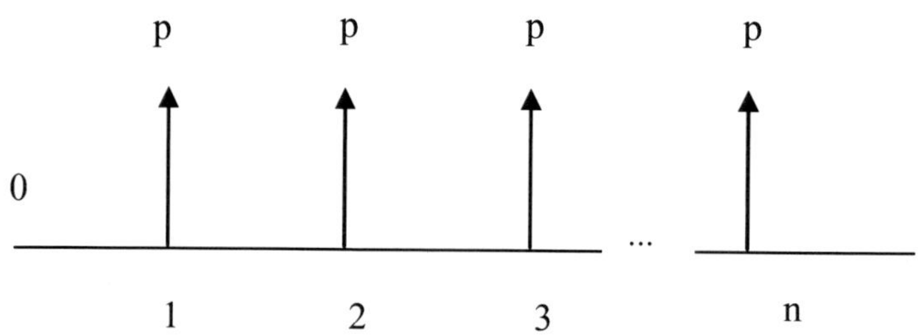

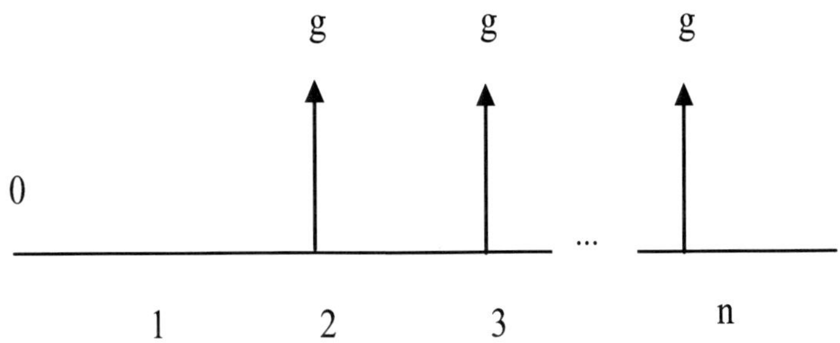
g g g
0
...
1 2 3 n

+

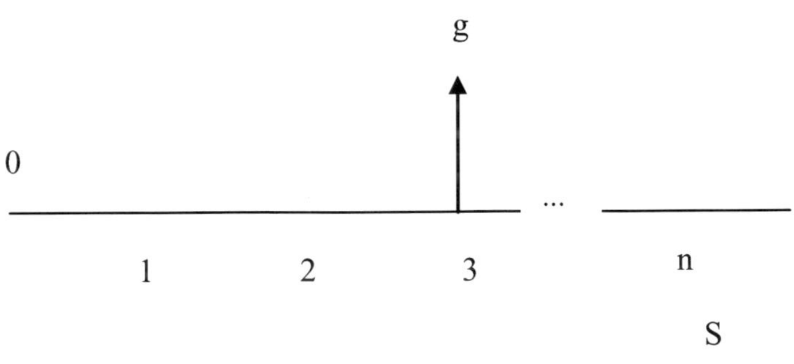
g
0
...
1 2 3 n
S

+

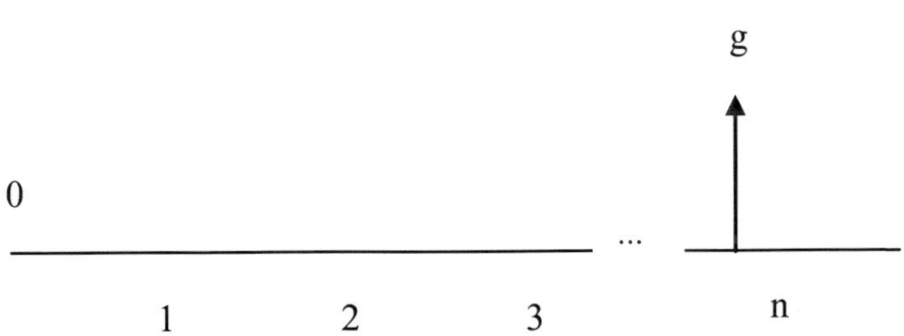
g
0
...
1 2 3 n

Observamos que a série gradiente pode ser desmembrada, de forma que o valor final, a partir do primeiro período da série, apresente termos constantes iguais a *p*, o próximo valor final, termos constantes iguais a *g* e, assim, sucessivamente, até o enésimo termo.

Aplicando, inicialmente, esses conceitos, temos a seguinte expressão:

$$S = p\left[\frac{(1+i)^n - 1}{i}\right] + g\left[\frac{(1+i)^{n-1} - 1}{i}\right] + g\left[\frac{(1+i)^{n-2} - 1}{i}\right] + g\left[\frac{(1+i)^{n-3} - 1}{i}\right] + ... + g\left[\frac{(1+i) - 1}{i}\right]$$

que também pode ser expressa por:

$$S = p\left[\frac{(1+i)^n - 1}{i}\right] + \frac{g}{i}\left[(1+i)^{n-1} - 1 + (1+i)^{n-2} - 1 + (1+i)^{n-3} - 1 + ... + (1+i) - 1\right]$$

ou

$$S = p\left[\frac{(1+i)^n - 1}{i}\right] + \frac{g}{i}\left[(1+i)^{n-1} + (1+i)^{n-2} + (1+i)^{n-3} + ... + (1+i) - n\right]$$

Se organizarmos os termos entre colchetes, eles passam a representar uma progressão geométrica, de forma que podemos simplificá-los usando o somatório de uma progressão. Assim:

$$S = p\left[\frac{(1+i)^n - 1}{i}\right] + \frac{g}{i}\left[(1+i)^{n-1} + (1+i)^{n-2} + (1+i)^{n-3} + ... + (1+i) - n\right]$$

$$S = p\left[\frac{(1+i)^n - 1}{i}\right] + \frac{g}{i}\left[\frac{(1+i)^n - 1}{i} - n\right]$$

Para ilustrar, tomemos a possibilidade de cinco depósitos postecipados, de valor igual a \$1.000,00 e acréscimos de \$500,00, a partir do segundo, formando, assim, uma progressão aritmética crescente. Se a taxa de juros que remunera a operação é de 5% ao mês, determina-se o capital final sabendo que:

$$S = p\left[\frac{(1+i)^n - 1}{i}\right] + \frac{g}{i}\left[\frac{(1+i)^n - 1}{i} - n\right]$$

$$S = 1.000,00\left[\frac{(1,05)^5 - 1}{0,05}\right] + \frac{500,00}{0,05}\left[\frac{(1,05)^5 - 1}{0,05} - 5\right]$$

$$S = 5.525,63 + 5.256,31 = 10.781,94$$

7.1.2 O Capital Final para uma Série Variável de Pagamentos Antecipados

O capital final S de uma série variável crescente de pagamentos antecipados é a soma de cada parcela capitalizada até um período posterior ao enésimo período, no seu intervalo de tempo, considerando uma única taxa de juros. Neste caso, as parcelas serão exigidas no inicio do período a que se referem.

Ao capitalizarmos esses valores para o período posterior ao enésimo período do contrato (data n + 1), teremos:

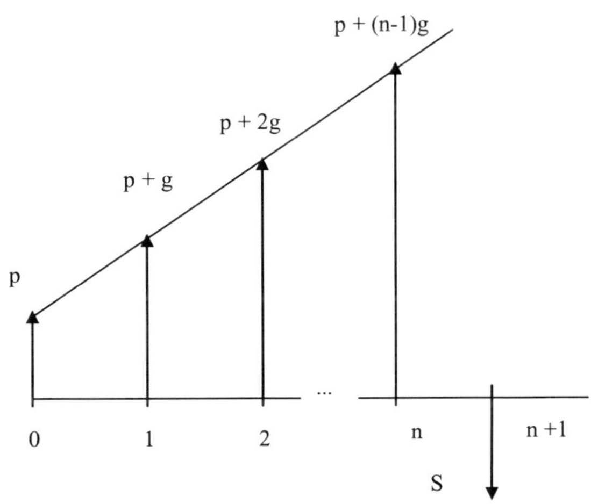

Semelhante às parcelas antecipadas da serie uniforme, a diferença entre as parcelas postecipadas e as antecipadas é de um período de capitalização. Desta forma, pode-se, usando a equação da série variável crescente postecipada, capitalizá-la por mais um período:

$$S=\left[p\left[\frac{(1+i)^n-1}{i}\right]+\frac{g}{i}\left[\frac{(1+i)^n-1}{i}-n\right]\right](1+i)$$

Para ilustrar, tomemos a possibilidade de um investimento com quatro depósitos de \$ 1.000,00 e acréscimos de \$ 800,00 a partir do segundo depósito, formando uma progressão aritmética crescente. Se a taxa de juros que remunera a operação é de 5% ao mês, determina-se o capital final considerando as parcelas antecipadas, conforme:

$$S=p\left[\left[\frac{(1+i)^n-1}{i}\right]+\frac{g}{i}\left[\frac{(1+i)^n-1}{i}-n\right]\right](1+i)$$

$$S=\left[1.000,00\left[\frac{(1,05)^4-1}{0,05}\right]+\frac{800}{0,05}\left[\frac{(1,05)^4-1}{0,05}-4\right]\right](1,05)$$

$$S=[1.000,00\times 4,31013+16.000,00\times 0,31013]\times(1,05)$$

$$S=[4.310,13+4.962,00]\times 1,05$$

$$S=9.735,74$$

7.1.3 O Capital Inicial para uma Série Variável de Pagamentos Postecipados

O capital inicial P de uma série de pagamentos postecipados em progressão aritmética crescente é igual ao seu capital final, descontados n períodos à taxa de juros da operação.

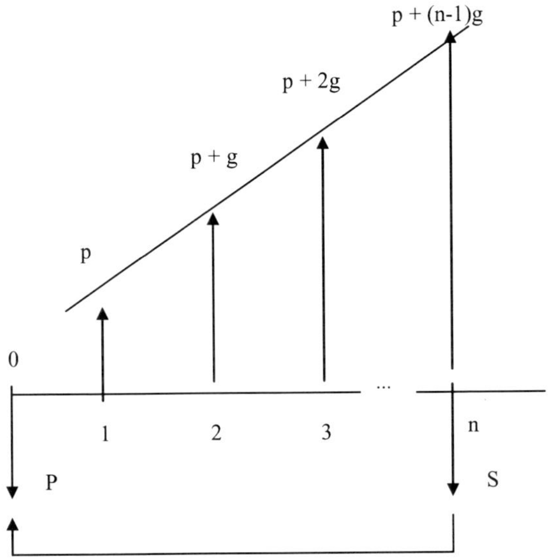

O valor de S é dado por:

$$S = p\left[\frac{(1+i)^n - 1}{i}\right] + \frac{g}{i}\left[\frac{(1+i)^n - 1}{i} - n\right]$$

Então seu valor inicial P é dado por:

$$P = \frac{p\left[\frac{(1+i)^n - 1}{i}\right] + \frac{g}{i}\left[\frac{(1+i)^n - 1}{i} - n\right]}{(1+i)^n}$$

Para ilustrar a operação, digamos que um financiamento foi realizado em 5 parcelas, sendo a primeira de \$ 1.000,00 e as demais com acréscimos de \$ 400,00 em cada período. Sabendo que a taxa de juros é de 10% ao mês, determina-se o valor do financiamento, conforme:

$$P = \frac{p\left[\frac{(1+i)^n - 1}{i}\right] + \frac{g}{i}\left[\frac{(1+i)^n - 1}{i} - n\right]}{(1+i)^n}$$

$$P = \frac{1.000,00\left[\frac{(1,10)^5 - 1}{0,10}\right] + \frac{400}{0,10}\left[\frac{(1,10)^5 - 1}{0,10} - 5\right]}{(1,10)^5}$$

$$P = \frac{6.105,10 + 4.420,40}{(1,10)^5}$$

$$P = \frac{6.105,10 + 4.420,40}{(1,10)^5} = 6.535,51$$

7.1.4 O Capital Inicial para uma Série Variável de Pagamentos Antecipados

O capital inicial P de uma serie de pagamentos antecipados em progressão aritmética crescente é igual ao seu capital final S, descontados n períodos à taxa de juros da operação.

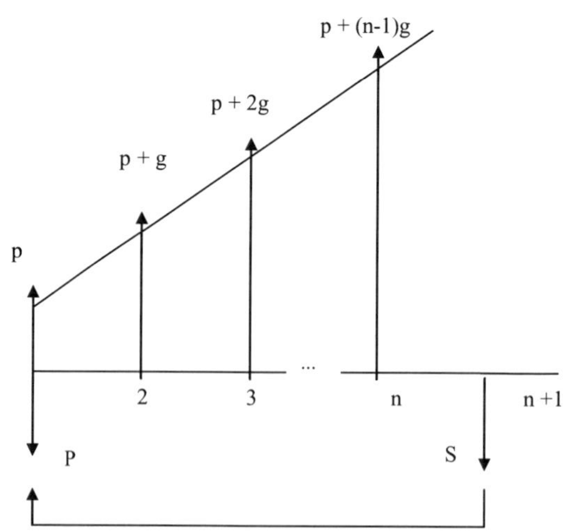

O valor de S é dado por:

$$S=\left[p\left[\frac{(1+i)^n-1}{i}\right]+\frac{g}{i}\left[\frac{(1+i)^n-1}{i}-n\right]\right](1+i)$$

Então, seu valor inicial P é dado por:

$$P=\frac{\left[p\left[\frac{(1+i)^n-1}{i}\right]+\frac{g}{i}\left[\frac{(1+i)^n-1}{i}-n\right]\right](1+i)}{(1+i)^n}$$

Para ilustrar a operação, digamos que um financiamento foi realizado em 4 parcelas, sendo a primeira de \$ 1.000,00 e as demais com acréscimos de \$ 400,00 em cada período. Se a taxa de juros é de 10% ao mês, determina-se o valor do financiamento, sabendo que as parcelas são antecipadas, conforme:

$$P=\frac{\left[p\left[\frac{(1+i)^n-1}{i}\right]+\frac{g}{i}\left[\frac{(1+i)^n-1}{i}-n\right]\right](1+i)}{(1+i)^n}$$

$$P=\frac{\left[1.000,00\left[\frac{(1,10)^4-1}{0,10}\right]+\frac{400,00}{0,10}\left[\frac{(1,10)^4-1}{0,10}-4\right]\right](1,10)}{(1,10)^4}$$

$$P=\frac{[4.641,00+2.564,00](1,10)}{(1,10)^4}$$

$$P=\frac{7.925,50}{(1,10)^4}=5.413,22$$

7.2 O Pagamento Realizado em Parcelas Variáveis – Progressão Aritmética Decrescente

O financiamento realizado em pagamentos variáveis segue os princípios da equivalência de capitais, visto em juros compostos. É que o conjunto dos pagamentos, quando trazidos para data de fechamento do contrato (conhecida como data zero), representa o valor inicial do financiamento. Podemos dizer, então, que a série variável em progressão aritmética decrescente caracteriza-se por um conjunto de parcelas em decréscimo aritmético, compostas de amortização e juros, referentes ao pagamento do financiamento.

7.2.1 O Capital Final para uma Série Variável de Pagamentos Postecipados

O capital final S de uma série variável de pagamentos postecipados em progressão aritmética decrescente é a soma de cada parcela capitalizada até o enésimo período, no seu intervalo de tempo, considerando uma única taxa de juros. Neste caso, as parcelas serão exigidas no fim do período a que se referem.

Ao capitalizarmos estes valores para o enésimo período do contrato (data n), teremos:

Observamos que a série gradiente pode ser desmembrada, de forma que o primeiro valor final da série é composto de um termo constante igual a p, o segundo valor final é composto de um termo constante igual a p-g e, assim, sucessivamente, até o enésimo termo.

Aplicamos inicialmente esses conceitos na expressão:

$$S = p\left[\frac{(1+i)^n - 1}{i}\right] - g\left[\frac{(1+i)^{n-1} - 1}{i}\right] - g\left[\frac{(1+i)^{n-2} - 1}{i}\right] - g\left[\frac{(1+i)^{n-3} - 1}{i}\right] - \ldots - g\left[\frac{(1+i) - 1}{i}\right]$$

que também pode ser expressa por:

$$S = p\left[\frac{(1+i)^n - 1}{i}\right] - \frac{g}{i}\left[(1+i)^{n-1} - 1 + (1+i)^{n-2} - 1 + (1+i)^{n-3} - 1 + \ldots + (1+i) - 1\right]$$

ou

$$S = p\left[\frac{(1+i)^n - 1}{i}\right] - \frac{g}{i}\left[(1+i)^{n-1} + (1+i)^{n-2} + (1+i)^{n-3} + \ldots + (1+i) - n\right]$$

Os termos entre colchetes representam uma progressão geométrica, de forma que podemos simplificá-los usando o somatório de uma progressão.

$$S = p\left[\frac{(1+i)^n - 1}{i}\right] - \frac{g}{i}\left[(1+i)^{n-1} + (1+i)^{n-2} + (1+i)^{n-3} + \ldots + (1+i) - n\right]$$

$$S = p\left[\frac{(1+i)^n - 1}{i}\right] - \frac{g}{i}\left[\frac{(1+i)^n - 1}{i} - n\right]$$

Tomemos a possibilidade de cinco depósitos postecipados, de valores iguais a \$4.000,00, e decréscimos de \$500,00 a partir do segundo pagamento, formando uma progressão aritmética decrescente. Se a taxa de juros que remunera a operação é de 5% ao mês, determina-se o capital final com:

$$S = p\left[\frac{(1+i)^n - 1}{i}\right] - \frac{g}{i}\left[\frac{(1+i)^n - 1}{i} - n\right]$$

$$S = 4.000,00\left[\frac{(1,05)^5 - 1}{0,05}\right] - \frac{500,00}{0,05}\left[\frac{(1,05)^5 - 1}{0,05} - 5\right]$$

$$S = 22.102,52 - 5.256,31$$

$$S = 16.846,21$$

7.2.2 O Capital Final para uma Série Variável de Pagamentos Antecipados

O capital final S de uma série variável de pagamentos antecipados em progressão aritmética decrescente é a soma de cada parcela capitalizada até período posterior ao enésimo período, no seu intervalo de tempo, considerando uma única taxa de juros. Neste caso, as parcelas serão exigidas no início do período a que se referem.
Ao capitalizarmos estes valores para o período posterior ao enésimo período do contrato (data $n+1$), teremos:

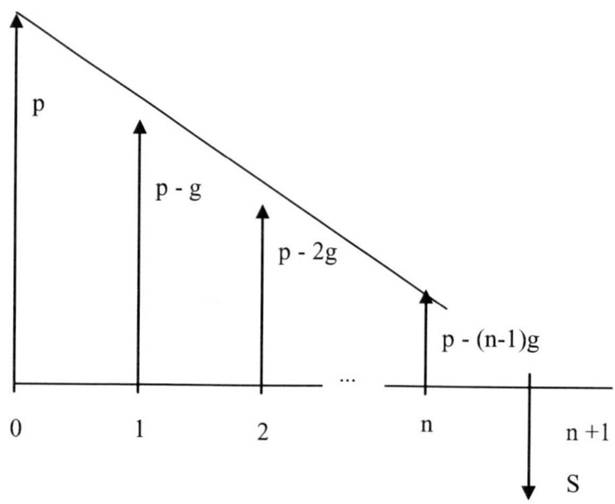

Observamos que a série gradiente pode ser desmembrada, de forma que o primeiro valor final da série apresenta termos iguais a p, o segundo valor final, termos constantes iguais a p-g e, assim, sucessivamente, até o enésimo termo.

Aplicando inicialmente esses conceitos na expressão, temos, para a série decrescente postecipada, a seguinte equação:

$$S = p\left[\frac{(1+i)^n - 1}{i}\right] - \frac{g}{i}\left[\frac{(1+i)^n - 1}{i} - n\right]$$

Semelhante às parcelas antecipadas da série uniforme, a diferença entre a parcela postecipada e a antecipada refere-se a um período de capitalização. Desta forma, pode-se, usando a equação da série postecipada, capitalizá-la por mais um período:

$$S = \left[p\left[\frac{(1+i)^n - 1}{i}\right] - \frac{g}{i}\left[\frac{(1+i)^n - 1}{i} - n\right]\right](1+i)$$

Com relação ao exemplo anterior, em que os cinco depósitos de $ 4.000,00, com decréscimos de $ 500,00 a partir do segundo pagamento, foram aplicados por 5% ao mês, determina-se o capital final da série, considerando que os depósitos são, agora, antecipados, com:

$$S = \left[4.000,00\left[\frac{(1,05)^5 - 1}{0,05}\right] - \frac{500,00}{0,05}\left[\frac{(1,05)^5 - 1}{0,05} - 5\right]\right](1,05)$$

$$S = [22.102,52 - 5.256,31](1,05)$$

$$S = 17.688,52$$

7.2.3 O Capital Inicial para uma Série Variável de Pagamentos Postecipados

O capital inicial P de uma série de pagamentos postecipados em progressão aritmética decrescente é igual ao seu capital final, descontados n períodos à taxa de juros da operação. Assim:

$$P = \frac{p\left[\frac{(1+i)^n - 1}{i}\right] - \frac{g}{i}\left[\frac{(1+i)^n - 1}{i} - n\right]}{(1+i)^n}$$

Digamos que um financiamento de 5 parcelas postecipadas foi realizado com a primeira prestação postecipada no valor de $ 5.000,00. As demais decrescem de $ 500,00 e a taxa de juros é de 10% ao mês. Desta forma, define-se o financiamento através de:

$$P = \frac{5.000,00\left[\frac{(1,10^5 - 1}{0,10}\right] - \frac{500,00}{0,10}\left[\frac{(1,10)^5 - 1}{0,10} - 5\right]}{(1,10)^5}$$

$$P = \frac{30.525,50 - 5.525,50}{(1,10)^5}$$

$$P = \frac{30.525,50 - 5.525,50}{(1,10)^5} = 15.523,04$$

7.2.4 O Capital Inicial para uma Série Variável de Pagamentos Antecipados

O capital inicial *P* de uma série de pagamentos antecipados em progressão aritmética decrescente é igual ao seu capital final, descontados *n* períodos à taxa de juros da operação. Assim:

$$P = \frac{p\left[\frac{(1+i)^n - 1}{i}\right] - \frac{g}{i}\left[\frac{(1+i)^n - 1}{i} - n\right](1+i)}{(1+i)^n}$$

Digamos que um financiamento de 5 parcelas antecipadas foi realizado com a primeira prestação postecipada no valor de $ 5.000,00. As demais decrescem de $ 500,00 e a taxa de juros é de 10% ao mês. Desta forma, define-se o valor do financiamento através de:

$$P = \frac{5.000,00\left[\frac{(1,10^5 - 1}{0,10}\right] - \frac{500,00}{0,10}\left[\frac{(1,10)^5 - 1}{0,10} - 5\right](1,10)}{(1,10)^5}$$

$$P = \frac{[30.525,50 - 5.525,50](1,10)}{(1,10)^5}$$

$$P = \frac{27.500,00}{(1,10)^5} = 17.075,34$$

7.3 O Pagamento Realizado em Parcelas Variáveis – Progressão Geométrica Crescente

O financiamento realizado em pagamentos variáveis segue os princípios da equivalência de capitais, vistos em juros compostos. É que o conjunto dos pagamentos, quando trazidos para data de fechamento do contrato (conhecida como data zero), representa o valor inicial do financiamento. Podemos dizer, então, que a série variável em progressão geométrica crescente caracteriza-se por um conjunto de parcelas em crescimento geométrico, compostas de amortização e juros, referentes ao pagamento do financiamento.

7.3.1 O Capital Inicial para uma Série Variável de Pagamentos Postecipados

O capital inicial P de uma série variável crescente de pagamentos postecipados é a soma de cada parcela descapitalizada até o inicio do período, no seu intervalo de tempo, considerando uma única taxa de juros. Nesse caso, as parcelas serão exigidas no fim do período a que se referem.

Ao descapitalizarmos estes valores para o início do período do contrato (data zero), teremos:

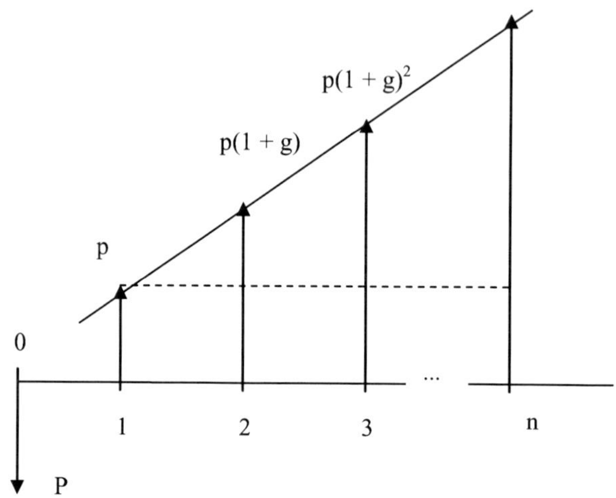

Podemos, então, dizer que:

$$P = \frac{p}{(1+i)} + \frac{p(1+g)}{(1+i)^2} + \frac{p(1+g)^2}{(1+i)^3} + \ldots \frac{p(1+g)^{n-1}}{(1+i)^n}$$

Organizando a expressão, temos:

$$P = \frac{p}{(1+i)}\left[1 + \left(\frac{1+g}{1+i}\right) + \left(\frac{1+g}{1+i}\right)^2 + \ldots \left(\frac{1+g}{1+i}\right)^{n-1}\right]$$

A expressão entre colchetes é uma soma de termos em progressão geométrica, de forma que a soma será dada por:

$$P = p \times \left[\frac{a_1 - a_n \times q}{1-q}\right]$$

Desta forma, a equação do valor inicial será dada por:

$$P = p \times \left[\frac{1 - \left(\frac{1+g}{1+i} \right)^n}{1 - \left(\frac{1+g}{1+i} \right)} \right]$$

$$P = p \times \left[\frac{1 - \left(\frac{1+g}{1+i} \right)^n}{i - g} \right]$$

Observa-se que o valor de crescimento g não pode ser igual à taxa de juros da operação, podendo gerar uma indeterminação.

Digamos que um financiamento de 4 parcelas postecipadas foi realizado com a primeira prestação no valor de \$ 5.000,00. As demais crescem em 10% e a taxa de juros é de 5% ao mês. Desta forma, define-se o valor do financiamento através de:

$$P = 5.000,00 \times \left[\frac{1 - \left(\frac{1,10}{1,05} \right)^4}{0,05 - 0,10} \right] = 20.451,87$$

7.3.2 O Capital Inicial para uma Série Variável de Pagamentos Antecipados

O capital inicial P de uma série de pagamentos antecipados em progressão geométrica crescente é igual ao seu capital inicial postecipado, capitalizado por um período da taxa de juros da operação. Assim:

$$P = p \times \left[\frac{1 - \left(\frac{1+g}{1+i} \right)^n}{i - g} \right] (1+i)$$

Digamos que um financiamento de 4 parcelas antecipadas foi realizado com a primeira prestação no valor de \$ 5.000,00. As demais crescem em 10% e a taxa de juros é de 5% ao mês. Desta forma, define-se o valor do financiamento através de:

$$P = 5.000,00 \times \left[\frac{1 - \left(\frac{1,10}{1,05} \right)^n}{0,05 - 0,10} \right] (1,05) = 21.474,46$$

7.3.3 O Capital Final para uma Série Variável de Pagamentos Postecipados

O capital final S de uma série variável crescente de pagamentos postecipados é a soma de cada parcela capitalizada até o enésimo período, no seu intervalo de tempo, considerando uma única taxa de juros. Neste caso, as parcelas serão exigidas no fim do período a que se referem.

Ao capitalizarmos estes valores para o enésimo período do contrato (data n), teremos:

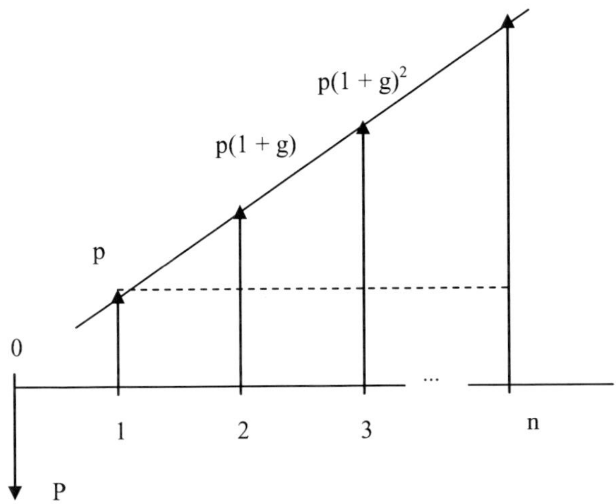

Podemos, então, dizer que:

$$S = p \times \left[\frac{1 - \left(\frac{1+g}{1+i} \right)^n}{i-g} \right] (1+i)^n$$

Digamos que uma aplicação de 4 parcelas postecipadas foi realizada com a primeira prestação no valor de $ 10.000,00. As demais crescem em 10% e a taxa de juros é de 5% ao mês. Desta forma, define-se o capital final da operação através de:

$$S = 10.000,00 \times \left[\frac{1 - \left(\frac{1,10}{1,05} \right)^4}{0,05 - 0,10} \right] (1,05)^4 = 49.718,75$$

7.3.4 O Capital Final para uma Série Variável de Pagamentos Antecipados

O capital final S de uma série variável de pagamentos postecipados em progressão aritmética crescente é a soma de cada parcela capitalizada até o período posterior ao enésimo período, no seu intervalo de tempo, considerando uma única taxa de juros. Neste caso, as parcelas serão exigidas no início do período a que se referem.

$$S = p \times \left[\frac{1 - \left(\frac{1+g}{1+i} \right)^n}{i-g} \right] (1+i)^{n+1}$$

Digamos que uma aplicação de 3 parcelas antecipadas foi realizada com a primeira prestação no valor de \$ 20.000,00. As demais crescem em 10% e a taxa de juros é de 5% ao mês. Desta forma, define-se o valor do capital final da operação através de:

$$S = 20.000,00 \times \left[\frac{1 - \left(\frac{1,10}{1,05} \right)^3}{0,05 - 0,10} \right] (1,05)^4 = 72.817,50$$

7.4 O Pagamento Realizado em Parcelas Variáveis – Progressão Geométrica Decrescente

O financiamento realizado em pagamentos variáveis segue os princípios da equivalência de capitais, vistos em juros compostos. É que o conjunto dos pagamentos, quando trazidos para data de fechamento do contrato (conhecida como data zero), representa o valor inicial do financiamento. Podemos dizer, então, que a série variável em progressão geométrica decrescente caracteriza-se por um conjunto de parcelas em decréscimo geométrico, compostas de amortização e juros, referentes ao pagamento do financiamento.

7.4.1 O Capital Inicial para uma Série Variável de Pagamentos Postecipados

O capital inicial P de uma série variável decrescente de pagamentos postecipados é a soma de cada parcela descapitalizada até o inicio da operação, no seu intervalo de tempo, considerando uma única taxa de juros. Neste caso, as parcelas serão exigidas no fim do período a que se referem.

$$P = p \times \left[\frac{1 - \left(\frac{1-g}{1+i} \right)^n}{i+g} \right]$$

Digamos que um empréstimo de 3 parcelas postecipadas foi realizada com a primeira prestação no valor de \$ 20.000,00. As demais decrescem em 10% e a taxa de juros é de 5% ao mês. Desta forma, define-se o valor do capital inicial da operação através de:

$$P = 20.000,00 \times \left[\frac{1 - \left(\frac{1-0,10}{1,05} \right)^3}{0,05+0,10} \right] = 49.368,32$$

7.4.2 O Capital Inicial para uma Série Variável de Pagamentos Antecipados

O capital inicial P de uma série variável decrescente de pagamentos antecipados é a soma de cada parcela descapitalizada até o enésimo período, no seu intervalo de tempo, considerando uma única taxa de juros. Nesse caso, as parcelas serão exigidas no fim do período a que se referem.

$$P = p \times \left[\frac{1 - \left(\frac{1-g}{1+i} \right)^n}{i+g} \right] (1+i)$$

Digamos que um empréstimo de 3 parcelas antecipadas foi realizada com a primeira prestação no valor de \$ 20.000,00. As demais decrescem em 10% e a taxa de juros é de 5% ao mês. Desta forma, define-se o capital inicial da operação através de:

$$P = 20.000,00 \times \left[\frac{1 - \left(\frac{1-0,10}{1,05} \right)^3}{0,05+0,10} \right] (1,05) = 51.836,73$$

7.4.3 O Capital Final para uma Série Variável de Pagamentos Postecipados

O capital final S de uma série variável decrescente de pagamentos postecipados é a soma de cada parcela capitalizada até o enésimo período, no seu intervalo de tempo, considerando uma única taxa de juros. Nesse caso, as parcelas serão exigidas no fim do período a que se referem.

$$S = p \times \left[\frac{1 - \left(\frac{1-g}{1+i} \right)^n}{i+g} \right] (1+i)^n$$

Digamos que uma aplicação de 3 parcelas postecipadas foi realizada com a primeira prestação no valor de \$ 30.000,00. As demais decrescem em 10% e a taxa de juros é de 5% ao mês. Desta forma, define-se o valor do capital final da operação através de:

$$S = 30.000,00 \times \left[\frac{1 - \left(\frac{1 - 0,10}{1,05} \right)^3}{0,05 + 0,10} \right] (1,05)^3 = 85.725,00$$

7.4.4 O Capital Final para uma Série Variável de Pagamentos Antecipados

O capital final S de uma série variável de pagamentos postecipados em progressão aritmética crescente é a soma de cada parcela capitalizada até o período posterior ao enésimo período, no seu intervalo de tempo, considerando uma única taxa de juros. Neste caso, as parcelas serão exigidas no início do período a que se referem.

$$S = p \times \left[\frac{1 - \left(\frac{1 - g}{1 + i} \right)^n}{i - g} \right] (1 + i)^{n+1}$$

Digamos que uma aplicação de 3 parcelas antecipadas foi realizada com a primeira prestação no valor de $30.000,00. As demais decrescem em 10% e a taxa de juros é de 5% ao mês. Desta forma, define-se o valor do capital final da operação através de:

$$S = 30.000,00 \times \left[\frac{1 - \left(\frac{1 - 0,10}{1,05} \right)^3}{0,05 + 0,10} \right] (1,05)^4 = 90.011,25$$

Exercícios

1. Cinco depósitos postecipados de $3.000,00 com acréscimos de $1.000,00, a partir do segundo, formam uma progressão aritmética crescente. Se a taxa de juros que remunera a operação é de 5% ao mês, determine o capital final da operação.
   Resposta: $27.089,52

2. Cinco depósitos antecipados de $2.000,00 com acréscimos de $ 1.000,00, a partir do segundo, formam uma progressão aritmética crescente. Se a taxa de juros que remunera a operação é de 10% ao mês, determine o capital final da operação.
   Resposta: $25.587,32

3. Um financiamento foi realizado em 4 parcelas postecipadas, a primeira de $5.000,00 e as demais com acréscimos de $500,00 em cada período. Sabendo que a taxa de juros é de 10% ao mês, determine o valor do financiamento.
   Resposta: $18.038,39

4. Um financiamento foi realizado em 4 parcelas antecipadas, a primeira de $ 5.000,00 e as demais com acréscimos de $500,00 em cada período. Sabendo que a taxa de juros é de 10% ao mês, determine o valor do financiamento.
   Resposta: $ 19.842,22

5. Três depósitos postecipados, o primeiro de valor igual a $ 3.000,00, e os demais com decréscimos de $ 500,00 a partir do segundo pagamento, formam uma progressão aritmética decrescente. Se a taxa de juros que remunera a operação é de 5% ao mês, determine o capital final da operação.
   Resposta: $ 8.380,00

6. Um financiamento de 5 parcelas postecipadas foi realizado com a primeira prestação no valor de \$ 4.000,00. As demais decrescem de \$ 300,00 e a taxa de juros é de 10% ao mês. Determine o capital inicial do financiamento.
   Resposta: \$ 13.042,51

7. Um financiamento de 5 parcelas postecipadas foi realizado com a primeira prestação no valor de \$ 4.000,00. As demais crescem em 20% e a taxa de juros é de 10% ao mês. Determine o valor inicial do financiamento.
   Resposta: \$ 21.802,04

8. Quatro depósitos postecipados, com o primeiro no valor de \$ 4.000,00 e os demais decrescendo em 20%, foram colocados a render juros à taxa de 10% ao mês. Determine o capital final da aplicação.
   Resposta: \$ 10.920,00

9. Cinco parcelas antecipadas, com a primeira no valor de \$ 6.000,00 e as demais crescendo em 10%, foram colocadas a render juros à taxa de 10% ao mês. Determine o capital final.
   Resposta: \$ 48.315,30

10. Quatro depósitos antecipados, com o primeiro no valor de \$ 4.000,00 e os demais crescendo em 25%, foram colocados a render juros à taxa de 10% ao mês. Determine o capital final da aplicação.
    Resposta: \$ 28.667,65

11. Quatro depósitos postecipados, de \$3.000,00 com acréscimos de \$1.000,00, a partir do segundo, formam uma progressão aritmética crescente. Se a taxa de juros que remunera a operação é de 7% ao mês, determine o capital final da operação.
    Resposta: \$19.604,73

12. Quatro depósitos antecipados, de \$2.000,00 com acréscimos de \$1.000,00, a partir do segundo, formam uma progressão aritmética crescente. Se a taxa de juros que remunera a operação é de 8% ao mês, determine o capital final da operação.
Resposta: \$16.565,71

13. Um financiamento foi realizado em 4 parcelas postecipadas, a primeira de \$5.000,00 e as demais com acréscimos de \$500,00 em cada período. Sabendo que a taxa de juros é de 10% ao mês, determine o valor do financiamento.
Resposta: \$20.281,16

14. Um financiamento foi realizado em 4 parcelas antecipadas, a primeira de \$5.000,00 e as demais com acréscimos de \$500,00 em cada período. Sabendo que a taxa de juros é de 10% ao mês, determine o valor do financiamento.
Resposta: \$18.437,42

15. Três depósitos postecipados, o primeiro de valor igual a \$3.000,00, e os demais com decréscimos de \$500,00 a partir do segundo pagamento, formam uma progressão aritmética decrescente. Se a taxa de juros que remunera a operação é de 5% ao mês, determine o capital final da operação.
Resposta: \$8.329,13

16. Três depósitos antecipados, o primeiro de valor igual a \$3.000,00, e os demais com decréscimos de \$500,00 a partir do segundo pagamento, formam uma progressão aritmética decrescente. Se a taxa de juros que remunera a operação é de 5% ao mês, determine o capital final da operação.
Resposta: \$8.745,58

17. Quatro pagamentos postecipados, com o primeiro no valor de \$4.000,00 e os demais decrescendo em 20% representam um financiamento com juros à taxa de 10% ao mês. Determine o valor do financiamento.
Resposta: \$9.603,17

18. Quatro depósitos antecipados, com o primeiro no valor de \$6.000,00 e os demais crescendo em 10% foram colocados a render juros à taxa de 8% ao mês. Determine o capital final.
Resposta: \$32.217,75

19. Quatro depósitos antecipados, com o primeiro no valor de \$4.000,00 e os demais crescendo em 25% foram colocados a render juros à taxa de 10% ao mês. Determine o capital final da aplicação.
Resposta: \$26.969,80

20. Quatro depósitos antecipados, com o primeiro no valor de \$6.000,00 e os demais decrescendo em 10% foram colocados a render juros à taxa de 15% ao mês. Determine o capital final.
Resposta: \$25.732,69

CAPÍTULO 8

Sistema de Amortização de Dívidas

8.1 Os Sistemas de Amortização

Toda e qualquer dívida contraída junto a uma instituição financeira consiste no pagamento de prestações, ao longo de um período definido, de modo que, em função de uma determinada taxa de juros, o débito contraído esteja liquidado ao final do período n.

A prestação p é composta da devolução do valor principal da divida, definido por amortização A, e pelo pagamento dos serviços da dívida, definido por juros j. Assim, podemos dizer que:

$$p = A + j$$

Principalmente para as pessoas jurídicas, esta separação torna-se imprescindível, pois somente através dela será possível destacar contabilmente os valores dos juros e da amortização. Assim, por serem os juros dedutíveis do IR, a separação destes valores deve ser realizada através dos sistemas de amortização.

Independente do sistema de amortização adotado, os juros da operação sempre terão base no saldo devedor do período anterior. Assim, podemos exemplificar algebricamente:

$$j_k = Sd_{k-1} \times i$$

em que j_k são os juros no período, Sd_{k-1}, correspondes ao saldo devedor do período anterior, e i a taxa de juros da operação.

8.2 Período de Carência nos Sistemas de Amortização

Os sistemas de amortização podem apresentar um período de carência que representa um prazo compreendido entre a concessão do crédito e liberação dos recursos até o momento em que se coloca a contar o prazo das parcelas negociadas. Desta forma, os juros podem ser:

Pagos durante o período de carência
Durante o período de carência, não serem pagas parcelas referentes ao pagamento da dívida, no entanto, serão pagos à instituição financeira juros referentes ao período.

Acumulados durante o período de carência
Durante o período de carência, não serão pagas parcelas referentes ao pagamento da dívida, nem juros; no entanto, a instituição financeira irá capitalizar os juros durante o prazo de carência. Desta forma, ao final do período, o saldo devedor será composto do valor da dívida e dos juros devidos e não pagos do período de carência.

8.3 Características Genéricas dos Sistemas de Amortização de Dívidas

Os sistemas de amortização constituem-se de um conjunto de parcelas, de forma que o número de pagamentos corresponda ao prazo concedido, não sendo levada em consideração a concessão do período de carência.

Desta forma, os valores das prestações p devem ser iguais ao valor da dívida P, calculada em função da taxa de juros i, em uma determinada data n.

Pode-se definir o valor do saldo devedor Sd_{k+1} denotando para k valores iguais a 1, 2, 3, ...n. Não existindo atraso no pagamento das parcelas, o saldo devedor de um período k+1 qualquer deve ser exatamente igual ao saldo devedor do período k, capitalizado à taxa por um período e subtraído da prestação k+1. Logo, teremos que:

$$Sd_{k+1} = \left[Sd_k \times (1+i)\right] - p_{k+1}$$

Alternativamente, define-se o saldo devedor de um período qualquer k, pela subtração entre o valor corrigido da dívida até o prazo n e o valor acumulado das n prestações, ambas corrigidas à mesma taxa de juros do financiamento. Logo, considerando o pagamento de prestações postecipadas, teremos que:

$$Sd_k = P(1+i)^k - \sum_{k=1}^{n} p(1+i)^k$$

onde Sd_k é o saldo devedor, P é o valor principal da dívida no momento da sua contratação e $\sum_{k=1}^{n} p(1+i)^k$ é o somatório dos valores efetivamente pagos até o prazo n.

8.4 Os Sistemas de Amortização de Dívidas

Os principais sistemas de amortização utilizados pelo mercado são: Sistema Amortização Francês (SAF); Sistema de Amortização Constante (SAC); Sistema Americano de Amortização e Sistema Misto, definido no Brasil como Sistema de Amortização Crescente (SACRE).

A Tabela *Price* é um caso particular do SAF, uma vez que apresenta as mesmas características deste sistema; no entanto, sua taxa é apresentada no formato nominativo. É comum, para empréstimos a longo prazo, que a taxa seja fornecida ao ano, com capitalização mensal, de modo que a Tabela *Price* constitua-se na amortização da dívida através do sistema francês, com taxa nominativa.

Além destes, as instituições financeiras podem dimensionar e criar os seus sistemas, não convencionais, mas baseados nas características genéricas dos sistemas de amortização de dívidas.

8.4.1 O Sistema de Amortização Francês - SAF

No sistema de amortização francês (SAF) a principal característica é o pagamento através de parcelas constantes. Os juros j incidem sobre o saldo devedor do período anterior e, em função do decréscimo desse saldo, serão decrescentes, e as amortizações, crescentes. A Tabela *Price* também apresenta essas características.

Definição da prestação

O valor da prestação será dado por:

$$p = \frac{P}{\left[\dfrac{1-(1+i)^{-n}}{i}\right]}$$

Definição dos juros

O valor dos juros será dado por:

$$j_k = Sd_{k-1} \times i$$

Definição da amortização

O valor da amortização será dado por:

$$A_k = p - \left[Sd_{k-1} \times i\right]$$

Definição do saldo devedor

O valor do saldo devedor será dado por:

$$Sd_k = Sd_{k-1} - A_k$$

Definição do primeiro período - SAF

Um financiamento de $ 100.000,00 será pago através do SAF, em 4 prestações mensais postecipadas, com taxa de 10% ao mês. Determinamos a prestação, os juros, a amortização e o saldo devedor do primeiro período, conforme segue:

Prestação

$$p = \frac{P}{\left[\frac{1-(1+i)^{-n}}{i}\right]}$$

$$p = \frac{100.000,00}{3,16987} = 31.547,08$$

Juros

$$j_k = Sd_{k-1} \times i$$

$$j_1 = 100.000,00 \times 0,10 = 10.000,00$$

Amortização

$$A_k = p - Sd_{k-1} \times i$$

$$A_1 = 31.547,08 - 100.000,00 \times 0,10 = 21.547,08$$

Saldo devedor

$$Sd_k = Sd_{k-1} - A_k$$

$$Sd_1 = 100.000,00 - 21.547,08 = 78.452,92$$

Para os próximos períodos, serão consideradas as mesmas regras. De forma a reforçar o processo, segue a planilha de amortização e as explicações sobre a sistemática de cálculo. Assim, teremos que:

O primeiro procedimento é a definição do valor da prestação;

Período	Saldo Devedor	Amortização	Juros	Prestação
0	100.000,00			31.547,08
1				31.547,08
2				31.547,08
3				31.547,08
4				31.547,08

O segundo procedimento é a definição do valor dos juros, com base no saldo devedor do período anterior e na taxa de juros;

Período	Saldo Devedor	Amortização	Juros	Prestação
0	100.000,00			31.547,08
1			10.000,00	31.547,08
2				31.547,08
3				31.547,08
4				31.547,08

O terceiro procedimento é a definição do valor da amortização, com base na diferença entre o valor da prestação e o valor dos juros;

Período	Saldo Devedor	Amortização	Juros	Prestação
0	100.000,00			31.547,08
1		21.547,08	10.000,00	31.547,08
2				31.547,08
3				31.547,08
4				31.547,08

O quarto procedimento é a definição do saldo devedor, pela diferença entre o valor do saldo devedor do período anterior e a amortização;

Período	Saldo Devedor	Amortização	Juros	Prestação
0	100.000,00			31.547,08
1	78.452,92	21.547,08	10.000,00	31.547,08
2				31.547,08
3				31.547,08
4				31.547,08

Assim, repetindo novamente para os *n* períodos, teremos, ao final do quarto período, a seguinte planilha:

Período	Saldo Devedor	Amortização	Juros	Prestação
0	100.000,00			31.547,08
1	78.452,92	21.547,08	10.000,00	31.547,08
2	54.751,13	23.701,79	7.845,29	31.547,08
3	28.679,16	26.071,97	5.475,11	31.547,08
4	0,00	28.679,16	2.867,92	31.547,08

Observa-se, graficamente, o comportamento do saldo devedor para um financiamento contratado segundo as condições do sistema de amortização francês, conforme figura abaixo:

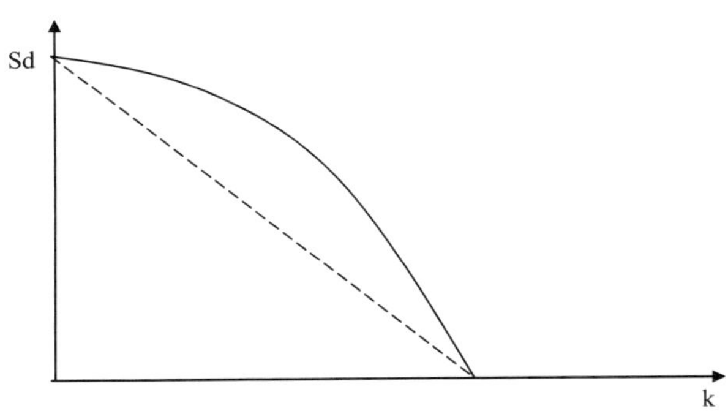

Alternativamente, o sistema de amortização pode conceder um prazo de carência no qual os juros são pagos ou incorporados ao saldo devedor. Digamos que, para o mesmo financiamento, fosse concedido um período de carência de 2 meses. Assim:

Período	Saldo Devedor	Amortização	Juros	Prestação
0	100.000,00	0,00	0,00	0,00
1	100.000,00	0,00	10.000,00	10.000,00
2	100.000,00	0,00	10.000,00	10.000,00
3	78.452,92	21.547,08	10.000,00	31.547,08
4	54.751,13	23.701,79	7.845,29	31.547,08
5	28.679,16	26.071,97	5.475,11	31.547,08
6	0,00	28.679,16	2.867,92	31.547,08

Juros pagos durante a carência

Período	Saldo Devedor	Amortização	Juros	Prestação
0	100.000,00	0,00	0,00	0,00
1	110.000,00	0,00	10.000,00	0,00
2	121.000,00	0,00	11.000,00	0,00
3	94.928,03	26.071,97	12.100,00	38.171,97
4	66.248,86	28.679,17	9.492,80	38.171,97
5	34.701,78	31.547,08	6.624,89	38.171,97
6	0,00	34.701,78	3.470,18	38.171,97

Juros acumulados durante a carência

Definição do Saldo Devedor sem o Apoio da Planilha

Em alguns casos, torna-se difícil a elaboração da planilha de amortização para financiamento de longo prazo. Desta forma, é possível recorrer a métodos que dela não necessitem, a exemplo do método de recorrência.

Para isso, digamos que um financiamento de $ 240.000,00 tenha sido realizado com base numa taxa de 5% ao mês, com prazo de 120 meses.

Podemos definir o saldo devedor do 100° mês com base em:

$$Sd_k = P(1+i)^k - \sum_{k=1}^{n} p(1+i)^k$$

$$Sd_{100} = 240.000,00(1,05)^{100} - 12.034,49 \times \left[\frac{(1,05)^{100} - 1}{0,05}\right]$$

$$Sd_{100} = 31.560.301,87 - 31.410.325,51$$

$$Sd_{100} = 149.976,36$$

Definição das Variáveis em Qualquer Período

Prestação

$$p = \frac{P}{\left[\frac{1-(1+i)^{-n}}{i}\right]}$$

Juros

$$j_k = P \times i \frac{(1+i)^n - (1+i)^{k-1}}{(1+i)^n - 1}$$

Amortização

$$A_k = P \times \frac{(1+i)^{k-1} \times i}{(1+i)^n - 1}$$

Saldo devedor

$$Sd_k = P \times \frac{(1+i)^n - (1+i)^k}{(1+i)^n - 1}$$

8.4.2 O Sistema de Amortização Constante - SAC

O sistema de amortização constante (SAC) tem como principal característica a definição do valor da amortização como constante. Sabe-se que os juros incidem sobre o saldo devedor do período anterior, de forma que, em função do decréscimo desse saldo, os juros serão decrescentes, como também o seu valor de prestação.

Definição da prestação

O valor da prestação será dado por:

$$p_k = A_k + j_k$$

Definição dos juros

O valor dos juros será dado por:

$$j_k = Sd_{k-1} \times i$$

Definição da amortização

O valor da amortização será dado por:

$$A_k = {}^{P}\!/_{n}$$

Definição do saldo devedor

O valor do saldo devedor será dado por:

$$Sd_k = Sd_{k-1} - A_k$$

Definição do primeiro período – SAC

Um financiamento de $ 100.000,00 será pago através do SAC, em 4 prestações mensais postecipadas, com taxa de 10% ao mês. Determinamos a prestação, os juros, a amortização e o saldo devedor para o primeiro período, conforme segue:

Amortização

$$A_1 = P/n$$

$$A_1 = 100.000,00/4 = 25.000,00$$

Juros

$$j_k = Sd_{k-1} \times i$$

$$j_1 = 100.000,00 \times 0,10 = 10.000,00$$

Prestação

$$p_k = A_k + j_k$$

$$p_1 = 25.000,00 + 10.000,00 = 35.000,00$$

Saldo devedor

$$Sd_k = Sd_{k-1} - A_k$$

$$Sd_1 = 100.000,00 - 25.000,00 = 75.000,00$$

Para os próximos períodos, serão consideradas as mesmas regras. De forma a reforçar o processo, segue a planilha de amortização e as explicações sobre a sistemática de cálculo. Assim, teremos que:

O primeiro procedimento é a definição do valor da amortização;

Período	Saldo Devedor	Amortização	Juros	Prestação
0	100.000,00			
1		25.000,00		
2		25.000,00		
3		25.000,00		
4		25.000,00		

O segundo procedimento é a definição do saldo devedor, com base no saldo devedor do período anterior e da amortização;

Período	Saldo Devedor	Amortização	Juros	Prestação
0	100.000,00			
1	75.000,00	25.000,00		
2		25.000,00		
3		25.000,00		
4		25.000,00		

O terceiro procedimento é a definição do valor dos juros, com base no saldo devedor do período anterior e na taxa de juros;

Período	Saldo Devedor	Amortização	Juros	Prestação
0	100.000,00			
1	75.000,00	25.000,00	10.000,00	
2		25.000,00		
3		25.000,00		
4		25.000,00		

O quarto procedimento é a definição da prestação, pela adição do valor da amortização com os juros devidos no período;

Período	Saldo Devedor	Amortização	Juros	Prestação
0	100.000,00			
1	75.000,00	25.000,00	10.000,00	35.000,00
2		25.000,00		
3		25.000,00		
4		25.000,00		

Assim, repetindo novamente para os *n* períodos, teremos, ao final do quarto período, a seguinte planilha:

Período	Saldo Devedor	Amortização	Juros	Prestação
0	100.000,00			
1	75.000,00	25.000,00	10.000,00	35.000,00
2	50.000,00	25.000,00	7.500,00	32.500,00
3	25.000,00	25.000,00	5.000,00	30.000,00
4	0,00	25.000,00	2.500,00	27.500,00

Observa-se, graficamente, que o comportamento do saldo devedor, para um financiamento contratado segundo as condições do sistema de amortização constante, segue as características de uma função linear, de forma que o saldo devedor decrescerá igualmente.

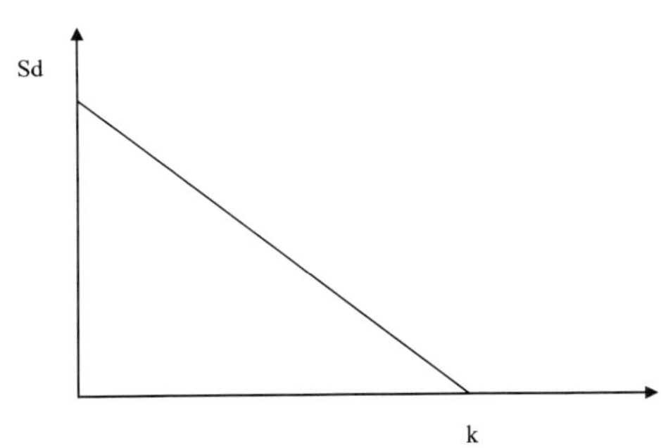

Alternativamente, o sistema de amortização pode conceder um prazo de carência no qual os juros são pagos ou incorporados ao saldo devedor. Digamos que para o mesmo financiamento fosse concedido um período de carência de 2 meses. Assim:

Juros pagos durante a carência

Período	Saldo Devedor	Amortização	Juros	Prestação
0	100.000,00	0,00	0,00	0,00
1	100.000,00	0,00	10.000,00	10.000,00
2	100.000,00	0,00	10.000,00	10.000,00
3	75.000,00	25.000,00	10.000,00	35.000,00
4	50.000,00	25.000,00	7.500,00	32.500,00
5	25.000,00	25.000,00	5.000,00	30.000,00
6	0,00	25.000,00	2.500,00	27.500,00

Juros acumulados durante a carência

Período	Saldo Devedor	Amortização	Juros	Prestação
0	100.000,00	0,00	0,00	0,00
1	110.000,00	0,00	10.000,00	0,00
2	121.000,00	0,00	11.000,00	0,00
3	90.750,00	30.250,00	12.100,00	42.350,00
4	60.500,00	30.250,00	9.075,00	39.325,00
5	30.250,00	30.250,00	6.050,00	36.300,00
6	0,00	30.250,00	3.025,00	33.275,00

Definição do Saldo Devedor sem o Apoio da Planilha

Em alguns casos, pode-se tornar difícil a elaboração da planilha de amortização para financiamento de longo prazo. Desta forma, é possível recorrer para métodos que dela não necessitem, a exemplo do método de recorrência.

Para isso, digamos que um financiamento de \$ 240.000,00 tenha sido realizado com base numa taxa de 5% ao mês, com prazo de 120 meses. Podemos definir o saldo devedor do 100° mês, com base em:

$$Sd_k = P(1+i)^k - p\left[\frac{(1+i)^n - 1}{i}\right] - \frac{g}{i}\left[\frac{(1+i)^n - 1}{i} - n\right]$$

$$Sd_{100} = 240.000,00(1,05)^{100} - 14.000,00\left[\frac{(1,05)^{100} - 1}{0,05}\right] - \frac{100}{0,05}\left[\frac{(1,05)^{100} - 1}{0,05} - 100\right]$$

$$Sd_{100} = 31.560.301,87 - 31.520.301,87$$

$$Sd_{100} = 40.000,00$$

Caso surja qualquer dúvida sobre o segundo elemento desta expressão, deve-se ver o valor final de uma progressão aritmética decrescente, no Capítulo 7.

Definição das Variáveis em Qualquer Período

Prestação

$$p = A(1 + i(n - k + 1))$$

Juros

$$j_k = i \times A(n - k + 1)$$

Amortização

$$A_k = \frac{P}{n}$$

Saldo devedor

$$Sd_k = A \times (n - k)$$

8.4.3 O Sistema de Amortização Americano – SAA

O sistema de amortização americano (SAA) apresenta, como principal característica, o pagamento periódico dos juros em função da taxa i. Sabe-se que os juros incidem sobre o saldo devedor do período anterior, de forma que, em função da manutenção do seu valor, os juros serão constantes e iguais ao valor de prestação. A amortização deste sistema é feita ao final do prazo estimado de n períodos.

Definição da prestação

O valor da prestação será dado por:

$$p_k = j_k, k = 1, 2, ..., n-1$$
$$p_k = A_k + j_k, n = n$$

Definição dos juros

O valor dos juros será dado por:

$$j_k = Sd_{k-1} \times i$$

Definição da amortização

O valor da amortização será dado por:

$$A_k = 0, k = 1, 2, ..., n-1$$
$$A_k = P, k = n$$

Definição do saldo devedor

O valor do saldo devedor será dado por:

$$Sd_k = Sd_{k-1} - A_k$$

Definição do primeiro período – SAA

Um financiamento de \$ 200.000,00 será pago através do SAA, em 4 prestações mensais postecipadas, com taxa de 10% ao mês. Determinamos a prestação, os juros, a amortização e o saldo devedor para o primeiro período, conforme segue:

Prestação

$$p_k = j_k, k = 1, 2, ..., n-1$$

$$p_1 = 20.000,00$$

Juros

$$j_k = Sd_{k-1} \times i$$

$$j_1 = 200.000,00 \times 0,10 = 20.000,00$$

Amortização

$$A_k = 0, k = 1, 2, ..., n-1$$
$$A_1 = 0$$

Saldo devedor

$$Sd_k = Sd_{k-1} - A_k$$

$$Sd_1 = 200.000,00 - 0 = 200.000,00$$

Para os próximos períodos, serão consideradas as mesmas regras e suas particularidades. De forma a reforçar o processo, segue a planilha de amortização e as explicações sobre a sistemática de cálculo. Assim, teremos que:

O primeiro procedimento é a definição do valor dos juros;

Período	Saldo Devedor	Amortização	Juros	Prestação
0	200.000,00			
1			20.000,00	
2				
3				
4				

O segundo procedimento é a definição da amortização. Como neste sistema o valor da dívida será restituído ao final, as amortizações serão iguais a zero até a penúltima prestação;

Período	Saldo Devedor	Amortização	Juros	Prestação
0	200.000,00			
1		0,00	20.000,00	
2		0,00		
3		0,00		
4				

O terceiro procedimento é a definição do valor da prestação, com base nos juros e na amortização;

Período	Saldo Devedor	Amortização	Juros	Prestação
0	200.000,00			
1		0,00	20.000,00	20.000,00
2		0,00		
3		0,00		
4				

O quarto procedimento é a definição do saldo devedor, com base no saldo devedor do período anterior e na amortização;

Período	Saldo Devedor	Amortização	Juros	Prestação
0	200.000,00			
1	200.000,00	0,00	20.000,00	20.000,00
2		0,00		
3		0,00		
4				

Assim, repetindo novamente para os *n* períodos, teremos, ao final do quarto período, a seguinte planilha:

Período	Saldo Devedor	Amortização	Juros	Prestação
0	200.000,00			
1	200.000,00	0,00	20.000,00	20.000,00
2	200.000,00	0,00	20.000,00	20.000,00
3	200.000,00	0,00	20.000,00	20.000,00
4	0,00	200.000,00	20.000,00	220.000,00

8.4.3.1 Definição do Fundo de Amortização

Com o objetivo de acumular recursos para liquidar a sua principal dívida ao final de *n* períodos, o sistema de amortização americano sugere a constituição de um fundo de amortização, também definido por *sinking fund*. Este fundo é realizado mediante depósitos mensais em uma instituição financeira, que deve remunerar as aplicações com base numa taxa de juros. Deste modo, espera-se que, ao final de *n* períodos, seja possível liquidar o valor da dívida *p*. Assim, podemos dizer que:

$$P = q \times \left[\frac{(1+i)^n - 1}{i} \right]$$

em que P é o valor da dívida, q representa o valor da quota fixa que deve ser depositada e $\left[\frac{(1+i)^n-1}{i}\right]$ é o fator responsável por capitalizar as n quotas do fundo de amortização. Tomemos o exemplo anterior. Assim, ao final de 4 períodos mensais, deve-se constituir um fundo capaz de obter, no final do período, o valor da dívida de $ 200.000,00. Aplicando a expressão, temos:

$$P = q \times \left[\frac{(1+i)^n - 1}{i}\right]$$

$$200.000,00 = q \times \left[\frac{(1,05)^4 - 1}{0,05}\right]$$

$$200.000,00 = q \times 4,31013$$

$$q = \frac{200.000,00}{4,31013} = 46.402,37$$

Assim, com a criação do fundo de amortização, teremos:

Período	Saldo Devedor	Quota	Juros	Desembolso
0	200.000,00	0,00	0,00	0,00
1	200.000,00	46.402,37	20.000,00	66.402,37
2	200.000,00	46.402,37	20.000,00	66.402,37
3	200.000,00	46.402,37	20.000,00	66.402,37
4	0,00	46.402,37	20.000,00	66.402,37

Na constituição do fundo de amortização, a taxa de juros utilizada foi de 5% ao mês. Dificilmente, a constituição do fundo será feita com taxas superiores às praticadas pelo mercado para o financiamento de dívidas.

Com base nas informações acima, o desembolso assumido no sistema de amortização americano, considerando a formação do fundo de amortização por meio de quotas constantes, ao longo do prazo definido, será dado por:

$$D_k = \left[Sd_{k-1} \times i \right] + q_k$$

8.4.4 O Sistema de Amortização Crescente – SACRE

O sistema de amortização crescente SACRE apresenta como principal característica o pagamento da dívida através de parcelas obtidas pela média aritmética entre o sistema de amortização constante e a Tabela *Price*. Os juros incidem sobre o saldo devedor do período anterior, de forma que em função do decréscimo desse saldo, os juros serão decrescentes, e as amortizações, crescentes.

Definição da prestação

O valor da prestação será dado por:

$$P = \frac{P(1-q)}{\left[\frac{1-(1+i)^{-n}}{i} \right]} + q\left(\frac{1}{n} + i \right)P$$

com q representando a participação percentual do sistema de amortização francês e constante.

Definição dos juros

O valor dos juros será dado por:

$$j_k = Sd_{k-1} \times i$$

Definição da amortização

O valor da amortização será dado por:

$$A_k = p - \left[Sd_{k-1} \times i \right]$$

Definição do saldo devedor

O valor do saldo devedor será dado por:

$$Sd_k = Sd_{k-1} - A_k$$

Definição do primeiro período – SACRE

Um financiamento de \$100.000,00 será pago através do SACRE, em 4 prestações mensais postecipadas, com taxa de 10% ao mês. Determinamos a prestação, os juros, a amortização e o saldo devedor para o primeiro período, conforme segue:

Prestação

$$p = \frac{P(1-q)}{\left[\dfrac{1-(1+i)^{-n}}{i}\right]} + q\left(\frac{1}{n} + i\right)P$$

$$p = \frac{100.000,00(0,50)}{\left[\dfrac{1-(1,10)^{-4}}{0,10}\right]} + 0,50\left(\frac{1}{4} + 0,10\right)100.000,00 = 33.273,54$$

Juros

$$j_k = Sd_{k-1} \times i$$

$$j_1 = 100.000,00 \times 0,10 = 10.000,00$$

Amortização

$$A_k = p - [Sd_{k-1} \times i]$$

$$A_1 = 33.273,54 - 10.000,00 = 23.273,54$$

Saldo devedor

$$Sd_k = Sd_{k-1} - A_k$$

$$Sd_1 = 100.000,00 - 23.273,54 = 76.726,46$$

Para os próximos períodos, serão consideradas as mesmas regras e suas particularidades. De forma a reforçar o processo, segue a planilha de amortização e as explicações sobre a sistemática de cálculo. Assim, teremos que:

O primeiro procedimento é a definição do valor da parcela, obtido pela média aritmética entre os sistemas de amortização constante e a tabela *price*;

Período	Saldo Devedor	Amortização	Juros	Prestação
0	100.000,00			
1				33.273,54
2				
3				
4				

O segundo procedimento é a definição dos juros, com base no saldo devedor do período anterior;

Período	Saldo Devedor	Amortização	Juros	Prestação
0	100.000,00			
1			10.000,00	33.273,54
2				
3				
4				

O terceiro procedimento é a definição do valor da amortização, com base na diferença entre a parcela e os juros;

O quarto procedimento é a definição do saldo devedor, com base no saldo devedor do período anterior e na amortização;

Período	Saldo Devedor	Amortização	Juros	Prestação
0	100.000,00			
1		23.273,54	10.000,00	33.273,54
2				
3				
4				

Repetindo para os *n* períodos, teremos que ter o valor da próxima parcela. Observamos que, após definida a primeira parcela, no sistema SACRE, será preciso definir as demais, por serem constituídas pela média aritmética de dois sistemas. Depois de calcular a primeira , percebe-se que as próximas parcelas serão decrescentes, em função do decréscimo do sistema de amortização constante.
Alternativamente, podemos definir o valor da primeira parcela, e depois calcular o decréscimo das restantes. Para isso, devemos:

$$d = q \times \frac{i \times P}{n}$$

Assim, para o exemplo, temos:

$$d = 0,50 \times \frac{0,10 \times 100.000,00}{4} = 1.250,00$$

Ou seja, depois de definida a primeira parcela, as demais serão decrescentes em \$ 1.250,00 em relação à parcela anterior. Desta forma, pode-se completar a planilha de amortização.

Período	Saldo Devedor	Amortização	Juros	Prestação
0	100.000,00	0,00	0,00	0,00
1	76.726,46	23.273,54	10.000,00	33.273,54
2	52.375,57	24.350,89	7.672,65	32.023,54
3	26.839,59	25.535,98	5.237,56	30.773,54
4	0,00	26.839,59	2.683,96	29.523,54

Definição das Variáveis em Qualquer Período

Prestação

$$p = \frac{P(1-q)}{\left[\dfrac{1-(1+i)^{-n}}{i}\right]} + q\frac{(1+i(n-k+1))}{n}$$

Juros

$$j_k = P \times i\left(\frac{(1+i)^n-(1+i)^{k-1}}{(1+i)^n-1}(1-q)+\left(1-\frac{k-1}{n}\right)q\right)$$

Amortização

$$A_k = P\left(\frac{(1+i)^{k-1}\times i\times(1-q)}{(1+i)^n-1}+\frac{1-q}{n}\right)$$

Saldo devedor

$$j_k = P\left(\frac{(1+i)^n-(1+i)^k}{(1+i)^n-1}(1-q)+\frac{(n-k)(1-q)}{n}\right)$$

Exercícios

1. Um financiamento de $ 50.000,00 foi contraído para ser pago com base no SAF. Sabe-se que a taxa de juros é de 20% ao mês. Determine o valor da amortização do segundo período, sabendo que o prazo de pagamento é de 12 meses.
Resposta: $ 1.515,90

2. Um financiamento de $ 200.000,00 foi contraído para ser pago com base no SACRE. Sabe-se que a taxa de juros é de 5% ao mês. Determine o valor do saldo devedor do quarto período, sabendo que o prazo é de 24 meses.
Resposta: $ 173.648,09

3. Um financiamento de $ 200.000,00 foi contratado pela Tabela *Price*. A taxa de juros é de 240% ao ano, com capitalização mensal. Ao final de 36 meses, determine o saldo devedor, considerando um prazo de 48 meses.
Resposta: $ 44.399,19

4. Um financiamento de $ 100.000,00 foi contraído para ser pago com base no SAC. Sabe-se que a taxa de juros é de 15% ao mês. Determine o valor do saldo devedor do décimo segundo período, sabendo que o prazo é de 24 meses e que existe uma carência de 4 meses, de forma que os juros são capitalizados e acumulados ao saldo devedor.
Resposta: $ 87.450,01

5. Um financiamento de $360.000,00 foi realizado com base na taxa de 5% ao mês, para os próximos 15 anos. Sabendo que os pagamentos são mensais, determine o valor dos juros do primeiro mês, se o sistema adotado é o SAF.
Resposta: $18.000,00

6. Um financiamento de $600.000,00 foi realizado com base na taxa de 10% ao mês, para os próximos 4 anos. Sabendo que os pagamentos são mensais, determine o valor da parcela do último mês da planilha de financiamento, se o sistema adotado é o SAC.
   Resposta: $27.500,00

7. Dois sistemas de amortização foram comparados numa situação para 3 períodos anuais e taxa de 10%. Sabe-se que a primeira parcela do Sistema de Amortização Francês supera a do SAC em $33.380,66. Se os juros do SAC para o primeiro período correspondem a $9.000,00, determine a diferença entre as últimas parcelas dos dois sistemas.
   Resposta: $39.380,66

8. Um financiamento de $500.000,00 foi contraído para ser pago, com base no SAC, em 48 meses. Sabe-se que a taxa de juros é de 5% ao mês. No meio do plano, decide-se mudar para o SAF. Determine o valor dos próximos 4 meses, após a mudança, da planilha de financiamento.
   Resposta:

Prazo	Juros	Amortização	Saldo	Parcela
25	12.500,00	5.617,72	244.382,28	18.117,72
26	12.219,11	5.898,61	238.483,67	18.117,72
27	11.924,18	6.193,54	232.290,14	18.117,72
28	11.614,51	6.503,21	225.786,92	18.117,72

9. Um financiamento de $300.000,00 foi contraído para ser pago, com base no SAF, em 48 meses. Sabe-se que a taxa de juros é de 5% ao mês. No meio do plano, decide-se mudar para o SAC. Determine o valor dos próximos 4 meses, após a mudança, da planilha de financiamento.
   Resposta:

Prazo	Juros	Amortização	Saldo	Parcela
25	22.899,57	9.541,49	219.454,24	32.441,06
26	21.945,42	9.541,49	209.912,75	31.486,91
27	20.991,28	9.541,49	200.371,26	30.532,76
28	20.037,13	9.541,49	190.829,78	29.578,62

10. Um financiamento de $400.000,00 foi contraído para ser pago, com base no SAA, em 4 meses. Sabe-se que a taxa de juros é de 5% ao mês. Determine o valor das parcelas, levando-se em consideração que, para formação do fundo de amortização, a taxa é de 5% ao mês.
Resposta: $132.804,74

11. Um financiamento de $150.000,00 foi contraído para ser pago com base no SAF. Sabe-se que a taxa de juros é de 5% ao mês. Determine o valor da amortização do quinto período, sabendo que o prazo de pagamento é de 120 meses.
Resposta: $26,20

12. Um financiamento de $200.000,00 foi contraído para ser pago com base no SACRE. Sabe-se que a taxa de juros é de 5% ao mês. Determine o valor do saldo devedor do quarto período, sabendo que o prazo é de 24 meses.
Resposta: $173.648,09

13. Um financiamento de 100.000,00 foi contratado pela Tabela Price. A taxa de juros é de 36% ao ano com capitalização mensal. Ao final de 36 meses determine o saldo devedor considerando um prazo de 48 meses.
Resposta: $39.395,73

14. Um financiamento de $100.000,00 foi contraído para ser pago com base no SAC. Sabe-se que a taxa de juros é de 5% ao mês. Determine o valor do saldo devedor do décimo segundo período, sabendo que o prazo é de 24 meses e que existe uma carência de 4 meses de forma que os juros são capitalizados e acumulados ao saldo devedor.
Resposta: $81.033,75

15. Um financiamento de $360.000,00 foi realizado com base na taxa de 2% ao mês para os próximos 15 anos. Sabendo que os pagamentos são mensais, determine o valor dos juros do primeiro mês se o sistema adotado é o SAF.
Resposta: $7.200,00

16. Um financiamento de $450.000,00 foi realizado com base na taxa de 12% ao mês para os próximos 5 anos. Sabendo que os pagamentos são mensais, determine o valor da parcela do último mês da planilha de financiamento se o sistema adotado é o SAC.
Resposta: $7.875,00

17. Um financiamento de $150.000,00 foi contraído para ser pago com base no SACRE. Sabe-se que a taxa de juros é de 3% ao mês. Determine o valor do saldo devedor do sexto período, sabendo que o prazo é de 24 meses e que para constituição do SACRE 60% correspondem ao SAF e 40% ao SAC.
Resposta: $118.089,85

18. Para o mesmo financiamento determine o valor total dos juros pagos.
Resposta: $60.042,42

19. Um financiamento de $120.000,00 foi contraído para ser pago com base no SAA em 8 meses. Sabe-se que a taxa de juros é de 6% ao mês. Determine o valor das parcelas, levando-se em consideração que para formação do fundo de amortização a taxa é de 1,5% ao mês.
Resposta: $14.230,08 + $7.200,00 = $21.430,08

20. Um financiamento foi contraído para ser pago com base no SACRE cuja constituição é dada por 60% do SAF e 40% do SAC. Sabe-se que a taxa de juros é de 4% ao mês. Determine o valor do saldo devedor do décimo período, considerando que o prazo é de 24 meses e que o decréscimo entre as parcelas é de $120,00.
Resposta: $116.822,59

CAPÍTULO 9

Avaliação de Investimentos

9.1 As Taxas de Juros para Decisão de Investimentos

As decisões de investimentos tomam por base a comparação entre diversas oportunidades. Sendo assim, é comum que a análise faça uso do custo do capital, representado por i. Por outro lado, o projeto, por ser um fluxo contínuo de caixa, apresenta uma taxa própria de rentabilidade, representada por i^* e conhecida como taxa interna de retorno. Essas duas taxas, a do custo de capital e a interna de retorno, são imprescindíveis para a avaliação de investimentos.

9.1.1 Avaliação de Investimentos

Para avaliar o investimento, normalmente o mercado faz uso da rentabilidade do projeto, dimensionada pela taxa interna de retorno. Busca-se, portanto, uma indicação da rentabilidade do projeto, em função do comportamento dos recursos obtidos, em relação ao investimento.

No entanto, a rentabilidade do projeto não é suficiente para definição do investimento. Assim, além da rentabilidade, o aspecto econômico do projeto deve ser considerado. Para isso, faz-se uso do método do valor presente líquido. Seu objetivo é quantificar o valor presente da renda econômica, ao longo da vida útil do projeto, com base no custo de capital. Assim, quando a taxa interna de retorno for positiva e maior que o custo de capital, o valor presente líquido será positivo.

9.2 Características dos Projetos de Investimentos

Os projetos de investimentos são representados por suas sequências de fluxos de caixa líquidos, durante um intervalo de tempo definido, em função da vida econômica do projeto.

Para caracterizar o projeto de investimento, toma-se a seqüência dos fluxos de caixa esperados, identificados por f_j, onde $j=1,2,3...n$. Esses fluxos passam a representar a diferença entre as receitas e despesas, estimadas ao longo do enésimo período de vida econômica do projeto, de um lado. Do outro, o fluxo de caixa do investimento no projeto passa a ser identificado por f_0.

Desta maneira, com base na mudança de sinais dos fluxos, os projetos podem ser definidos como convencionais ou não convencionais, implicando diretamente nos resultados obtidos dos métodos de avaliação de investimentos.

São considerados projetos convencionais todos aqueles que apresentam uma única mudança de sinal entre os fluxos de caixa f_0 e f_j. Ao contrário, são considerados projetos não convencionais todos aqueles que apresentam mais de uma mudança de sinal entre os fluxos de caixa f_0 e f_j. Os dois tipos de projetos são apresentados abaixo:

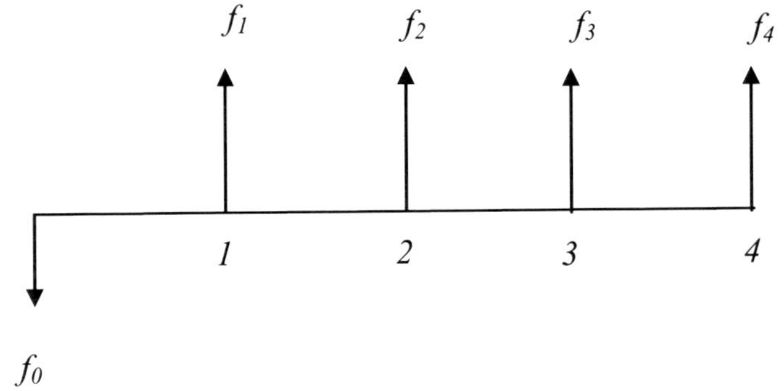

Fluxo de caixa convencional – uma mudança de sinal apenas

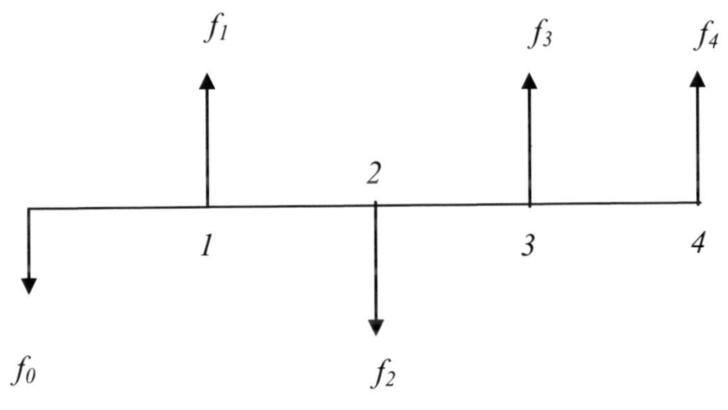

Fluxo de Caixa não convencional – mais de uma mudança de sinal

9.3 Métodos de Avaliação de Investimentos

Alguns métodos de avaliação de investimentos merecem destaque quando o objetivo é definir a realização de projetos. Baseados no desconto do fluxo de caixa, temos: valor presente líquido – VPL, taxa interna de retorno – TIR, e índice custo-benefício.

9.3.1 Valor Presente Líquido

O objetivo deste método é quantificar o valor presente da renda econômica ao longo da vida útil do projeto, através da subtração dos fluxos de caixa f_j, no momento zero, pelo fluxo de caixa f_0, na mesma data, com base no custo de capital. A representação algébrica que define este modelo segue como:

$$vpl = \left[\frac{f_1}{(1+i)^1} + \frac{f_2}{(1+i)^2} + \frac{f_3}{(1+i)^3} + \ldots + \frac{f_n}{(1+i)^n} \right] - f_0$$

Alternativamente, pode-se representá-la por:

$$vpl = \left(\sum_{j=1}^{n} \frac{f_j}{(1+i)^j} \right) - f_0$$

Percebe-se a necessidade custo de capital i para definição do modelo. O critério do valor presente líquido firma-se na aceitação do projeto, quando o somatório dos valores presentes dos fluxos de caixa esperados, com base no custo de capital, supera o valor do investimento.

Para compreender tal critério, tomemos uma situação de investimento para 5 anos. O investimento necessário para o projeto F será de $ 100.000,00 e os fluxos de caixa, depois dos impostos, seguem conforme a tabela abaixo. Para este projeto, deve-se considerar o custo de capital igual a 12% ao ano. Assim, temos que:

Período	Fluxo de Caixa
0	(100.000,00)
1	35.000,00
2	35.000,00
3	35.000,00
4	32.000,00
5	30.000,00

Aplicando a fórmula do valor presente líquido, temos:

$$vpl = \left[\frac{35.000,00}{(1,12)^1} + \frac{35.000,00}{(1,12)^2} + \frac{35.000,00}{(1,12)^3} + \frac{32.000,00}{(1,12)^4} + \frac{30.000,00}{(1,12)^5} \right] - 100.000,00$$

$$vpl = 121.423,48 - 100.000,00 = 21.423,48$$

Ou seja, com base na taxa do custo de capital de 12%, o projeto agrega um valor de $21.423,48 após recuperar e remunerar o valor investido. Alternativamente, pode-se compreender com o uso do gráfico:

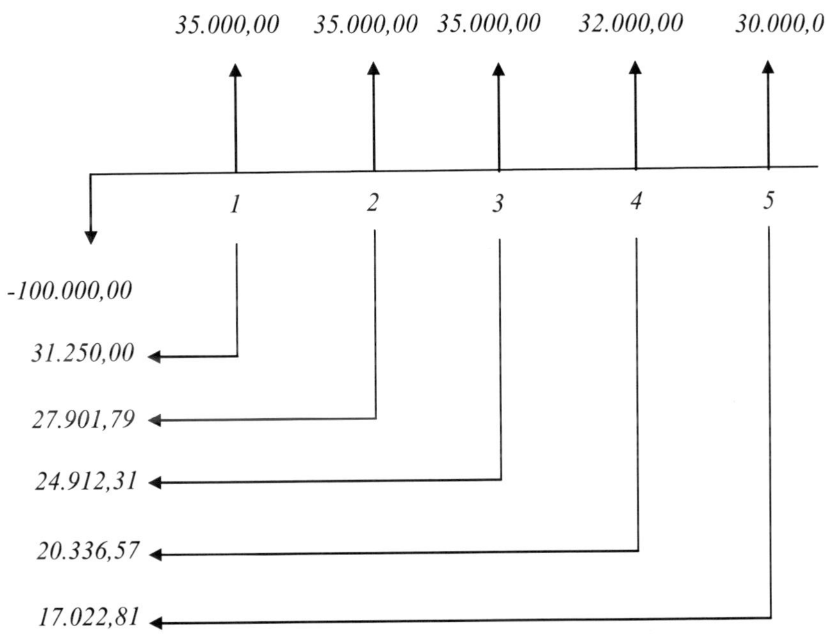

Uma outra possibilidade de compreender o significado do *vpl* é, a partir do projeto original, analisar o seu comportamento com base em outras estimativas de taxas para o custo de capital. Define-se esta metodologia como perfil do *vpl* do projeto. Exemplificaremos o perfil do *vpl* com base nas informações do projeto acima, com diversas taxas para o custo de capital.

Assim, temos que:

Custo de Capital	vpl
0%	67.000,00
5%	45.145,95
10%	27.523,89
12%	21.423,48
15%	13.124,29
20%	1.215,28
25%	(8.742,40)
30%	(17.152,09)

Observa-se que, conforme o custo de capital aumenta, o resultado obtido com *vpl* reduz seu valor. Isso acontece porque um maior custo de capital reduz os resultados obtidos dos fluxos de caixa f_j ao longo do tempo.

Algumas Observações sobre o Valor Presente Líquido

O método do *vpl* inclui os fluxos de caixa f_j e f_0 ao longo do tempo, estimando, de certa forma, o risco, através do custo de capital i. O critério de escolha, quando comparado a outro projeto, é a seleção daquele que apresentar o maior valor para o *vpl*, desde que sejam valores positivos.

A fundamentação do *vpl* tem base na geração do caixa. Assim, um projeto cujo *vpl* é igual a zero significa que os fluxos de caixas são suficientes para recuperar o capital investido em função de uma taxa de retorno exigida daquele capital. Agora, se o projeto apresenta um *vpl* positivo, então o mesmo está gerando mais caixa do que o necessário para o pagamento do investimento realizado, em função de uma taxa de retorno exigida daquele capital. Por fim, se o *vpl* é negativo, então o mesmo não está gerando caixa necessário para o pagamento do investimento realizado, em função de uma taxa de retorno exigida daquele capital.

Algumas observações devem ser feitas: na sua definição, é necessário que se conheça o custo de capital adequadamente; em relação aos resultados fornecidos, para comparação de projetos distintos, não pode ser utilizado para projetos com investimentos de valores diferentes, uma vez que os resultados investidos para gerar renda são distintos.

9.3.2 Taxa Interna de Retorno

O objetivo deste método é o de definir a taxa intrínseca de rendimento do projeto, com base nos fluxos de caixa f_j e f_0. A melhor definição da taxa interna de retorno é: taxa para a qual o valor presente líquido dos fluxos de caixa esperados é igual ao fluxo de caixa do investimento. Como consequência, o valor presente líquido será igual a zero. A representação algébrica que define esse modelo segue como:

$$\left[\frac{f_1}{(1+i^*)^1}+\frac{f_2}{(1+i^*)^2}+\frac{f_3}{(1+i^*)^3}+\ldots+\frac{f_n}{(1+i^*)^n}\right]-f_0=0$$

Alternativamente, pode-se representar por:

$$\left(\sum_{j=1}^{n}\frac{f_j}{(1+i^*)^j}\right)-f_0=0$$

Com base nas informações do projeto utilizado anteriormente, para o cálculo do *vpl*, percebe-se, através do perfil do *vpl*, que entre as taxas 20% e 25% existe uma única taxa capaz de permitir que o valor presente dos fluxos de caixa esperados sejam exatamente iguais ao investimento. Os procedimentos a serem aplicados para definição da taxa interna de retorno são o de tentativa e erro ou o método de interpolação linear. Alternativamente, o cálculo é realizado através das calculadoras financeiras de uma maneira mais rápida e prática.

Com base nas informações geradas no perfil do *vpl*, e aplicando a interpolação, temos, para a situação:

$$\frac{(i^*-i_0^*)}{(i_1^*-i_0^*)}=\frac{vpli^*-vpli_0^*}{vpli_1^*-vpli_0^*}$$

Assim, com base nas informações do exemplo anterior, temos:

$$\frac{(i^* - 25)}{(20 - 25)} = \frac{0 - (8.742,40)}{1.215,28 - (8.742,40)}$$

$$\frac{(i^* - 25)}{-5} = \frac{8.742,40}{9.957,68}$$

$$-43.712,00 = 9.957,68i^* - 248.992,00$$

$$9.957,68i^* = 205.230,00$$

$$i^* = \frac{205.230,00}{9.957,68} = 20,61$$

Aproximadamente a taxa interna de retorno do projeto é de 20,61%. Usando uma calculadora financeira, a taxa interna de retorno é de 20,57%. Ou seja, a diferença é pequena, valendo a sua utilização quando não dispomos de calculadoras financeiras.

Algumas Observações sobre a Taxa Interna de Retorno

O método da *tir* considera os fluxos de caixa f_j e f_0 ao longo do tempo, com o objetivo de anular o *vpl* do projeto. O critério de escolha, quando comparado a outro projeto, é a seleção daquele que apresentar o maior valor para a *tir*, desde que sejam valores positivos e maiores que o custo de capital *i*.

No entanto, algumas observações devem ser feitas: na sua definição, é necessário que o fluxo de caixa do projeto seja do tipo convencional, uma vez que projetos não convencionais podem apresentar mais de uma *tir*; em relação aos resultados fornecidos, para comparação de projetos distintos, fornece uma medida relativa e fácil de ser compreendida.

9.3.2.1 Taxa Interna de Retorno Modificada

Uma alternativa para projetos que apresentam mais de uma taxa interna de retorno (projeto não convencional) é trazer para valor presente (descapitalizar) todos os fluxos de saída de recursos para o início do projeto (data zero) e levar para valor futuro (capitalizar) todas as entradas para o período de encerramento do projeto.
A descapitalização e a capitalização são realizadas com base no custo de capital. Com isso, teremos agora um projeto composto de uma única saída e única entrada. Desta forma, define-se a taxa de retorno deste novo fluxo cujo nome passa a ser taxa interna de retorno modificada. Digamos que a taxa interna de retorno modificada seja superior ao custo de capital, isto quer dizer que o projeto pode ser aceito, do contrário, rejeitado.

9.3.3 Índice Custo-benefício

Este método tem como critério a relação entre o valor presente dos benefícios obtidos e o valor presente dos custos, definindo o projeto mais adequado quando o indicador apresentar-se superior à unidade.

A representação algébrica deste índice é definida por:

$$\frac{b}{c} = \frac{\sum_{t}^{n} \frac{b_t}{(1+i)^t}}{\sum_{t}^{n} \frac{c_t}{(1+i)^t}}$$

Digamos que um projeto apresente um período de vida útil igual a 3 anos, custo de capital igual a 10% ao ano e a projeção dos benefícios e dos custos seja representada conforme segue:

	Ano 0	Ano 1	Ano 2	Ano 3
Custos	-200,00	-2.200,00	-2.500,00	-3.000,00
Benefícios	80,00	3.300,00	3.500,00	5.000,00
Fluxo de Caixa Líquido	-120,00	1.100,00	1.000,00	2.000,00

Aplicando a fórmula do índice custo-benefício, teremos:

$$\frac{b}{c}=\frac{80+\dfrac{3.300}{(1,10)^{1}}+\dfrac{3.500,00}{(1,10)^{2}}+\dfrac{5.000,00}{(1,10)^{3}}}{200+\dfrac{2.200}{(1,10)^{1}}+\dfrac{2.500,00}{(1,10)^{2}}+\dfrac{3.000,00}{(1,10)^{3}}}$$

$$\frac{b}{c}=\frac{80+3.000,00+2.892,56+3.756,57}{200+2.000,00+2.066,12+2.253,94}$$

$$\frac{b}{c}=1,49218$$

9.4 Relação entre a TIR e o VPL

Na relação entre *tir* e *vpl* deve existir uma condição de consistência, de forma que não somente o valor da *tir* seja considerado, quanto o da escolha entre alternativas de investimentos. Assim, o método do *vpl* deve ser utilizado conjuntamente com o método da *tir*. Acontece que, para fazer uso do *vpl*, é necessário que se conheça o custo de capital, definido por *i*.

Então, pode-se concluir que existe uma relação entre a *tir* i_* e o *vpl*. Para comprovar esta relação, devemos considerar o projeto *F* e o perfil do *vpl*. Então, com base nas informações já discutidas, temos:

Custo de Capital	vpl
0%	67.000,00
5%	45.145,95
10%	27.523,89
12%	21.423,48
15%	13.124,29
20%	1.215,28
20,57%	0,00
25%	(8.742,40)
30%	(17.152,09)

O projeto *F* apresenta uma rentabilidade de 20,57%. Ou seja, os fluxos de caixa esperados, quando confrontados, no momento zero, com o fluxo de investimento, respondem a este retorno percentual. Então, se o projeto for realizado em condições nas quais o custo de capital corresponda a valores menores do que 20,57%, por exemplo, 12%, apresentarão uma renda econômica positiva para os investidores. Do contrário, quando o custo de capital for maior do que o retorno do projeto, o projeto apresentará uma renda econômica negativa para os investidores.
A tabela abaixo demonstra as condições:

Condições	Consequência
$i > i^*$	$vpl < 0$
$i = i^*$	$vpl = 0$
$i < i^*$	$vpl > 0$

Lembre-se de que i representa o custo de capital, e de que i^* representa a taxa interna de retorno do projeto, em análise.

9.5 Alternativas Mutuamente Excludentes entre Projetos

Os problemas com a definição do melhor projeto estão relacionados, não com a escolha por um único projeto, mas entre diversas opções. Assim, a análise terá como base uma comparação entre dois ou mais projetos com as mesmas características ou não. Normalmente, como as empresas apresentam restrições orçamentárias, não será possível realizar todos os projetos, devendo-se, portanto, escolher o mais adequado. O termo mutuamente excludente indica que a opção por uma alternativa implica na desistência imediata outra alternativa.

9.5.1 Alternativas Mutuamente Excludentes de mesmo Prazo e Valor Investido

Iremos considerar dois projetos, R e T, mutuamente excludentes, de mesmo prazo e mesmo valor investido. Para definição do melhor projeto, deve-se considerar o método da *tir* e do *vpl*, e o custo de capital igual a 10% ao período.

Projeto	f_0	f_1	*tir*	*vpl*
R	1.000,00	2.500,00	150%	1.272,73
T	1.000,00	2.800,00	180%	1.545,45

Aplicando o conceito da *tir* e *vpl*, temos:

Projeto R
Definição da *tir*

$$\left[\frac{f_1}{(1+i^*)^1}\right]-f_0=0$$

$$\left[\frac{2.500,00}{(1+i^*)^1}\right]-1.000,00=0$$

$$(1+i^*)^1\times 1.000,00=2.500,00$$

$$(1+i^*)^1=\frac{2.500,00}{1.000,00}$$

$$i^* = 1,50 = 150\%$$

Definição do *vpl*

$$vpl = \left[\frac{f_1}{(1+i)^1}\right] - f_0$$

$$vpl = \left[\frac{2.500,00}{(1,10)^1}\right] - 1.000,00$$

$$vpl = 2.272,73 - 1.000,00 = 1.272,73$$

Projeto T

Definição da *tir*

$$\left[\frac{f_1}{(1+i^*)^1}\right] - f_0 = 0$$

$$\left[\frac{2.800,00}{(1+i^*)^1}\right] - 1.000,00 = 0$$

$$(1+i^*)^1 \times 1.000,00 = 2.800,00$$

$$(1+i^*)^1 = \frac{2.800,00}{1.000,00}$$

$$i^* = 1,80 = 180\%$$

Definição do *vpl*

$$vpl = \left[\frac{f_1}{(1+i)^1}\right] - f_0$$

$$vpl = \left[\frac{2.800,00}{(1,10)^1}\right] - 1.000,00$$

$$vpl = 2.545,45 - 1.000,00 = 1.545,45$$

Com base na *tir*, como também no *vpl*, percebe-se que *T* é o melhor projeto e deve ser o preferido.

9.5.1.1 Diferenças na Formação do Fluxo de Caixa

Consideraremos dois projetos, *X* e *Y*, mutuamente excludentes, de mesmo prazo e mesmo valor investido. Para definição do melhor projeto, deve-se considerar o método da *tir* e do *vpl*, e o custo de capital igual a 20% ao período.

Projeto	f_0	f_1	f_2	*vpl*	*tir*
X	1.000,00	1.300,00	250,00	256,94	47,00
Y	1.000,00	160,00	1.650,00	279,16	36,70

Os projetos, apesar de demandarem as mesmas características com relação ao prazo e ao valor investido, apresentam-se diferentes quanto à formação de fluxo de caixa. Desta forma, o projeto *X* apresenta os maiores fluxos de caixa mais cedo, enquanto que o projeto *Y* apresenta os maiores fluxos de caixa mais tarde.

Esta diferença acaba contribuindo para a incoerência obtida com os métodos *tir* e *vpl*, uma vez que seus resultados implicam decisões conflitantes. Assim, pelo método da *tir*, o melhor projeto é o *X*, enquanto que, pelo *vpl*, o melhor projeto é o *Y*.

Aplicando o conceito da *tir* e do *vpl*, temos:

Projeto X

Definição da *tir*

$$\left[\frac{f_1}{(1+i^*)^1}+\frac{f_1}{(1+i^*)^2}\right]-f_0=0$$

$$\left[\frac{1.300,00}{(1+i^*)^1}+\frac{250,00}{(1+i^*)^2}\right]-1.000,00=0$$

Devemos calcular a tabela do perfil do *vpl* para, através da interpolação, definir a *tir* do projeto. Assim, temos:

Custo de Capital	vpl
0%	550,00
5%	464,85
10%	388,43
15%	319,47
20%	256,94
25%	200,00
30%	147,93
35%	100,14
40%	56,12
45%	15,45
50%	(22,22)

Com base no perfil do *vpl*, observa-se que entre 45% e 50% existe uma taxa de retorno capaz de zerá-lo. Então, aplicando a interpolação temos, para a situação:

$$\frac{(i^*-i_0^*)}{(i_1^*-i_0^*)}=\frac{vpli^*-vpli_0^*}{vpli_1^*-vpli_0^*}$$

$$\frac{(i^*-50)}{(45-50)}=\frac{0-(-22,22)}{15,45-(-22,22)}$$

$$\frac{(i^* - 50)}{-5} = 0,58986$$

$$i^* = (0,58986 \times -5) + 50 = 47,05$$

Definição do *vpl*

$$vpl = \left[\frac{f_1}{(1+i)^1} + \frac{f_2}{(1+i)^2}\right] - f_0$$

$$vpl = \left[\frac{1.300,00}{(1,20)^1} + \frac{250,00}{(1,20)^2}\right] - 1.000,00$$

$$vpl = (1.083,33 + 173,61) - 1.000,00 = 256,94$$

Projeto *Y*

Definição da *tir*

$$\left[\frac{f_1}{(1+i^*)^1} + \frac{f_1}{(1+i^*)^2}\right] - f_0 = 0$$

$$\left[\frac{160,00}{(1+i^*)^1} + \frac{1.650,00}{(1+i^*)^2}\right] - 1.000,00 = 0$$

Devemos calcular o a tabela do perfil do *vpl* para, através da interpolação, definir a *tir* do projeto. Assim, temos:

Custo de Capital	vpl
0%	810,00
5%	648,98
10%	509,09
15%	386,77
20%	279,17
25%	184,00
30%	99,41
35%	23,87
40%	(43,87)

Com base no perfil do *vpl*, observa-se que entre 35% e 40% existe uma taxa de retorno capaz de zerá-lo. Então, aplicando a interpolação, temos, para a situação:

$$\frac{(i^* - i_0^*)}{(i_1^* - i_0^*)} = \frac{vpli^* - vpli_0^*}{vpli_1^* - vpli_0^*}$$

$$\frac{(i^* - 40)}{(35 - 40)} = \frac{0 - (-43,87)}{23,87 - (-43,87)}$$

$$\frac{(i^* - 40)}{-5} = 0,58986$$

$$i^* = (0,64762 \times -5) + 40 = 36,76$$

Definição do *vpl*

$$vpl = \left[\frac{f_1}{(1+i)^1} + \frac{f_2}{(1+i)^2}\right] - f_0$$

$$vpl = \left[\frac{160,00}{(1,20)^1} + \frac{1.650,00}{(1,20)^2} \right] - 1.000,00$$

$$vpl = (133,33 + 1.145,83) - 1.000,00 = 279,16$$

Só poderemos decidir sobre o melhor projeto usando o método da análise incremental, visto detalhadamente a seguir. Através deste método, à taxa do fluxo de caixa incremental, os projetos passam a ser indiferentes, uma vez que apresentarão *vpl* iguais.

Para esta análise, a taxa interna do fluxo de caixa incremental corresponde a 22,81%. Assim, até esta taxa, o projeto *Y* é o preferível. A partir desta taxa até a taxa de 47%, o projeto X passa a ser o preferível.

Projeto	f_0	f_1	f_2	*tir*
X	1.000,00	1.300,00	250,00	-
Y	1.000,00	160,00	1.650,00	-
Y-X	0,00	-1.140,00	1.400,00	22,81%

Conforme a tabela acima, a taxa interna do fluxo de caixa incremental foi obtida pela diferença entre os projetos *Y* e *X*. Desta forma:

$$\left[\frac{f_1}{(1+i^*)^1} + \frac{f_2}{(1+i^*)^2} + \right] - f_0 = 0$$

$$\left[\frac{-1.140,00}{(1+i^*)^1} + \frac{1.400,00}{(1+i^*)^2} \right] - 0,00 = 0$$

$$\left[\frac{-1.140,00}{(1+i^*)^1} + \frac{1.400,00}{(1+i^*)^2} \right] - 0,00 = 0$$

Organizando a expressão, temos:

$$\frac{-1.140,00(1+i)+1.400,00}{(1+i^*)^2}\frac{-0,00}{(1+i^*)^2}=\frac{0}{(1+i^*)^2}$$

$$1.400,00=1.140,00(1+i)$$

$$(1+i)=\frac{1.400,00}{1.140,00}=1,22807$$

$$i=0,22807=22,81\%$$

9.5.2 Alternativas Mutuamente Excludentes de mesmo Prazo e diferente Valor Investido

Consideraremos dois projetos, F e G, mutuamente excludentes, de mesmo prazo e diferente valor investido. Para definição do melhor projeto, deve-se considerar o método da *tir* e do *vpl*, e o custo de capital igual a 10%.

Projeto	f_0	f_1	*tir*	*vpl*
F	2.000,00	3.200,00	60%	909,09
G	1.500,00	2.500,00	67%	772,73

Aplicando o conceito da *tir* e *vpl*, temos:

Projeto F

Definição da *tir*

$$\left[\frac{f_1}{(1+i^*)^1}\right]-f_0=0$$

$$\left[\frac{3.200,00}{(1+i^*)^1}\right]-2.000,00=0$$

$$(1+i^*)^1 \times 2.000,00 = 3.200,00$$

$$(1+i^*)^1 = \frac{3.200,00}{2.000,00}$$

$$i^* = 0,60 = 60\%$$

Definição do *vpl*

$$vpl = \left[\frac{f_1}{(1+i)^1}\right] - f_0$$

$$vpl = \left[\frac{3.200,00}{(1,10)^1}\right] - 2.000,00$$

$$vpl = 2.909,09 - 2.000,00 = 909,09$$

Projeto G

Definição da *tir*

$$\left[\frac{f_1}{(1+i^*)^1}\right] - f_0 = 0$$

$$\left[\frac{2.500,00}{(1+i^*)^1}\right] - 1.500,00 = 0$$

$$(1+i^*)^1 \times 1.500,00 = 2.500,00$$

$$(1+i^*)^1 = \frac{2.500,00}{1.500,00}$$

$$i^* = 0,67 = 67\%$$

Definição do *vpl*

$$vpl = \left[\frac{f_1}{(1+i)^1}\right] - f_0$$

$$vpl = \left[\frac{2.500,00}{(1,10)^1}\right] - 1.500,00$$

$$vpl = 2.272,73 - 1.500,00 = 772,73$$

Com base na *tir*, o projeto *G* é o mais adequado; com base no método do *vpl*, F é o melhor projeto. Ou seja, os métodos são conflitantes. Acontece que a análise sobre os investimentos compara dois projetos com valores de investimento distintos. Como o objetivo é escolher o melhor projeto, a diferença entre os valores a serem investidos permitirá escolher aquele capaz de adicionar renda econômica.

Análise Incremental

Através desta metodologia, define-se o investimento incremental obtido pela diferença entre os projetos, como também definem-se os fluxos de caixa esperados. Assim, temos que:

Projeto	f_0	f_1	*tir*	*vpl*
F	2.000,00	3.200,00	60%	909,09
G	1.500,00	2.500,00	67%	772,73
F-G	500,00	700,00	40%	-

Projeto *F-G*

Definição da *tir*

$$\left[\frac{f_1}{(1+i^*)^1}\right] - f_0 = 0$$

$$\left[\frac{700,00}{(1+i^*)^1}\right]-500,00=0$$

$$(1+i^*)^1 \times 500,00 = 700,00$$

$$(1+i^*)^1 = \frac{700,00}{500,00}$$

$$i^* = 1,40-1 = 0,40$$

Com base no fluxo de caixa incremental, obtido pela diferença entre os projetos *F* e *G*, define-se uma taxa de retorno de 40%. A lógica por trás desse cálculo é a de quantificar quanto de retorno o projeto *F* oferece por ser investido o acréscimo de \$ 500,00 em relação ao projeto *G*. Como o custo de capital é de 12%, justifica-se, portanto, o investimento em *F*. Do contrário, \$ 1.500,00 seriam investidos em *G*, e os \$ 500,00 restantes seriam aplicados no mercado apenas à taxa de 12%.

9.5.3 Alternativas Mutuamente Excludentes de diferente Prazo e mesmo Valor Investido

Consideraremos dois projetos, *H* e *J*, mutuamente excludentes, de diferente prazo e mesmo valor investido. Para definição do melhor projeto, deve-se considerar o método da *tir* e do *vpl*, e o custo de capital igual a 10%.

Projeto	f_0	f_1	f_2	*tir*	*vpl*
H	2.000,00	1.500,00	1.500,00	31,87%	603,31
J	2.000,00	2.700,00	-	35%	454,55

Projeto *H*
Definição da *tir*

$$\left[\frac{f_1}{(1+i^*)^1}+\frac{f_2}{(1+i^*)^2}\right]-f_0=0$$

$$\left[\frac{1.500,00}{(1+i^*)^1}+\frac{1.500,00}{(1+i^*)^2}\right]-2.000,00=0$$

Devemos calcular o a tabela do perfil do *vpl* para, através da interpolação definir a *tir* do projeto. Assim, temos:

Custo de Capital	vpl
0%	1.000,00
5%	789,12
10%	603,31
15%	438,56
20%	291,67
25%	160,00
30%	41,42
35%	(65,84)

Com base no perfil do *vpl*, observa-se que entre 30% e 35% existe uma taxa de retorno capaz de zerar o *vpl*. Então, aplicando a interpolação, temos, para a situação:

$$\frac{(i^*-i_0^*)}{(i_1^*-i_0^*)}=\frac{vpli^*-vpli_0^*}{vpli_1^*-vpli_0^*}$$

$$\frac{(i^*-35)}{(30-35)}=\frac{0-(65,84)}{41,42-(65,84)}$$

$$\frac{(i^*-35)}{-5}=\frac{65,84}{107,26}$$

$$107,26i^{*}-3.754,10=-329,20$$

$$107,26i^{*}=3.429,90$$

$$i^{*}=\frac{3.424,90}{107,26}=31,93$$

O valor da *tir*, através da interpolação, é um valor aproximado da *tir* do projeto, definido por 31,87%.
Definição do *vpl*

$$vpl=\left[\frac{f_1}{(1+i)^1}+\frac{f_2}{(1+i)^2}\right]-f_0$$

$$vpl=\left[\frac{1.500,00}{(1,10)^1}+\frac{1.500,00}{(1,10)^2}\right]-2.000,00$$

$$vpl=2.603,31-2.000,00=603,31$$

Projeto *J*
Definição da *tir*

$$\left[\frac{f_1}{(1+i^{*})^1}\right]-f_0=0$$

$$\left[\frac{2.700,00}{(1+i^{*})^1}\right]-2.000,00=0$$

$$(1+i^{*})^1\times 2.000,00=2.700,00$$

$$(1+i^{*})^1=\frac{2.700,00}{2.000,00}$$

$$i^* = \frac{2.700,00}{2.000,00} - 1$$

$$i^* = 0,35 = 35\%$$

Definição do *vpl*

$$vpl = \left[\frac{f_1}{(1+i)^1}\right] - f_0$$

$$vpl = \left[\frac{2.700,00}{(1,10)^1}\right] - 2.000,00$$

$$vpl = 2.454,55 - 2.000,00 = 454,55$$

Com base na *tir*, o projeto *J* é o mais adequado; com base no método do *vpl*, *H* é o melhor projeto. Ou seja, os métodos são conflitantes. Acontece que a análise sobre os investimentos compara dois projetos com prazos distintos. O objetivo é escolher o melhor projeto; no entanto, a diferença entre os prazos dos projetos não permite que se escolha aquele capaz de adicionar renda econômica. Neste caso, antes de realizar a comparação dos projetos, deve-se, através de dois critérios, igualar os prazos dos projetos.

Cadeia de Reposição

Neste critério, os prazos dos projetos são igualados em alguma data futura, capaz de corresponder a um valor mínimo comum entre as escalas originais de cada projeto. Assim, digamos que um projeto com 3 anos seja comparado com outro de 7 anos. Como não podemos comparar projetos em prazos diferentes, o valor mínimo comum entre 3 e 7 anos será de 21 anos. Desta forma, o projeto de 3 anos será repetido 7 vezes e o projeto de 7 anos será repetido 3 vezes. Esse princípio torna o critério cansativo.

Ilustramos esse critério para os projetos *H* e *J* em estudo. Assim:

Projeto	f_0	f_1	f_2	*tir*	*vpl*
H	2.000,00	1.500,00	1.500,00	31,87%	603,31
J	2.000,00	700,00	2.700,00	35,00%	867,77

O projeto *J* foi repetido por mais um período, uma vez que o valor mínimo comum entre o projeto de 1 ano, de um lado, e o projeto de 2 anos, do outro, é de 2 anos. Portanto, deve-se apenas repetir o projeto *J* para igualá-lo à escala de 2 anos.

Aplicando os cálculos já comentados, chegamos à conclusão de que, para o projeto *J*, em cadeia de reposição, o *vpl* é de $ 867,77 e a *tir* é de 35,00%. Agora não há inconsistência entre os métodos, podendo concluir-se que o projeto *J* deve ser o escolhido. Para repetir o projeto, devemos:

Projeto na Escala Originial

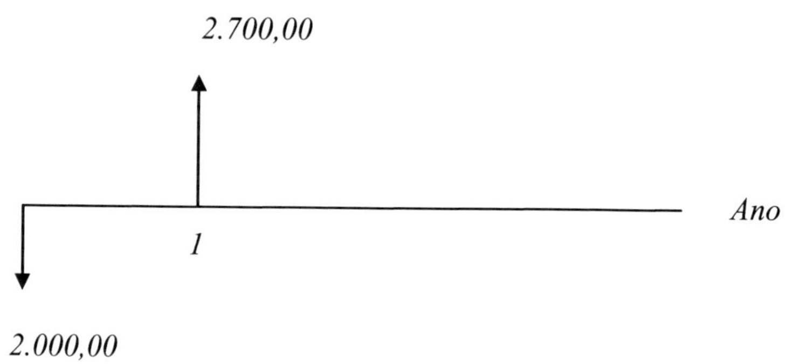

Projeto na Escala Mínimo Comum

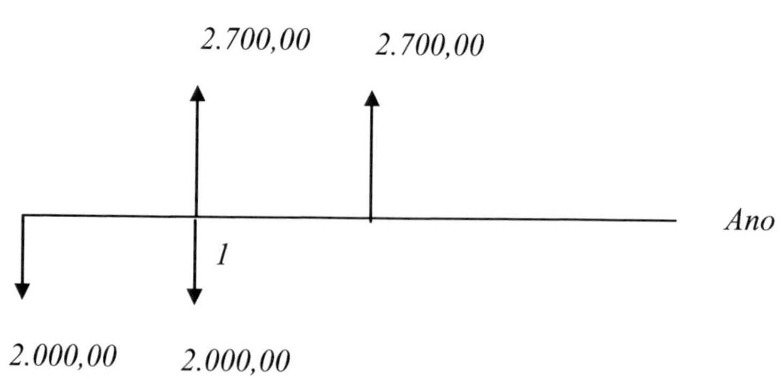

Anuidade Uniforme Equivalente

Neste critério, o *vpl* dos projetos, nos seus prazos originais, é transformado em uma série uniforme. Assim, a renda econômica é distribuída financeiramente, durante o prazo original do projeto, de forma que o projeto que apresentar maior anuidade deva ser preferido, uma vez que oferece uma melhor renda econômica distribuída na escala original.

Projeto	f_0	f_1	f_2	*tir*	*vpl*
H	2.000,00	1.500,00	1.500,00	31,87%	603,31
J	2.000,00	2.700,00	-	35%	454,55

Com base nas informações, teremos:

Projeto *H*

$$vpl = aue \times \left[\frac{1-(1+i)^{-n}}{i}\right]$$

$$603,31 = aue \times \left[\frac{1-(1,10)^{-2}}{0,10}\right]$$

$$aue = \frac{603,31}{1,73554}$$

$$aue = 347,62$$

Projeto *J*

$$vpl = aue \times \left[\frac{1-(1+i)^{-n}}{i}\right]$$

$$454,55 = aue \times \left[\frac{1-(1,10)^{-1}}{0,10}\right]$$

$$aue = \frac{454,55}{0,90909}$$

$$aue = 500,00$$

Percebe-se, portanto, que o projeto *J* apresenta uma maior anuidade uniforme equivalente, o que o torna preferível em relação ao projeto *H*. Observe que os critérios da anuidade uniforme equivalente chegam à mesma conclusão que o critério da cadeia de reposição.

9.5.4 Alternativas Mutuamente Excludentes de Diferente Prazo e Valor Investido

Consideraremos dois projetos, *V* e *C*, mutuamente excludentes, de diferentes prazos e valores investidos. Para definição do melhor projeto, considerando o método da *tir* e do *vpl*, ao custo de capital igual a 10%, teremos:

Projeto	f_0	f_1	f_2	*tir*	*vpl*
V	5.000,00	3.500,00	3.500,00	25,69%	1.074,38
C	6.000,00	8.000,00	-	33,33%	1.272,73

Nesse caso, como os projetos estão em diferente prazo e valor investido, justifica-se o uso do critério de anuidade uniforme equivalente. Observa-se que o critério da cadeia de reposição irá igualar as escalas, mas como os fluxos de capital investidos são distintos, ainda não haveria consistência para comparar os projetos.

Projeto *V*

$$vpl = aue \times \left[\frac{1-(1+i)^{-n}}{i}\right]$$

$$1.074,38 = aue \times \left[\frac{1-(1,10)^{-2}}{0,10}\right]$$

$$aue = \frac{1.074,38}{1,73554}$$

$$aue = 619,05$$

Projeto C

$$vpl = aue \times \left[\frac{1-(1+i)^{-n}}{i}\right]$$

$$1.272,73 = aue \times \left[\frac{1-(1,10)^{-1}}{0,10}\right]$$

$$aue = \frac{1.272,73}{0,90909}$$

$$aue = 1.400,00$$

Portanto, adotando o critério da anuidade uniforme equivalente, o projeto *C* é o preferido.

Exercícios

1. Determinar a *tir* e o *vpl* para um projeto de investimento cujo fluxo de caixa estimado segue abaixo, considerando uma taxa de 10% ao ano para o custo de capital.

Ano	Fluxo de Caixa
0	(200.000,00)
1	55.000,00
2	55.000,00
3	55.000,00
4	55.000,00
5	55.000,00

Resposta: 11,65% e \$ 8.493,27

2. Uma empresa tem oportunidade de investir em duas máquinas mutuamente excludentes. A máquina HC custa \$ 10.000,00 e produzirá entradas líquidas durante 2 anos. A máquina HD custa \$ 3.750,00 e realiza entradas líquidas durante 3 anos. Sabendo que o custo de capital é de 10% ao ano, defina o valor de x e determine a melhor alternativa com base na anuidade uniforme equivalente.

Projeto Máquina HC
VPL – ?
TIR – 19,49874%

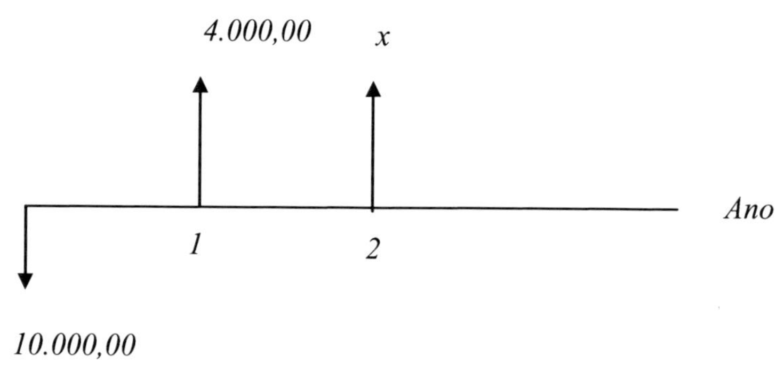

Projeto Máquina HD
VPL – ?
TIR – 27,75607%

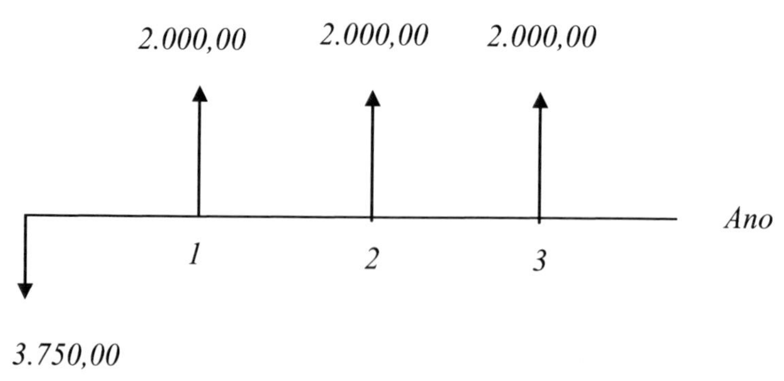

Resposta: $9.500,00. A melhor alternativa é o projeto HC com *aue* igual a $857,14.

3. As alternativas abaixo são mutuamente excludentes, ou seja, para escolher uma devemos rejeitar a outra. No entanto, com a taxa de 14,658561% ao ano, ambos os projetos são preferíveis, apresentando o mesmo *vpl*. Determine o valor (a) que está faltando na tabela abaixo, sabendo que o custo de capital é igual a 10% ao ano.

Opção	Ano 0	Ano 1	Ano 2
Projeto A	(1.000,00)	1.200,00	300,00
Projeto B	(a)	1.300,00	1.500,00

Resposta: $2.000,00

4. As alternativas são mutuamente excludentes, ou seja, para escolher uma devemos rejeitar a outra. Determine o valor (A) que está faltando na tabela abaixo e o *vpl* para os dois projetos, sabendo que o custo de capital é igual a 10% ao ano.

Ano	Projeto S	Projeto L
0	(100.000)	(100.000)
1	A	33.500
2	A	33.500
3	-	33.500
4	-	33.500
AUE	2.380,95	33.500
VPL		1.952,92

Resposta: O valor de A corresponde a $60.000,00 e o valor do *vpl* é de $4.132,23 para o projeto *S* e $6.190,49 para o projeto L.

5. Uma empresa estuda a possibilidade de modificar o processo de fabricação de um componente de seus produtos. Sabe-se que: para fabricar 10 mil peças por ano, o investimento necessário para o

equipamento A é de $150 mil e os custos são de $96 mil por ano, durante 3 anos. Caso a fabricação seja realizada pelo equipamento B, os custos serão de $124 mil por ano, durante 2 anos, e o investimento realizado será de $160 mil. Com base no custo de capital de 12% ao ano, determine por qual equipamento a empresa deve optar.
Resposta: A empresa deve optar pelo projeto B, que apresenta uma *aue* igual a $29.328,30 contra uma *aue* de $33.547,65. Lembre-se que, neste caso, a preferência é pela *aue* de menor valor, por tratar-se de relação de investimento e custos.

6. Uma empresa estuda a possibilidade de substituir um equipamento e dispõe de duas alternativas, *F* e *G*. Sabendo que o custo de capital é inicialmente igual a 1,388843% ao mês, decida qual projeto deve ser escolhido, conforme informações na tabela abaixo:

Ano	F	G
0	(400)	(500)
1	300	500
2	400	500
3	400	-
VPL	380,49	280,28
TIR	69,10%	61,80%

Resposta:Usando o método *aue* o projeto escolhido é o G que corresponde a $179,02 contra $175,00 do projeto F.

7. As alternativas abaixo são mutuamente excludentes, ou seja, para escolher uma devemos rejeitar a outra. Com o custo de capital de 10% ao ano, os projetos apresentam valores diferentes para seus *vpl*. Determine o valor (b) que está faltando na tabela abaixo e defina

Projeto	Ano 0	Ano 1	Ano 2	Ano 3	VPL
F	(1.000)	500	600	700	476,87
G	(1.000)	800	(b)	-	471,07

Resposta: o valor de b corresponde a \$900,00 e a que é igual a \$191,76 para o projeto F e \$271,43 para o projeto G, o que implica na escolha do último projeto.

8. Determine o valor da *tir* e do *vpl* para um projeto de investimento cujo fluxo de caixa estimado segue abaixo, considerando uma taxa para o custo de capital de 5% ao ano.

Ano	Fluxo de Caixa
0	(280.000,00)
1	65.000,00
2	65.000,00
3	65.000,00
4	65.000,00
5	65.000,00

Resposta: 5,18% e \$1.415,98

9. Uma empresa tem oportunidade de investir em duas máquinas mutuamente excludentes. A máquina ASD custa \$10.000,00 e produzirá entrada líquida durante 3 anos. A máquina ZXC custa \$14.000,00 e realiza entradas líquidas durante 2 anos. Se o custo do capital é de 10% ao ano, calcule a *tir* e o *vpl* para cada projeto e defina a melhor alternativa.

Projeto	Ano 0	Ano 1	Ano 2	Ano 3
ASD	(10.000)	3.000	6.000	7.000
ZXC	(14.000)	12.000	7.000	-

Resposta: O projeto ASD apresenta *vpl* igual a \$2.945,15 e *tir* igual a 23,96%. O projeto ZXC apresenta *vpl* igual a \$2.694,21 e *tir* igual a 25,54%. Pela *aue* chega-se à conclusão de que o projeto ASD é o melhor.

10. Uma empresa estuda a possibilidade de substituir um equipamento E dispõe de duas alternativas mutuamente excludentes. Sabendo que o custo de capital é de 1,530947% ao mês, determine qual deve ser o equipamento escolhido.

Projeto	Ano 0	Ano 1	Ano 2	VPL	TIR
XC	(10.000)	10.000	14.000		78,45%
VB	(32.780)	18.000	18.000		6,48%

Resposta: O projeto XC deve ser escolhido por apresentar um *vpl* igual a $8.055,55, contra um *vpl* negativo de $5.280,00.

11. Uma indústria está analisando uma proposta de investimento para dois equipamentos automatizados A e B. As estimativas de investimento e os fluxos de caixa estão definidos na tabela abaixo. Determine a taxa interna de retorno e o valor presente líquido com base num custo de capital de 18% ao ano.

Período	Fluxo de Caixa Livre A	Fluxo de Caixa Livre B
Ano 0	(1.400)	(2.500)
Ano 1	550	1.300
Ano 2	550	970
Ano 3	700	930
Ano 4	800	930

Resposta: TIR de A igual a 28% e de B igual a 25%. Valor presente líquido de A igual a $299,78 e para B $344,04.

12. Ainda em relação aos dois equipamentos automatizados A e B explique qual deles deve ser escolhido.
Resposta: com base na taxa interna do fluxo de caixa incremental cujo valor é de 21% e superior ao custo de capital de 18% é conveniente o investimento do projeto B.

13. Uma indústria está analisando uma proposta de investimento num equipamento automatizado. As estimativas de investimento e os fluxos de caixa estão definidos na tabela abaixo.

Período	Fluxo de Caixa livre
Ano 0	(2.400)
Ano 1	800
Ano 2	900
Ano 3	700
Ano 4	800

Considerando um custo de capital igual a 8% ao ano, determine o valor presente líquido.
Resposta: $256,05

14. Para a proposta de investimento acima considere um custo de capital igual a 12,7679% e determine o valor presente líquido. Aproveite e explique o que representa.
Resposta: $0,00, indicando que esse valor de 12,7679% é o retorno do projeto.

15. Uma indústria está analisando uma proposta de investimento numa planta de refino. As estimativas de investimento e os fluxos de caixa livre estão definidos abaixo.

Período	Fluxo Caixa Livre
Ano 0	?
Ano 1	550
Ano 2	600
Ano 3	650
Ano 4	750
Ano 5	900

Sabendo que a TIR é de 17,47% determine o VPL com base num custo de capital igual a 12% ao ano.
Resposta: $319,37

16. Uma indústria está analisando uma proposta de investimento. As estimativas dos custos e dos benefícios gerados estão definidas abaixo.

Período	Fluxo dos Custos	Fluxo dos Benefícios
Ano 0	(200)	80
Ano 1	(2.200)	3.300
Ano 2	(2.500)	3.500
Ano 3	(3.000)	5.000
Ano 4	(4.000)	6.500
Ano 5	(6.000)	9.000

Sabendo que o custo de capital é de 17% determine se o projeto é adequado.
Resposta: O projeto é adequado uma vez que o índice custo-benefício é de 1,5166

17. Uma indústria está analisando uma proposta de investimento num equipamento automatizado. As estimativas de investimento e os fluxos de caixa livres estão definidos na tabela abaixo.

Período	Fluxo de Caixa Livre
0	(1.700)
1	300
2	400
3	450
4	550
5	700

Considerando um custo de capital de 8% determine o VPL.
Resposta: $158,61

18. Aproveite e faça o perfil do VPL identificando em que faixa deve estar a TIR. Comece com 0% e promova acréscimos de 2% para o custo de capital.
Resposta:

Taxa	VPL
0%	700.00
2%	544.76
4%	403.82
6%	275.58
8%	158.61
10%	51.70
12%	(46.23)
14%	(136.12)

Desta forma, a TIR deve estar entre 10% e 12%. Com o uso de uma calculadora financeira temos o valor de 11,03%.

19. Ainda para a questão anterior determine a TIR caso o valor do investimento fosse modificado para 1.900.
Resposta: 7,27%

20. Ainda para a questão anterior determine o VPL caso o valor do investimento fosse modificado para 1.900. Leve em conta que o custo de capital é de 8%.
Resposta: $-41,39

CAPÍTULO 10

Avaliação de Títulos de Renda Fixa e Renda Variável

10.1 As Características dos Títulos de Renda Fixa

Os títulos de renda fixa apresentam algumas características em comum, embora as taxas de juros da economia sejam responsáveis pelas mudanças de seus retornos.

10.1.1 Valor Nominal

O valor nominal do título de renda fixa é o valor de face, que representa a quantia dos recursos que foram tomados como empréstimo e que, ao final do prazo, devem ser restituídos ao seu titular. Na maioria das vezes são cotados por múltiplos de $1.000,00.

10.1.2 Taxa de Juros do Cupom

A taxa de juros do cupom é a remuneração, assumida pelo emissor durante o período contratual. Normalmente é expressa no período anual, apresentando pagamentos de juros de cupom semestralmente. Portanto, é uma taxa nominativa.

Existem outros títulos de renda fixa que, ao contrário de pagarem juros de cupom, oferecem um deságio na sua compra. São conhecidos no mercado como títulos de cupom zero.

10.1.3 Prazo

Os títulos de renda fixa apresentam prazos mínimos para resgate. Para os títulos que pagam juros de cupom, além do pagamento de juros periódicos, ao final do período contratual o valor nominal do título é restituído ao titular.

10.2 Avaliação dos Títulos de Renda Fixa

Os títulos são avaliados através do fluxo de caixa que se propõem a produzir ao longo do período contratual.

10.2.1 Valor de Comercialização do Título com Pagamento de Cupom

Um título de renda fixa oferece pagamentos de cupom semestrais, com base numa taxa de cupom de 16% ao ano, com capitalização semestral, durante 10 anos. Ao final desse período, o valor nominal de $1.000,00 será restituído ao titular. Define-se o valor de comercialização através do fluxo gerado por este título.

Nesse caso, representa-se o valor de comercialização através do gráfico abaixo:

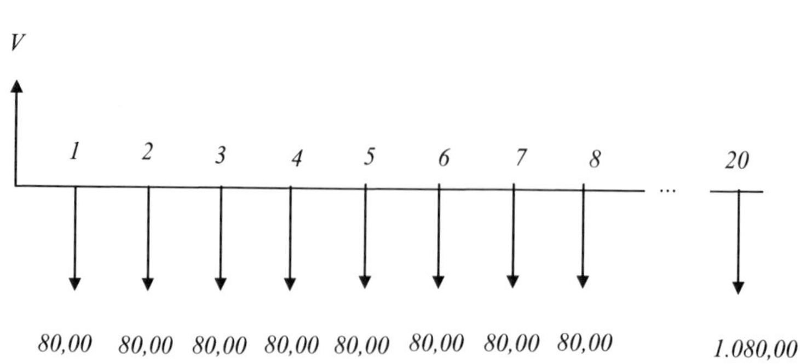

Aplicando o conceito de valor atual, temos que o valor de comercialização do título, com base numa taxa de cupom de 16% ao ano, com capitalização semestral, é igual a:

$$v = \left[\frac{80}{(1,08)^1} + \frac{80}{(1,08)^2} + \frac{80}{(1,08)^3} + \ldots + \frac{1.080,00}{(1,08)^{20}} \right] = 1.000,00$$

Alternativamente, este valor pode ser reescrito por:

$$v = 80 \left[\frac{(1,08)^{-19} - 1}{0,08} \right] + \frac{1.080,00}{(1,08)^{20}} = 1.000,00$$

Percebe-se que o valor de comercialização do título coincide com seu valor nominal. Caso as condições permaneçam as mesmas, define-se o novo valor de comercialização do título 7 anos antes do seu vencimento, conforme segue:

$$v = \left[\frac{80}{(1,08)^1} + \frac{80}{(1,08)^2} + \frac{80}{(1,08)^3} + \ldots + \frac{1.080,00}{(1,08)^{14}} \right] = 1.000,00$$

Como não ocorreram mudanças na taxa de juros, o valor de comercialização não foi alterado. No entanto, caso ocorram mudanças na taxa de juros, o preço de comercialização irá refletir essas mudanças.

Para ilustrar, consideraremos as mesmas condições de emissão do título e uma redução da taxa de juros no mercado para 12% ao ano, com capitalização semestral. Essa mudança ocorre um ano após a emissão do título. O pagamento de juros para o titular da renda fixa, como o valor de vencimento, permanecem constantes.

Define-se o valor de comercialização de acordo com o valor atual do fluxo de caixa, considerando a taxa de juros de 6% ao semestre, conforme segue:

$$v=\left[\frac{80}{(1,06)^1}+\frac{80}{(1,06)^2}+\frac{80}{(1,06)^3}+\ldots+\frac{1.080,00}{(1,06)^{18}}\right]=1.216,55$$

Alternativamente, este valor pode ser reescrito por:

$$v=80\left[\frac{(1,06)^{-17}-1}{0,06}\right]+\frac{1.080,00}{(1,06)^{18}}=1.216,55$$

Ou seja, um ano após a emissão do título, com pagamento de juros de cupom à taxa de 16% ao ano, com capitalização semestral, os ganhos auferidos pelo titular são os pagamentos de juros semestrais de $80,00, durante 18 semestres, além da devolução do valor nominal, conforme contrato. Com a redução da taxa de juros, o portador deste título apresenta um fluxo de caixa esperado com valor atual superior ao valor investido de $1.000,00. Sendo assim, o mesmo só estará disposto a comercializá-lo por $1.216,55, o que caracteriza o chamado ágio.

Ilustraremos, para as mesmas condições, um aumento da taxa de juros no mercado para 20% ao ano, com capitalização semestral.

Define-se o valor de comercialização de acordo com o valor atual do fluxo de caixa, agora com a taxa de juros igual a 10% ao semestre, conforme segue:

$$v=\left[\frac{80}{(1,10)^1}+\frac{80}{(1,10)^2}+\frac{80}{(1,10)^3}+\ldots+\frac{1.080,00}{(1,10)^{18}}\right]=835,97$$

Alternativamente, este valor pode ser reescrito por:

$$v=80\left[\frac{(1,10)^{-17}-1}{0,10}\right]+\frac{1.080,00}{(1,10)^{18}}=835,97$$

Com o aumento da taxa de juros, o portador deste título apresenta um fluxo de caixa esperado com valor atual inferior ao valor investido de $ 1.000,00. Sendo assim, o mesmo só encontrará compradores dispostos a comprar o título por $ 835,97, o que caracteriza o chamado deságio.

10.2.2 Valor do Título com Cupom Zero

Para títulos com cupom zero, não há pagamentos de juros periódicos, mas sim a restituição do valor nominal quando do vencimento do título. Para exemplificar, digamos que um título de renda fixa ofereça ganhos, com base numa taxa de 18% ao ano, com capitalização semestral, durante 5 anos. Ao final desse período, o valor nominal de $ 1.000,00 será restituído ao titular. Define-se o valor de comercialização através do seguinte fluxo:

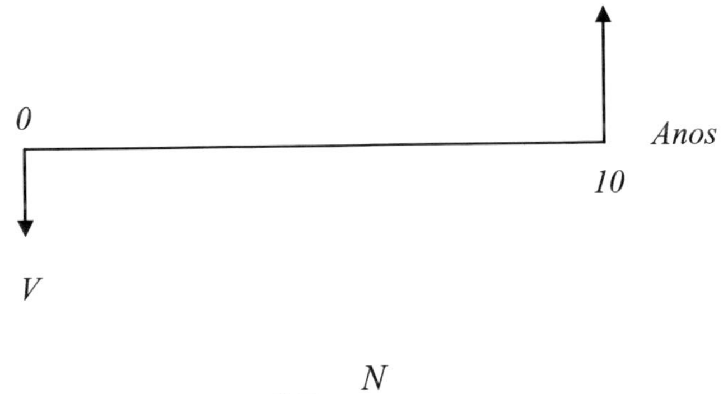

$$v = \frac{N}{(1+i)^n}$$

$$v = \frac{1.000,00}{(1,09)^{10}} = 422,41$$

Desta forma, o valor de comercialização do título com cupom zero é igual a $422,41. Assim, o titular, ao efetuar o pagamento desse valor, adquire o direito de, ao final de 10 semestres, receber o valor nominal de $1.000,00.

10.2.2.1 A relação do Título de Cupom Zero com o Prazo da Operação

Os títulos de cupom zero são negociados no mercado com base na descapitalização do fluxo de caixa esperado. Assim, o seu valor de comercialização aproxima-se do valor nominal, conforme o prazo da operação estiver mais próximo da data de vencimento. Com base na operação acima, teremos, para os diversos prazos:

10.3 O retorno dos Títulos com Pagamento de Cupom

Prazo de Vencimento	Valor de Comercialização
0 semestre	422,41
1 semestre	460,43
2 semestre	501,87
3 semestre	547,03
4 semestre	596,27
5 semestre	649,93
6 semestre	708,43
7 semestre	772,18
8 semestre	841,68
9 semestre	917,43
10 semestre	1.000,00

Caso ocorram alterações nas taxas de juros, os valores de comercialização dos títulos de renda fixa, com pagamento de cupom, são alterados, seja com ágio, seja com deságio. Em função destas mudanças, podemos definir a taxa de retorno destes títulos.

10.3.1 Taxa de Retorno até o Vencimento

A taxa de retorno, até o vencimento, também conhecida por *yield to maturity*, é a taxa de retorno de juros mais um retorno positivo ou negativo de ganho de capital, caso o título esteja sendo comercializado por um valor, diferente do nominal. Para ilustrar, digamos que um título de renda fixa, de valor nominal igual a \$ 1.000,00, cupom de juros de 16% ao ano, com capitalização semestral e prazo de dez anos, esteja sendo comercializado por \$ 1.229,40.

É possível determinar a taxa de retorno deste investimento com base na taxa interna de retorno. Para isso, devemos, inicialmente, definir o perfil do *vpl* do fluxo de caixa do título. Assim, temos:

$$vpl = \left[\frac{80}{(1+i)^1} + \frac{80}{(1+i)^2} + \frac{80}{(1+i)^3} + \ldots + \frac{1.080,00}{(1+i)^{20}} \right] - 1.229,40$$

Alterando as taxas de juros para obter o perfil do *vpl*, temos:

Percebe-se que, entre as taxas de 5% e 10%, existe uma única taxa capaz de permitir que o valor presente dos fluxos de caixas esperados seja exatamente igual ao valor presente do investimento. Neste ponto, define-se a taxa de retorno. Os procedimentos a serem aplicados para definição da taxa interna de retorno são o de tentativa e erro ou o método de interpolação linear. Alternativamente, o cálculo é realizado através das calculadoras financeiras de uma maneira mais rápida e prática.

Taxa	VPL
0%	1.370,60
5%	144,47
10%	(399,67)
15%	(667,55)
20%	(813,75)

Com base nas informações geradas no perfil do *vpl*, e aplicando a interpolação, temos, para a situação:

$$\frac{(i^* - i_0^*)}{(i_1^* - i_0^*)} = \frac{vpli^* - vpli_0^*}{vpli_1^* - vpli_0^*}$$

Assim, com base nas informações:

$$\frac{(i^*-10)}{(5-10)}=\frac{0-(399,67)}{144,47-(399,67)}$$

$$\frac{(i^*-10)}{(-5)}=\frac{399,67}{544,14}$$

$$544,14i^*-5.441,40=-1.998,35$$

$$544,14i^*=3.443,05$$

$$i^*=\frac{3.443,05}{544,14}=6,33$$

Aproximadamente, a taxa interna de retorno do projeto é de 6,33%. Usando uma calculadora financeira define-se a taxa interna de retorno igual a 6,00%. Ou seja, a diferença é pequena, valendo a sua utilização quando não dispusermos da calculadora financeira.

10.3.2 Taxa de Retorno até o Resgate Antecipado

A taxa de retorno até o resgate antecipado, também conhecida como *yield to call*, é a taxa de retorno obtida pelo titular, caso os títulos possam ser resgatados pelo emissor antecipadamente. Para ilustrar a operação, digamos que um título de renda fixa seja emitido para 10 anos, com base numa taxa de cupom de 20% ao ano, com capitalização semestral. Caso possa resgatar de forma antecipada, o emissor deve pagar um valor nominal de $ 1.100,00. Assim, antes da mudança:

$$v=\left[\frac{100}{(1{,}10)^1}+\frac{100}{(1{,}10)^2}+\frac{100}{(1{,}10)^3}+...+\frac{1.100{,}00}{(1{,}10)^{20}}\right]=1.000{,}00$$

Após a emissão do título, as taxas de juros da economia foram alteradas, fazendo com que preço de comercialização seja de $ 1.584,48. Assim, caso o emissor decida resgatar o titulo da dívida 8 anos antes do vencimento, o valor de comercialização é dado por:

$$v = \left[\frac{100}{(1+i)^1} + \frac{100}{(1+i)^2} + \frac{100}{(1+i)^3} + \ldots + \frac{1.200,00}{(1+i)^{16}} \right] = 1.584,48$$

A partir deste fluxo é possível definir o retorno, com base na taxa de retorno do fluxo de caixa. Para isso, devemos, inicialmente, definir o perfil do *vpl* do fluxo de caixa da operação. Assim, temos:

$$vpl = \left[\frac{100}{(1+i)^1} + \frac{100}{(1+i)^2} + \frac{100}{(1+i)^3} + \ldots + \frac{1.200,00}{(1+i)^{16}} \right] - 1.584,48$$

Alterando as taxas de juros para obter o perfil do *vpl*, temos:

Percebe-se que, entre as taxas de 5% e 10%, existe uma única taxa capaz de permitir que o valor presente dos fluxos de caixas esperados sejam

Taxa	VPL
0%	1.115,52
5%	3,21
10%	(562,72)
15%	(871,50)
20%	(1.052,03)

exatamente igual ao valor presente do investimento. Neste ponto define-se a taxa de retorno. Os procedimentos a serem aplicados para definição da taxa interna de retorno é o de tentativa e erro ou o método de interpolação linear. Alternativamente, o cálculo é realizado através das calculadoras financeiras, de uma maneira mais rápida e prática.

Com base nas informações geradas no perfil do *vpl*, e aplicando a interpolação, temos, para a situação:

$$\frac{(i^* - i_0^*)}{(i_1^* - i_0^*)} = \frac{vpli^* - vpli_0^*}{vpli_1^* - vpli_0^*}$$

Assim, com base nas informações, temos:

$$\frac{(i^* - 10)}{(5 - 10)} = \frac{0 - (562,72)}{3,21 - (562,72)}$$

$$\frac{(i^* - 10)}{(-5)} = \frac{562,72}{565,93}$$

$$-2.813,60 = 565,93i^* - 5.659,30$$

$$-2.813,60 + 5.659,30 = 565,93i^*$$

$$i^* = \frac{2.845,70}{565,93} = 5,04$$

Aproximadamente, a taxa interna de retorno do projeto é de 5,04%. Usando uma calculadora financeira, a taxa interna de retorno é de 5,02%. Ou seja, a diferença é pequena, valendo a sua utilização quando não dispusermos da calculadora financeira.

10.4 As Características dos Títulos de Renda Variável

A ação representa a participação do proprietário no capital da empresa, sendo, para o investidor, um título que paga dividendos e pode ser comercializado em qualquer data futura. Assim, o investidor deseja que o valor de comercialização seja maior que o valor de aquisição.

Esses títulos, de renda variável, oferecem aos seus titulares fluxos de caixas futuros, que não são estabelecidos no momento da aquisição, mas variáveis ao longo do período. Como nos títulos de renda fixa, o seu valor de comercialização é definido pelo valor presente dos fluxos e é representado pela letra p, enquanto que os dividendos que são pagos durante o período definido são representados pela letra d. Assim, teremos que:

$$p_0 = \left[\frac{d_1}{(1+i)^1} + \frac{d_2}{(1+i)^2} + \frac{d_3}{(1+i)^3} + \ldots + \frac{d_n}{(1+i)^\infty} \right]$$

Crescimento Nulo de Dividendos

Partindo do pressuposto de que esta ação apresenta crescimento nulo para seus dividendos, temos uma perpetuidade de pagamentos constantes. Sabe-se que uma perpetuidade de pagamentos constantes é definida por:

$$P = \frac{p}{i}$$

Modificando as informações, teremos:

$$p_0 = \frac{d}{i}$$

De forma a ilustrar a operação, digamos que uma ação pague indefinidamente dividendos no valor de $ 2,20 e a taxa de retorno requerida pelo investidor seja de 15,0%. Desta forma, o valor de comercialização da ação é:

$$p_0 = \frac{d}{i}$$

$$p_0 = \frac{2,20}{0,15} = 14,67$$

Crescimento Constante de Dividendos

Partindo do pressuposto que a ação apresenta crescimento constante para seus dividendos, temos uma perpetuidade de pagamentos em crescimento geométrico. Sabe-se que uma perpetuidade de pagamentos em crescimento geométrico é definida por:

$$P = \frac{p}{i - g}$$

Modificando as informações, teremos:

$$p_0 = \frac{d_1}{i - g}$$

De forma a ilustrar a operação, digamos que uma ação pague indefinidamente dividendos no valor de $ 1,15, com crescimento de 8% e taxa de retorno requerida pelo investidor de 13,40%. Desta forma, o valor da ação é:

$$p_0 = \frac{d_1}{i - g}$$

$$p_0 = \frac{1{,}15 \times 1{,}08}{0{,}1340 - 0{,}08}$$

$$p_0 = \frac{1{,}24200}{0{,}05400} = 23{,}00$$

10.5 Avaliando os Riscos

10.5.1 Riscos dos Títulos de Renda Fixa através da *Duration*

Podemos analisar as relações das alterações nas taxas de juros com o preço dos títulos. O preço dos títulos está ligado à taxa de juros no vencimento através da seguinte relação:

$$v = \left[\frac{j}{(1+i)^1} + \frac{j}{(1+i)^2} + \frac{j}{(1+i)^3} + \ldots + \frac{j + N}{(1+i)^n} \right]$$

considerando j os juros pagos, i é a taxa de rendimento no vencimento e N o valor Nominal.

Quando as taxas de juros se alteram, os preços das obrigações contraídas e os rendimentos no vencimento também sofrem variações. Essa variação do valor atualizado em relação à taxa de juros pode ser definida por:

$$D = \left[\frac{\frac{j}{(1+i)^1}}{v} x1 + \frac{\frac{2j}{(1+i)^2}}{v} x2 + \frac{\frac{j}{(1+i)^3}}{v} x3 + \ldots + \frac{\frac{j+N}{(1+i)^n}}{v} n \right]$$

Esse conceito foi introduzido por Macaulay com o propósito de definir uma medida de prazo médio para os títulos de renda fixa. Para isso, procurou calcular um índice que representasse a participação relativa de cada pagamento original da obrigação sobre o valor presente total, ponderado pelo prazo em que esse pagamento se encontrava no fluxo de caixa. Então, através da *duration* (D), é possível, em termos de tempo, preço do título de renda fixa e duração média, comparar obrigações de títulos de diferentes maturidades.

Para ilustrar o *durantion* iremos considerar um título de renda fixa emitido para 3 anos com base numa taxa de 8% ano. Assim, após sua emissão, a taxa de juros da economia é alterada para 10% ano. Com base nessas informações temos:

$$\mathrm{v} = \left[\frac{80}{(1{,}10)^1} + \frac{80}{(1{,}10)^2} + \frac{1.000+80}{(1{,}10)^3} \right]$$

$$\mathrm{v} = 950{,}26$$

Agora, para definição da *duration*:

$$D = \left[\frac{\frac{80}{(1{,}10)^1}}{950{,}26} x1 + \frac{\frac{80}{(1{,}10)^2}}{950{,}26} x2 + \frac{\frac{1.080}{(1{,}10)^3}}{950{,}26} x3 \right]$$

$$D = 2{,}77$$

Isto quer dizer que, o título em análise tem uma duração curta, ou seja, um período de vencimento médio. Ou seja, representa o tempo médio de recuperação do capital investido.

10.5.2 Riscos dos Títulos de Renda Variável através do Coeficiente beta

Podemos analisar as relações entre os retornos obtidos pela ação de uma empresa e os retornos obtidos no mercado de ações (medido pelos índices disponibilizados pela bolsa de valores). Assim, considera-se que o retorno obtido com a ação da empresa avaliada é uma variável dependente e, o retorno obtido no mercado de ações, uma variável independente.

A partir disto, e através de um procedimento definido como regressão linear simples, é possível estabelecer a relação entre a ação e o mercado. Por ser uma função linear, a mesma apresenta um coeficiente angular que é definido como coeficiente beta. Ele indica o grau de variabilidade do retorno da ação da empresa em resposta à variação do retorno do mercado de ações. Logo, quanto mais elevado for este coeficiente mais arriscada é a ação da empresa avaliada.

O modelo de regressão linear simples é dado conforme:

$$Y_i = b_0 + b_1 X_i + \varepsilon_i$$

com b0 representando a intersecção da reta, b1 o coeficiente de inclinação da reta além de um erro aleatório.

No desenvolvimento dos componentes da equação acima temos:

$$b_1 = \frac{SQXY}{SQX}$$

considerando para isso que:

$$SQXY = \sum_{i=1}^{n} X_i Y_i - \frac{\left(\sum_{i=1}^{n} X_i\right)\left(\sum_{i=1}^{n} Y_i\right)}{n}$$

e

$$SQX = \sum_{i=1}^{n} X_i^2 - \frac{\left(\sum_{i=1}^{n} X_i\right)^2}{n}$$

Para ilustrar o uso do coeficiente beta iremos considerar as seguintes informações sobre os retornos de uma ação e do mercado em que a mesma encontra-se listada para comercialização.

Período Mensal	Retorno do Mercado de Ações (%)	Retorno da Ação da Empresa (%)
1	2	4
2	2	6
3	2	8
4	2	11
5	5	14
6	5	12
7	1	9

Para simplificar, temos que:

Período Mensal	X	Y	X^2	Y^2	XY
1	2	4	4	16	8
2	2	6	4	36	12
3	2	8	4	64	16
4	2	11	4	121	22
5	5	14	25	196	70
6	5	12	25	144	60
7	1	9	1	81	9
Total	19	64	67	658	197

Com isso temos:

$$SQX = \sum_{i=1}^{n} X_i^2 - \frac{\left(\sum_{i=1}^{n} X_i\right)^2}{n} = 67 - \frac{(19)^2}{7} = 15,43$$

e

$$SQXY = \sum_{i=1}^{n} X_i Y_i - \frac{\left(\sum_{i=1}^{n} X_i\right)\left(\sum_{i=1}^{n} Y_i\right)}{n} = 197 - \frac{19x64}{7} = 23,28$$

Assim, e sabendo que $b_1 = \frac{SQXY}{SQX}$ temos que o coeficiente de inclinação da reta (coeficiente beta) é igual a:

$$b_1 = \frac{SQXY}{SQX} = \frac{23,28}{15,43} = 1,50912$$

Ou seja, a ação é mais arriscada que o mercado de ações e, por conta disto, pode proporcionar maiores retornos.

Exercícios

1. Um título de renda fixa oferece pagamentos de cupom semestral, com base numa taxa de cupom de 18% ao ano, com capitalização semestral, durante 10 anos. Ao final desse período, o valor nominal de $1.000,00 será restituído ao titular. Determine o valor de comercialização.
Resposta: $1.000,00

2. Um título de renda fixa oferece pagamentos de cupom semestral, com base nos juros de cupom de 16% ao ano, com capitalização semestral, durante 10 anos. Ao final de 2 anos, a taxa de juros modifica-se para 5% ao semestre. Determine o valor de comercialização, se o valor nominal é de $1.000,00.
Resposta: $1.090,19

3. Um título de renda fixa oferece pagamentos de cupom semestral, com base nos juros de cupom de 16% ao ano, com capitalização semestral, durante 10 anos. Ao final de 2 anos, a taxa de juros modifica-se para 10% ao semestre. Determine o valor de comercialização, se o valor nominal é de $1.000,00.
Resposta: $576,14

4. Um título de renda fixa de cupom zero oferece ganhos, com base numa taxa de 24% ao ano, com capitalização semestral, durante 5 anos. Ao final desse período, o valor nominal de $1.000,00 será restituído ao titular. Determine o valor de comercialização.
Resposta: $321,97

5. Um título de renda fixa de valor nominal igual a $1.000,00, cupom de juros de 16% ao ano, com capitalização semestral e prazo de quinze anos, está sendo comercializado por $1.970,50. Determine a taxa de retorno até o vencimento.
Resposta: 3,03%

6. Uma ação paga, indefinidamente, dividendos no valor de $3,00. Se a taxa de retorno do investidor é de 14,0%, determine o valor de

comercialização da ação.
Resposta: $21,43

7. ma ação paga, indefinidamente, dividendos no valor de $3,15, com crescimento de 10% e taxa de retorno do investidor de 13,40%. Desta forma, determine o valor de comercialização da ação.
Resposta: $101,91

8. Uma ação paga, indefinidamente, dividendos no valor de $4,00, com crescimento de 10%. Desta forma, determine a taxa de retorno do investidor, sabendo que o valor de comercialização da ação é igual a $88,00.
Resposta: 15%

9. Um título de renda fixa oferece pagamentos de cupom semestral, com base nos juros de cupom de 20% ao ano com capitalização semestral, durante 10 anos. Ao final de 5 anos a taxa de juros modifica-se para 7% ao semestre. Determine o valor de comercialização, se o valor nominal é de $1.000,00.
Resposta: $615,46

10. Um título de renda fixa oferece pagamentos de cupom semestral, com base nos juros de cupom de 20% ao ano com capitalização semestral, durante 10 anos. Ao final de 5 anos a taxa de juros modifica-se para 4% ao semestre. Determine o valor de comercialização, se o valor nominal é de $1.000,00.
Resposta: $1.004,33

11. Uma ação paga indefinidamente dividendos no valor de $4,50. Se a taxa de retorno do investidor é de 15,00%, determine o valor de comercialização da ação.
Resposta: $30,00

12. Uma ação paga indefinidamente dividendos no valor de $7,15, com crescimento de 15% e a taxa de retorno do investidor é de 17%. Desta forma, determine o valor de comercialização da ação.
Resposta: $411,13

13. Uma ação paga indefinidamente dividendos no valor de $6,50, com crescimento de 12%. Desta forma, determine a taxa de retorno do investidor sabendo que o valor de comercialização da ação é igual a $145,60.
    Resposta: 17,00%

14. Uma ação paga indefinidamente dividendos no valor de $5,00, com crescimento de 10%. Desta forma, determine a taxa de retorno do investidor sabendo que o valor de comercialização da ação é igual a $61,11.
    Resposta: 19,00%

15. Considere um título de renda fixa com valor Nominal de $1.000,00 emitido para 3 anos com base numa taxa de 9% ano. Após sua emissão, a taxa de juros da economia é alterada para 12% ano, com base nessa informação, determine a duration.
    Resposta: 2,75

16. Considere um título de renda fixa com valor Nominal de $1.000,00 emitido para 3 anos com base numa taxa de 9% ano. Após sua emissão a taxa de juros da economia é alterada para 55% ano, com base nessa informação, determine a duration.
    Resposta: 2,60

17. Considere um título de renda fixa com valor Nominal de $1.000,00 emitido para 10 anos com base numa taxa de 12% ano. Após sua emissão a taxa de juros da economia é alterada para 5% ano, com base nessa informação, determine a duration.
    Resposta: 7,05

18. Considere um título de renda fixa com valor Nominal de $1.000,00 emitido para 10 anos com base numa taxa de 7% ano. Após sua emissão, a taxa de juros da economia é alterada para 13% ano, com base nessa informação, determine a duration.
    Resposta: 6,91

19. Considere na tabela abaixo os retornos da ação de uma empresa e do mercado de ações. Com base nessa informação, determine o coeficiente beta.

Período Mensal	Retorno do Mercado de Ações (%)	Retorno da Ação da Empresa (%)
1	3	4
2	3	4
3	2	3
4	2	3
5	3	4
6	3	4
7	3	4

Resposta: 1,00

20. Considere na tabela abaixo os retornos da ação de uma empresa e do mercado de ações. Com base nessa informação, determine o coeficiente beta.

Período Mensal	Retorno do Mercado de Ações (%)	Retorno da Ação da Empresa (%)
1	3	3
2	4	4
3	2	2
4	2	2
5	5	5
6	5	6
7	6	7
8	7	8

Resposta: 1,22

Bibliografia

ASSAF NETO, Alexandre. Matemática Financeira e suas Aplicações. 6 ed. São Paulo: Atlas, 2001.

FARO, Clóvis de. Princípios e Aplicações do Cálculo Financeiro. 2 ed. Rio de Janeiro: LTC, 1995.

LAPPONI, Juan Carlos. Matemática Financeira. São Paulo: Lapponi Treinamento e Editora Ltda., 1998.

MATHIAS, Washington Franco; GOMES, José Maria. Matemática Financeira. São Paulo: Atlas, 1982.

SAMANEZ, Carlos Patrício. Matemática Financeira: Aplicações a Analise de Investimentos. 3 ed. São Paulo: Prentice Hall, 2002.

SOBRINHO, José Dutra Vieira. Matemática Financeira. 7 ed. São Paulo: Atlas, 2000.

Impressão e acabamento
Gráfica da Editora Ciência Moderna Ltda.
Tel: (21) 2201-6662